UWE KÜNZEL
WIM WENDERS
EIN FILMBUCH

W0190581

UWE KÜNZEL

Wim Wenders

EIN FILMBUCH

Reihe Medien im Dreisam-Verlag
Herausgeber:
Liane Jessen und Klaus Bassiner
3. erw. Auflage 1989
Dreisam-Verlag Freiburg i. Br.

CIP-Kurztitelaufnahme der Deutschen Bibliothek

Künzel, Uwe:
Wim Wenders : ein Filmbuch / Uwe Künzel. – 3., erw. Aufl. –
Freiburg i. Br. : Dreisam-Verl., 1989
   (Reihe Medien)
   ISBN 3-89125-277-3

Für Iris

1. Auflage 1981
2. erw. Auflage 1985
3. erw. Auflage 1989
© Dreisam-Verlag GmbH, Luisenstraße 7, 7800 Freiburg i. Br.
Fotos: Filmverlag der Autoren, Road Movies, Skylight, WDR, dpa,
Martin Schäfer, Wim Wenders, Iris Hanke, Neue Constantin Film
Umschlagfoto: Bruno Ganz in »Der Himmel über Berlin«
Gestaltung: Michael Wiesinger
Redaktion: Klaus Kapp
Satz: Barbara Herrmann, Freiburg
Druck: Fuldaer Verlagsanstalt
ISBN-3-89125-277-3

Als das Kind Kind war,
war das die Zeit der folgenden Fragen:
Warum bin ich ich, und warum nicht du?
Warum bin ich hier, und warum nicht dort?
Wann begann die Zeit, und wo endet der Raum?
Ist das Leben unter der Sonne nicht bloß ein Traum?
Ist, was ich sehe und höre und rieche,
nicht bloß der Schein einer Welt vor der Welt?
Gibt es tatsächlich das Böse, und Leute,
die wirklich die Bösen sind?
Wie kann es sein, daß ich, der Ich bin,
bevor ich wurde, nicht war,
und daß einmal ich, der Ich bin,
nicht mehr Der-ich-bin sein werde?

Peter Handke: »Lied vom Kindsein«, 2. Strophe
aus: DER HIMMEL ÜBER BERLIN

INHALTSVERZEICHNIS

Die Schlußklappe beim HIMMEL ÜBER BERLIN. Ein Requisit in der Wenders-Ausstellung des Frankfurter Filmmuseums.

Ein Engel auf der Siegessäule: Bruno Ganz im HIMMEL ÜBER BERLIN, direkt von der Leinwand fotografiert.

ZUSAMMENHÄNGE

I.

Es muß im Herbst 1976 gewesen sein. In einem Freiburger Kino lief als Premiere ein damals viel gelobter Film mit dem Titel IM LAUF DER ZEIT. Die Samstagabendvorstellung war ausverkauft, ich saß in der vierten oder fünften Reihe, und während Bruno und Robert auf der Leinwand langsam Freunde wurden, war ich längst mit ihnen auf der Reise durch das Zonenrandgebiet und saß selbst in dem alten Möbelwagen. In der Reihe vor mir unterhielten sich angeregt drei Zuschauer, die offensichtlich im falschen Film waren. Zum ersten Mal bin ich da im Kino richtig böse geworden, habe sie in barschem Ton gebeten, doch bitte zu gehen, wenn ihnen das Dargebotene nicht gefallen sollte und die anderen nicht zu stören. Sie gingen dann auch, ich konnte die verbleibenden zwei Stunden genießen und bin anschließend gleichsam aus dem Kino geschwebt. Ich hatte noch mindestens eine Viertelstunde lang Mühe, mich in der nächtlichen Stadt zurechtzufinden, weil ich etwas entdeckt hatte, was präzise meiner damaligen Befindlichkeit, meiner Art der Wahrnehmung entsprach, wie ich das im Kino nicht für möglich gehalten hätte.

Ähnlich ging es mir ein dreiviertel Jahr später, als ich während der Berliner Filmfestspiele 1977 (die damals noch im Juni stattfanden) zum ersten Mal DER AMERIKANISCHE FREUND sah – der gleiche Eindruck, völlig von den Bildern auf der Leinwand vereinnahmt zu werden, mit den Helden da vorne mitzuleben und mitzuleiden und dabei doch nie zu vergessen, daß das ja auch und vor allem FILM war, was da ablief. Was nichts anderes heißt, als über die persönliche Betroffenheit doch noch die Meisterschaft des Regisseurs bewundern zu können, gleichzeitig zu spüren und zu wissen, daß hier einer ist, der Kino macht, wie es sonst zu dieser Zeit in Deutschland niemand gemacht hat – ein Kino, daß mir näher war als die verschrobenen Visionen Werner Herzogs oder die bösen Melodramen Rainer Werner Fassbinders. Als ich Wim Wenders ein halbes Jahr später, bei einer Werbereise für den neuen Film, die ihn auch nach Freiburg führte, kennenlernte, war er für mich unter allen bundesrepublikanischen Regisseuren längst der Wichtigste geworden.

Erst Jahre später, als ich begonnen hatte, selbst über seine Filme zu schreiben, wurde mir klar, daß ich längst vorher Wenders-Bilder gesehen hatte, die mir im Kopf geblieben waren. Beim ersten bewußten Betrachten von DER SCHARLACHROTE BUCHSTABE im Jahre 1979 (und im Kino) kam mir vieles ungemein bekannt vor: die schöne Senta Berger, die stolz auf ihre Peiniger hinabblickt etwa, das Segelschiff, das sie in die Freiheit bringen wird – als schwarzweiße Erinnerung tauchte da ein Abend sieben Jahre zuvor auf, an dem ich diesen Film spätabends im Fernsehen gesehen hatte.

Und als ich die Inhaltsangabe von Wenders' Vorabendserie AUS DER FAMILIE DER PANZERECHSEN las (sehen kann man diese 50 Minuten lange TV-Produktion ja nicht ohne weiteres), fielen mir die Bilder dazu ein – ausgerechnet diese beiden Folgen aus der Reihe »Ein Haus für uns« hatte ich bei ihrer Ausstrahlung tatsächlich und ganz und gar durch Zufall angeschaut.

Noch eine letzte Erinnerung: Als FALSCHE BEWEGUNG irgendwann 1976 im Nachtprogramm des Fernsehens lief, versuchte ich gemeinsam mit einer Freundin, mit der ich gerade ein Filmseminar an der Uni besuchte, die Qualitäten der Bilder zu ergründen, die wir wohl sahen, die sich aber zugleich unserer Beschreibung entzogen, weil sich der Inhalt des Films immer wieder störend davor zu stellen schien. Der Name des Regisseurs war mir damals noch kein Begriff – doch an meiner Einschätzung dieses Films hat sich bis heute wenig geändert.

Es wäre interessant zu wissen, welche ersten Erfahrungen andere, die sich heute zu den Bewunderern der Bilderarbeit des Wim Wenders zählen, mit seinen Filmen gemacht haben. Ich vermute, daß es da Ähnlichkeiten gibt. Michel Boujut etwa, der ein sehr schönes französisches Buch über Wenders geschrieben hat, erinnert sich darin etwa an eine Nacht im Mai 1976, als er auf der Fahrt nach Cannes im Autoradio eine Reportage über die Premiere von IM LAUF DER ZEIT hörte, die an diesem Tag gerade das Hauptereignis des Filmfestivals gewesen war. Ohne den Film damals gesehen zu haben, sei Boujut doch beeindruckt gewesen von diesem Regisseur, dessen Name ihm bis dahin nur vage geläufig gewesen war, der aber in dem folgenden Interview ganz selbstverständlich davon gesprochen habe, daß er bei den Dreharbeiten an John Ford und an EASY RIDER von Dennis Hopper gedacht habe, daß der Film entlang der deutsch-deutschen Grenze spiele, und daß es um eine lange Reise gehe, die für die beiden Helden die Funktion einer Art von Analyse habe. Von diesem Moment an, so Boujut, habe er begonnen, Zeitungsausschnitte über Wenders und seinen Film zu sammeln. Mit einem Mal sei da einer gewesen, der für »uns Kinder von Kafka-Cola und MGM« mehr als irgendein anderer im zeitgenössischen Kino eine nachvollziehbare Art von Wirklichkeit in seinen Bildern transportierte, und dem es mit einem einzigen Film gelungen war, für eine bestimmte Generation (nicht nur) von Cinéasten ähnlich unvergeßlich zu werden wie Yasujiro Ozu oder Fritz Lang für die vorherigen.

Eigentlich hätte die Prognose, daß Wenders schon bald zu den »ganz Großen« zählen würde, schon damals nicht schwer fallen sollen. Doch es dauerte noch einige Jahre, bis sich das früh und laut bejubelte Wunder des »Neuen Deutschen Films« als zu früh und zu laut bejubeltes Phänomen erwies. Von denen, die einst seinen Ruhm begründet haben, arbeiten auch heute noch manche mehr oder minder kontinuierlich, es gibt inzwischen auch wieder den »Nachwuchs«, wie es ihn immer gegeben hat, doch es ist wohl Wim Wenders, der als einziger deutscher Regisseur von Weltrang gelten kann.

Der »Goldene Löwe« von Venedig für DER STAND DER DINGE im Jahre 1982, 1984 die »Goldene Palme« von Cannes für PARIS, TEXAS, in Cannes auch 1987 der Preis für die beste Regie im Film DER HIMMEL ÜBER BERLIN, die Auszeichnung als »bester Regisseur« bei der Verleihung des »Ersten Europäischen Filmpreises« im November 1988, schließlich die zahlreichen Bundesfilmpreise in Silber und Gold, auf die er inzwischen fast abonniert scheint – vom »Oscar« einmal abgesehen, hat Wenders mit seinem Schaffen so ziemlich sämtliche Trophäen eingesammelt, die ein Regisseur überhaupt nur erhalten kann.

Dazu kommen noch diverse Ehrendoktorwürden, der Auftrag der Redaktion der berühmten französischen Filmzeitschrift »Cahiers du Cinéma«, die sich ihre Jubiläumsnummer 400 von Wenders als Chefredakteur gestalten ließ, und schließlich hat ihm das Deutsche Filmmuseum in Frankfurt 1988 eine Sonderausstellung mit kompletter Retrospektive unter dem Titel »Schauplätze« gewidmet.

Daß zumindest seine beiden Filme PARIS, TEXAS und DER HIMMEL ÜBER BERLIN auch erstaunlich große Publikumserfolge (in Frankreich sowieso, aber auch in der Bundesrepublik und inzwischen sogar in den USA) geworden sind, ist ein weiteres Indiz dafür, daß hier einer am Werk ist, der es immer besser versteht, eine gleichsam universale Bildsprache zu sprechen, ohne daß er dabei seine persönlichen Visionen an den Erfolg verraten hätte.

Ein geradliniger Weg führte Wenders nicht zu so viel internationaler Anerkennung, es gab notwendige Irrwege (HAMMETT), deren ebenso notwendige Bewältigung (DER STAND DER DINGE) und es gab

Schwierigkeiten eher außerfilmischer Natur (Finanzierungsprobleme bei einer geplanten Handke-Verfilmung; der Verleihstreit um PARIS, TEXAS in der Bundesrepublik) – doch im Ergebnis zeigt sein bisheriges Schaffen (bis zum HIMMEL ÜBER BERLIN) ein Bild von erstaunlicher Geschlossenheit, und noch die Ankündigung des Inhalts zweier neuer Filme (BIS ANS ENDE DER WELT; IN WEITER FERNE, SO NAH...) läßt vermuten, daß sich diese Werke nach ihrer Fertigstellung bruchlos in das noch längst nicht geschlossene Mosaik der bisherigen Arbeiten einfügen werden.

II.

»Als ich das erste Mal im Kino war, war ich im falschen Film. Da gab es, das wird ja jetzt immer seltener, noch Doppelprogramme. Da war ein Laurel & Hardy-Film zusammen in so einem Doppelprogramm unsinnigerweise mit dem Film DIE NACHT DER REITENDEN LEICHEN gekoppelt. Da bin ich mit meiner Großmutter reingegangen, und als wir drin waren, fing DIE NACHT DER REITENDEN LEICHEN an. Ich muß sieben oder acht Jahre alt gewesen sein, und ich hab' von daher ein absolut traumatisches Verhältnis zum Kino gehabt. Ich hab' noch jahrelang davon geträumt. Meine erste Kinogeschichte ist also die reinste Abwehr.« (Wim Wenders)

Ende 1977 feierte die Hochschule für Film und Fernsehen in München (HFFM) ihr zehnjähriges Bestehen. In einem ARD-Bericht wurden neben Unterrichtsplänen und Ausbildungsgängen auch ehemalige Absolventen dieser Einrichtung vorgestellt und nach ihren Erfahrungen während der Studienzeit befragt. Während die meisten eher im Hintergrund (sprich beim Fernsehen, woran sich bis heute nicht viel geändert hat) geblieben sind, ist es nur einem der ersten Schüler gelungen, eine Kino-Karriere zu machen: Wim Wenders, der 1967 dort sein Studium aufgenommen hat.

Schon zum Zeitpunkt des Münchner Jubiläums galt er, DER AMERIKANISCHE FREUND war eben erfolgreich in den Kinos angelaufen, neben Rainer Werner Fassbinder (der die Aufnahmeprüfung an der HFFM nicht bestanden hat), Werner Herzog (der nie auf die Idee gekommen ist, sich dort zu bewerben) und Volker Schlöndorff (der sein Handwerk als Regieassistent gelernt hat) als einer der renommiertesten Regisseure der Bundesrepublik.

All dies war Grund genug für die ARD-Filmredaktion, ein Team nach New York zu schicken, wo sich Wenders gerade aufhielt, um ein längeres Interview mit ihm zu machen: Was ihm die Ausbildung gebracht habe, wie er den Sinn dieser Einrichtung überhaupt einschätze? Technisch habe er wohl einiges gelernt, so Wenders, auch die Möglichkeit, während der dreijährigen Ausbildungzeit mal alles zu machen, was beim Film so anfällt – das sei schon ganz sinnvoll gewesen, aber Filmemachen könne man eigentlich gar nicht nach Lehrplan lernen. Und in der Tat: Wenders kann dies sagen, er selbst ist Beweis genug für diese Behauptung.

Denn ganz gewiß hat der am 14. August 1945 in Düsseldorf als Sohn einer Arztfamilie geborene Wilhelm Wenders all das, was die Qualitäten seiner Filme ausmacht, nicht allein an einer Filmhochschule gelernt. Außerdem bürgt ein dort absolvierter Studiengang noch lange nicht für gute Filme.

Wenn sich der Beginn von Wenders' Ausbildung zum Regisseur denn überhaupt datieren läßt, dann fällt der wohl eher in das Jahr 1966, als der 21jährige einen einjährigen Aufenthalt in Paris antrat, wo er sich ursprünglich an der renommierten Filmhochschule IDHEC (Institut des Hautes Etudes Cinématographiques) einschreiben wollte. Was er stattdessen in Paris tat, war dann womöglich noch sinnvoller: Mit beinahe fanatischem Eifer besuchte er die Vorstellungen der berühmten Cinématheque française des Henri Langlois (dem DER AMERIKANISCHE FREUND gewidmet ist). In dieser Zeit hat er die Filmgeschichte kennengelernt, vor allem die unzähligen Hollywoodfilme, er entdeckte Nicholas Ray und Raoul Walsh, John Ford und Howard Hawks, aber womöglich auch schon sein größtes Vorbild, den auch trotz einiger Fernsehretrospektiven, die es inzwischen gab, hierzulande noch immer kaum bekannten Japaner Yasujiro Ozu. Und Wenders sah zum ersten Mal die in ihrem Entstehungsland damals wenig geliebten Filme von Fritz Lang aus den zwanziger Jahren. All diese Regisseure haben mit ihren Filmen Einfluß auf Wenders' spätere eigene Filmarbeit gehabt. Aber dies verführte ihn nicht zu bloßer Imitation:

»Für mich ist Filmgeschichte nicht etwas, wo ich mich an einzelne Filme und Bilder erinnere. Überhaupt nicht. Für mich sind auch Einstellungen, die ich mache in einem Film, in den Geschichten, die ich erzähle, Sachen, die ich neu erfunden habe, wo ich mich dann auch nicht dran erinnere, daß Raoul Walsh das schon mal 1932 gemacht hat oder so etwas.« (W.W.)

Konkret sei also nichts übriggeblieben aus der Zeit in der Pariser Cinémathèque – nur die Lust, selber Bilder zu machen. Als Wenders 1967

Dreharbeiten zu DIE ANGST DES TORMANNS BEIM ELFMETER. Von links nach rechts: Wim Wenders, Erika Pluhar und Kameraassistent Martin Schäfer.

in die Bundesrepublik zurückkehrte, fing er auch gleich damit an. Ein vier Semester langes Studium der Medizin und der Philosophie (in München und in Freiburg) war bald vergessen, nach seinem ersten Kurzfilm SCHAUPLÄTZE begann Wenders seine Ausbildung an der Münchner Filmhochschule. Wie viele andere Studenten der HFFM produzierte er die meisten seiner kurzen Filme selbst. Einzig ALABAMA (seine »Zwischenprüfung«) und der Abschlußfilm SUMMER IN THE CITY sind Produktionen der Hochschule.

Bereits 1971, Wenders hatte sein Studium inzwischen beendet, wurde er neben Rainer Werner Fassbinder, Uwe Brandner und Hark Bohm eines der zwölf Gründungsmitglieder des Filmverlags der Autoren. Diese als Selbsthilfeorganisation der jungen Filmemacher geplante Einrichtung finanzierte Wenders' ersten »richtigen« Film DIE ANGST DES TORMANNS BEIM ELFMETER in Koproduktion mit dem Westdeutschen Rundfunk. Das Werk blieb in der Kritik und im Urteil der Zuschauer umstritten und erwies sich für die ohnehin finanzschwache PIFDA (Produktion im Filmverlag der Autoren) als Flop. Wenders allerdings bekam danach die Gelegenheit, wiederum mit der Unterstützung des WDR, einen relativ aufwendigen Film mit internationaler »Starbesetzung« zu drehen. DER SCHARLACHROTE BUCHSTABE sollte jedoch für Wenders ein eher folgenloser Abstecher ins Genre des Kostümfilms bleiben. Gedreht wurde in Spanien, und abermals waren Kritiker wie Zuschauer nicht gerade allzu begeistert von der Kunst des jungen Regisseurs.

Erst 1974 konnte sich Wenders endlich dem nähern, was für Jahre sein »eigentliches« Thema bleiben sollte. Er drehte den ersten Teil seiner »Reisetrilogie«, ALICE IN DEN STÄDTEN. Dieser Film wurde – und diesmal nahezu ohne Einwände der zeitgenössischen Kritik – zum bis heute unumstrittenen ersten Meisterwerk des damals 29jährigen. Doch die Möglichkeit, nun tatsächlich Regisseur zu sein, das Filmemachen als Beruf mit finanziellem Rückhalt betreiben zu können, schien noch immer in weiter Ferne zu liegen.

Bevor er 1975 mit FALSCHE BEWEGUNG das zweite »road movie« drehen konnte, mußte Wenders aus finanzieller Not eine Auftragsproduktion für das Westdeutsche Werbefernsehen (WWF) herstellen. Er drehte zwei Folgen der Vorabendserie EIN HAUS FÜR UNS. Die beiden 25-Minuten-Filmchen sind unter dem Titel AUS DER FAMILIE DER PANZERECHSEN zusammengefaßt und erscheinen weder formal noch inhaltlich sonderlich bedeutsam für das weitere Schaffen des Regisseurs.

FALSCHE BEWEGUNG jedoch wurde für Wenders nach dem Kurzfilm 3 AMERIKANISCHE LP'S und DIE ANGST DES TORMANNS BEIM ELFMETER die dritte Zusammenarbeit mit seinem Freund Peter Handke, der ein Drehbuch verfaßte, das Wenders weitgehend wortgetreu umsetzen sollte. 1976 schließlich entstand dann unter bisweilen recht abenteuerlichen Drehbedingungen IM LAUF DER ZEIT, der mit drei Stunden Spieldauer sein bisher längster Film werden sollte. Damit war die Reisetrilogie abgeschlossen, die dreimal hintereinander den Schauspieler Rüdiger Vogler in der Hauptrolle vorführte.

III.

Der Erfolg von IM LAUF DER ZEIT, der beim Filmfestival von Cannes begeisterte Aufnahme bei der internationalen Kritik gefunden hatte, gab Wenders die Gelegenheit, 1976 seinen ersten »großen« Film zu realisieren. DER AMERIKANISCHE FREUND hatte das für damalige Verhältnisse zumal deutscher Filme gigantisch anmutende Budget von fast drei Millionen Mark und wurde 1977 als offizieller Wettbewerbsbeitrag der Bundesrepublik in Cannes gezeigt, wo er allerdings bei der Verleihung der Preise zur Überraschung vor allem der französischen Kritiker leer ausging.

Folgen für den nun 32jährigen Wenders hatte dieses Werk, das später auch ein respektabler Publikumserfolg werden sollte, dennoch: Für Francis Ford Coppola, der damals künstlerisch wie finanziell auf dem Höhepunkt seiner Karriere stand und noch nicht, wie in den 80er Jahren, immer wieder vom wirtschaftlichen Ruin bedroht schien, soll das Betrachten dieses Films – so will es die Legende – der Grund gewesen sein, sich alle früheren Wenders-Filme kommen zu lassen. Als Ergebnis dieser eingehenden Sichtung habe er, stets auf der Suche nach förderungswürdigen Talenten, den deutschen Filmemacher engagiert, um ihn als Regisseur für ein amerikanisches Projekt zu gewinnen. 1978 verließ Wenders, für den sich ein langgehegter Traum zu erfüllen schien, die Bundesrepublik, um HAMMETT zu drehen. Sein erklärtes Ziel damals: spätestens bis Ende 1979 diesen Film zu vollenden, um dann in die Bundesrepublik zurückzukehren, wo er ein durch HAMMETT unterbrochenes Projekt wieder aufnehmen wollte.

Doch bis zur Fertigstellung von HAMMETT sollten vier Jahre vergehen, endlose Probleme traten während der Dreharbeiten auf, und erst beim Festival von Cannes im Jahre 1982 erlebte der Film endlich seine Uraufführung. Dabei hatte alles so vielversprechend angefangen.

»Ich bin neugierig darauf, in Amerika zu drehen. Was mit mir passiert, wenn ich dort arbeite – deswegen bin ich da sehr neugierig drauf. Da kann ich aber noch keinerlei Prognosen machen... Ich meine, ich drehe nicht in Hollywood selbst. Das wäre wahrscheinlich viel, viel schwieriger, sich dort zu halten. Ich drehe in San Francisco, und ich habe als Produzenten den Coppola, der selber ein Filmemacher ist, einer, von dem ich eine hohe Meinung habe, der überhaupt nicht typisch für einen amerikanischen Produzenten ist, wie ich ihn mir vorstelle. Ich glaube, daß ich bessere Bedingungen habe als andere europäische Regisseure, die nach Amerika gegangen sind, auf jeden Fall aber bessere Bedingungen als die Regisseurs-Generation, die in den dreißiger Jahren dahin gegangen ist. Das kann man überhaupt nicht vergleichen.«

So optimistisch äußerte sich Wenders noch kurz vor seiner Abreise. Doch es kam alles ganz anders. Die folgende Chronik der tatsächlichen Ereignisse (inklusive der Vorgeschichte) folgt dabei im wesentlichen der Darstellung im Presseheft des deutschen Verleihers von HAMMETT, der »Neuen Constantin«.

Im Sommer 1975 hat Fred Roos, Produzent für Francis Ford Coppolas Firma Zoetrope, die Gelegenheit, noch vor der Veröffentlichung das Manuskript von »Hammett« zu lesen, einem neuen Kriminalroman des angesehenen Autors und früheren Privatdetektiv Joe Gores. Der britische Regisseur Nicolas Roeg (WENN DIE GONDELN TRAUER TRAGEN, zuletzt: TRACK 29) scheint ihm der geeignete Mann zu sein, daraus einen Film zu machen. Als Roeg Interesse zeigt, tritt Roos an Coppola heran, und der gibt dem Projekt grünes Licht. Ein Jahr später arbeitet Joe Gores am Drehbuch. Roeg kommt nach San Francisco und hält Ausschau nach einem Darsteller für die Titelrolle. Seine Wahl fällt auf den jungen Schauspieler Frederic Forrest, doch in Anbetracht des vorgesehenen Budgets von acht Millionen Dollar lehnt Zoetropes Partner United Artists ab: Man besteht auf einem Star.

Zu Beginn des Jahres 1977 hat Gores die Arbeit am Drehbuch beendet, aber noch immer ist kein Hauptdarsteller gefunden. Roeg kann nicht länger warten und steigt aus. Coppola schickt das Drehbuch an François Truffaut. Der ist zwar begeistert, hat jedoch gerade einen Stoff mit ähnlicher Thematik in Arbeit (AUF LIEBE UND TOD) und lehnt deshalb ab. Fred Roos, der sich gerade in Italien aufhält, erfährt von Wim Wenders' neuem Film DER AMERIKANISCHE FREUND, fliegt eigens nach Paris, um ihn sich anzusehen, und ist äußerst positiv überrascht.

Im Winter 1977 arrangiert Roos für Coppola eine Vorführung von DER AMERIKANISCHE FREUND. Coppola, ebenfalls sehr angetan von dem, was er da sieht, nimmt mit Wenders, der sich gerade in Australien aufhält, Verbindung auf. Wenders fliegt nach Los Angeles, Coppola und Roos unterhalten sich mit ihm, sehen ihre Erwartungen bestätigt und nehmen ihn unter Vertrag. Produktionspartner von Zoetrope ist nun allerdings nicht mehr United Artists (diese Firma ist inzwischen als Folge von Michael Ciminos immens teurem Film HEAVEN'S GATE, der ein Flop geworden war, pleite gegangen), sondern die von fünf ehemaligen United-Artists-Direktoren gegründete Firma Orion Pictures.

Im Frühling 1978 verläßt Wenders die Bundesrepublik und zieht nach San Francisco. Mit dem für Roeg vorbereiteten Drehbuch kann er nicht viel anfangen und macht sich mit Joe Gores an eine neue Fassung. Mit dem Drehbeginn wird für November gerechnet. Wenders geht in San Francisco auf Motivsuche, liest Hammetts komplettes literarisches Werk und macht sich detailliert mit dem Leben des Schriftstellers vertraut: Konsequenterweise bezieht er in der Post Street Nr. 891 dasselbe Apartment, in dem Hammett 1928, zu der Zeit, in der die Geschichte des Films spielt, gewohnt hat. Wenders und seine Mitarbeiter von der Zoetrope sammeln genug Material über Dashiell Hammett, um damit eine mittlere Bibliothek zu füllen. Coppolas Leute haben derartig tiefschürfende Hintergrund-Recherchen schon für DER PATE und APOCALYPSE NOW geleistet, und auch diesmal werden keine Kosten und Mühen gescheut, die Authentizität von Sprache, Zeit und Milieu zu garantieren – auch wenn die Geschichte selbst natürlich fiktiv ist.

Im Herbst bekommt Joe Gores neue Aufträge und steigt aus dem HAMMETT-Projekt aus. Wenders und Roos einigen sich auf den 28jährigen Tom Pope als neuen Drehbuchautor, der ihnen eine völlig neue Fassung schreibt. Coppola hat jedoch Bedenken. Für die Hauptrolle heißt auch Wenders' Vorschlag Frederic Forrest, aber die Orion-Leute sind nach wie vor dagegen. Die Frage, ob der Film nun in Schwarzweiß (wie Wenders und Coppola es sich vorstellen) oder in Farbe gedreht wird, bleibt vorerst offen, und der Drehbeginn wird auf März 1979 verschoben.

Anfang 1979 liefert Pope eine neue Drehbuchfassung ab, die von allen Seiten positiv aufgenommen wird. Coppola läßt daraus und aus rund fünfhundert Szenenbildskizzen eine Art illustriertes Hörspiel anfertigen, um einen genauen Eindruck von dem zu erwartenden Film zu bekommen. Sam Shepard spricht den Hammett, Gene Hackman dessen Freund, und sämtlichen anderen Figuren leihen Ronee Blakley, Frederic Forrest und Wim Wenders ihre Stimmen. Das Ergebnis stürzt Coppola in Zweifel – die Story erscheint ihm zu verwirrend. Er betraut einen neuen Drehbuchautor mit dem Stoff: Dennis O'Flaherty. Pope steigt Ende Mai aus. Die neuen Verzögerungen geben Wim Wenders Gelegenheit, in New York einen Film mit und über seinen todkranken Freund Nicholas Ray zu drehen: NICK'S FILM -- LIGHTNING OVER WATER. Ray stirbt im Juni, kurz vor der Fertigstellung dieses Films.

Im Frühling 1980 hat der Architekt Dean Tavoularis in Zoetropes neuem Studiokomplex in Los Angeles für 700 000 Dollar die Bauten und Kulissen für HAMMETT errichtet. Es wird der erste Film sein, der in Coppolas eigenem Studio entsteht. Durch die aufwendigen Bauten reduzieren sich die vorgesehenen Außenaufnahmen auf ein Minimum. Am 4. Februar 1980 endlich fällt die erste Klappe. Kameramann Joseph Biroc, der schon für D.W. Griffith gearbeitet hat, dreht in Farbe (darauf haben die Orion-Manager bestanden). Die Hauptrolle spielt nun doch Frederic Forrest, denn in der Zwischenzeit hat er sich durch seine Leistungen in APOCALYPSE NOW und THE ROSE einen Namen gemacht. Gedreht wird bis zum 11. April, womit die geplante Drehzeit von zehn Wochen zwar nicht überschritten wird, aber trotzdem ist der Film noch nicht fertig – es fehlt die Schlußsequenz. Ehe diese gedreht wird, will Coppola erst den Rohschnitt des bisher belichteten Materials besichtigen. Der Termin fürs Nachdrehen wird auf Mitte August festgesetzt. Wenders fliegt im Mai erst einmal nach Cannes, um dort NICK'S FILM vorzustellen.

Im Sommer 1980 schneidet Wenders den Film fertig, läßt die Tonspur komplett abmischen und füllt die Lücke am Ende mit detailliert ausgearbeiteten Skizzen und Zeichnungen, die die geplante Schlußsequenz in ihrem Ablauf erkennen lassen. Diese Fassung wird am 31. Juli abgeliefert, aber Coppola hat immer noch Bedenken – zu komplizierte Handlungsführung, zu viele Nebenrollen.

»Die konkreten Vorwürfe betrafen die Geschichte, die im Drehbuch fixiert war. Die war zu verzettelt, es gab zu viele Figuren, es war alles zu undurchsichtig. Und die Geschichte hatte zu viele Löcher, aber eigentlich hat jede Detektivgeschichte Löcher. Wenn man sich etwa THE BIG SLEEP (Tote schlafen fest) anschaut – das ist ein einziges Sieb. Francis meinte, ich müßte einen schnelleren Rhythmus finden, mehr Tempo reinbringen. Das habe ich dann auch versucht...

So etwas ist mir vorher nie passiert. Aber ich bin ja, anders als in Deutschland, ein angestellter Regisseur. In Deutschland hab ich meine Filme, meine letzten zumindest, auch als Produzent machen können. Ich habe also nie Instanzen gehabt, die irgendwelche Forderungen aufgestellt hätten. Das ist schon sehr schwer: Jetzt sieht jemand die Muster, bevor man sie selbst sieht, oder einer sagt: Diese Szene ist zu langsam, da hast du nicht genug Schnittmaterial gedreht...« (W.W., 1980)

Wann nachgedreht werden kann, bleibt nun offen. Ein weiterer Drehbuchautor, der Kriminalschriftsteller Ross Thomas, tritt auf den Plan. Sein Auftrag: Er soll das Drehbuch unter Berücksichtigung des abgedrehten Materials abermals umschreiben. Trotz der andauernden Verzögerungen ist man guten Mutes und setzt den Kinostart von HAMMETT auf März 1981 fest.

Gegen Ende des Jahres denkt sich Ross Thomas für HAMMETT einen Schluß aus, den alle akzeptabel finden. Das neue Ende hat allerdings Folgen: Alte, bereits gedrehte Szenen, verlieren ihren Sinn, andere, den jetzigen Schluß vorbereitende Sequenzen, müssen neu gedreht werden. In den Zoetrope Studios dreht Coppola inzwischen seinen eigenen Film ONE FROM THE HEART, in dem Frederic Forrest eine Hauptrolle spielt – mit einer Wiederaufnahme der Dreharbeiten von HAMMETT kann nicht mehr vor Ende April 1981 gerechnet werden. Wim Wenders fährt nach Portugal und stellt in kürzester Zeit Stab und Besetzung für einen intimen, improvisierten Spielfilm auf die Beine, den er mit seiner soeben gegründeten New Yorker Firma Gray City Inc. auch selbst produziert: DER STAND DER DINGE, eine bitterböse Bestandsaufnahme seiner Schwierigkeiten mit Coppola und, weit darüberhinaus gehend, ein Film über das Filmemachen unter amerikanischen Bedingungen schlechthin. Gedreht wird von Februar bis April in Portugal und Los Angeles.

Währenddessen dauern die Dreharbeiten zu ONE FROM THE HEART länger und länger, der Neubeginn der Arbeiten an HAMMETT muß weiter aufgeschoben werden.

Erst im Oktober kehrt Wim Wenders in die Zoetrope Studios zurück, und am 23. Februar 1982 beginnt endlich die zweite Drehphase von HAMMETT. Hinter der Kamera steht nun nicht mehr Joseph Biroc, der anderen Verpflichtungen nachgehen muß, seine Stelle hat Philip Lathrop eingenommen. Auch in der Besetzung hat es Änderungen gegeben: Anstelle von Brian Keith spielt nun Peter Boyle Hammetts Freund Jim Ryan, und die Parts von Ronee Blakley (Mrs. Callahan) und Sylvia Miles (Hëloise Salt) sind ganz gestrichen. In vier Wochen konzentrierter, nahezu reibungslos verlaufender Arbeit entstehen rund achtzig Prozent des Films neu, nur etwa zwanzig können aus der ersten Drehphase übernommen werden. Nach vier Jahren ist HAMMETT endlich »im Kasten«, die Uraufführung findet am 22. Mai 1982 im Rahmen der 35. Internationalen Filmfestspiele von Cannes statt...

IV.

Aus der Distanz von nun bald zehn Jahren mag man sich fragen, ob eine so endlos während Quälerei wirklich sein mußte. Das Ergebnis dieser langen Auseinandersetzungen scheint jedenfalls fest zu stehen: Wenders hat in dieser Zeit mit NICK'S FILM und DER STAND DER DINGE zwei von Hollywood unabhängige Filme produziert, die eher Bestand haben werden als HAMMETT, und sein Name als Regisseur zählt seit PARIS, TEXAS und vor allem seit DER HIMMEL ÜBER BERLIN weit mehr als jener Coppolas, der zwar von Zeit zu Zeit immer noch hervorragende Filme zu drehen vermag (Werke wie RUMBLE FISH oder zuletzt TUCKER beweisen das), der aber in seiner Karriere zugleich auch Fehlschlag an Fehlschlag gereiht hat und dabei mehr als einmal haarscharf am Rande der endgültigen finanziellen wie künstlerischen Pleite balancieren mußte.

Sein amerikanisches Abenteuer war für Wim Wenders wohl dennoch notwendig, und dies gleich aus mehreren Gründen: Seit seinen ersten Filmversuchen zeigte sich Wenders fasziniert vom Mythos Amerika. In

Frühes Kinospielzeug: Ein Bilderautomat und eine irrlichternde Lampe aus DER AME-RIKANISCHE FREUND. Aufgenommen bei der Wenders-Ausstellung des Frankfurter Filmmuseums 1988.

seinen am Ende der sechziger Jahre für die »Filmkritik« und die Süddeutsche Zeitung verfaßten Kritiken zu Filmen und Musik wird diese Faszination ebenfalls spürbar.

»Filme über Amerika müßten ganz aus Totalen bestehen, wie es das in der Musik über Amerika schon gibt«, schrieb er 1969 über LP's von Harvey Mandel und Bob Dylan. Und immer wieder gab es die USA als Schauplätze in seinen Filmen – selbst wenn es das Budget anfangs nicht erlaubte, dort auch zu drehen, wird in den frühen Arbeiten doch über Amerika geredet, so in DIE ANGST DES TORMANNS BEIM ELF-METER oder in SUMMER IN THE CITY.

Und auch wenn Wenders stets den Japaner Yasujiro Ozu als Vorbild nennt, hat er dessen Werk doch erst lange nach seiner Bekanntschaft mit dem amerikanischen Kino kennengelernt. Zwar zitiert er Nicholas Ray, Howard Hawks oder John Ford niemals direkt, er ist nie ein Epigone gewesen wie etwa Peter Bogdanovich, der seine Motive aus der ganzen Filmgeschichte zusammengeplündert hat. Aber die Filme stecken doch voller Verweise auf Kinomythen, Verweise, die – gerade weil sie aus den eigentlichen Geschichten der Filme ausgelagert sind –

wie augenzwinkernde Anmerkungen zu den eigenen Ursprünge wirken.

Zwei Beispiele aus ALICE IN DEN STÄDTEN: Philip und die kleine Alice sitzen in der Nähe des Amsterdamer Flughafens auf einem Zaun, die Kamera schwenkt, und auf einmal kommt eine Art Wegweiser ins Bild, auf dem NORTH BY NORTHWEST (der Titel eines Hitchcock-Films) zu lesen ist, während man im Hintergrund eine Windmühle sieht (auch dies ein Hitchcock-Motiv). Im gleichen Film zeigt die Kamera nach einem Bad Philips den Abfluß der Badewanne ganz genauso wie der Abfluß der Dusche nach dem Mord in Hitchcocks PSYCHO zu sehen ist.

Dazu kommt – am stärksten wohl in DER AMERIKANISCHE FREUND – die ständige Präsenz von Versatzstücken dessen, was man gemeinhin als »amerikanische Plastikkultur« bezeichnet. Kaum ein Film, in dem nicht irgendwo Flipper stehen, Musicboxen sichtbar werden oder große amerikanische Autos fahren. Folgerichtig beschrieb Wenders unser – und sein – Unterbewußtsein als »von Amerika kolonialisiert«. Diese Ambivalenz in allen seinen Film bis zu PARIS, TEXAS (der für den Regisseur eine Art Katharsis geworden ist; davon später), das Wissen um solche Abhängigkeiten und die gleichzeitige Überführung dieser Mythen in eigene Bilder, in eigene Vorstellungen, lassen Wenders' amerikanischen Traum bis zu seiner Emigration, die ja auch nach der Fertigstellung von HAMMETT noch nicht beendet war, gebrochen erscheinen, stets schimmert so etwas wie eine Haßliebe durch.

»Ich bin verliebt in diese Kultur, aber ich möchte nicht daran teilhaben. Das ist ein bißchen wie bei einem Voyeur, der eine Liebe empfindet, die nicht befriedigt werden kann – und die nicht befriedigt werden will... Aber ich bin ja gegenüber Amerika kein Voyeur mehr; ich war es noch beim AMERIKANISCHEN FREUND, aber hier zu leben – das ist etwas anderes. Und gleichzeitig bin ich jetzt, nach zweieinhalb Jahren, immer noch nicht heimisch geworden hier. Und ich denke, ich werde es niemals werden... Aber ich glaube, nicht heimisch zu werden, das ist sehr gut, um Filme zu machen. Übrigens – wenn ich mich völlig von Deutschland entfremdet haben werde, werde ich dorthin zurückkehren, um einen Film zu machen. Den Film eines Besuchers aus dem Ausland.« (W.W., 1980)

Daß Wenders die vier Jahre der HAMMETT-Produktion überhaupt durchgehalten hat, erscheint im Nachhinein fast wie eine Trotzreaktion, und 1987 beurteilt er selbst diese Erfahrung weitaus milder als in seinem Film DER STAND DER DINGE: »Was alle diese Abenteuer überlebt hat, war Coppolas Versuch, mich einen Film machen zu lassen. Wir waren beide hartnäckig genug, um es zu schaffen.«

Kinorequisiten: Die Schlußklappe mit Schwamm aus IM LAUF DER ZEIT, daneben die herausgerissene Buchseite »Es muß alles anders werden«, durch einen Rahmen geadelt.

Viele Kritiker haben dies freilich anders gesehen. So schrieb die Wenders sonst stets (und heute wieder) sehr wohlgesonnene Pariser Zeitung Libération im November 1980 in einer Kritik zu NICK'S FILM: »Die Begegnung zwischen Wenders und Nicholas Ray ist der dramatische Höhepunkt einer langen Suche nach Amerika, die inzwischen zum schlechten Scherz geworden ist. Seit nunmehr drei Jahren lebt Wim Wenders in den USA. Er kleidet sich wie ein Alkoholschmuggler der zwanziger Jahre, weigert sich, auch nur ein Wort deutsch zu sprechen, dient Coppola als steuerliches Alibi und akzeptiert die Vorgaben der MGM... All dies kann zu Zweifeln führen – sowohl am Mäzenatentum Coppolas als auch an der Entwicklung des Wenders'schen Kinos selbst.«

Und als Beleg für diese Einschätzung zitiert die Zeitung Wenders selbst: »Ich habe alle amerikanischen Filme von Fritz Lang gesehen«, soll er damals gesagt haben, »und in technischer Hinsicht sind sie seine besten überhaupt. Aber es war schrecklich zu sehen, welche Zugeständnisse er machen mußte, wie er sich angepaßt hat und unpersönlich geworden ist...«

Mit ausgetauschtem Namen eine Beschreibung des eigenen Zustands? Doch anders als Fritz Lang war Wim Wenders in Amerika nicht allein auf Hollywood angewiesen, er konnte in den langen Produktionspausen andere Projekte in Angriff nehmen. Eine Beschreibung des eigenen Zustands jedenfalls ist DER STAND DER DINGE. Dieser Film wird zur Summe aller Erfahrungen, die Wenders bis dahin mit dem Kino und seiner Arbeit als Regisseur überhaupt gemacht hatte. Bezeichnend erscheint denn auch die Geschichte, wie es überhaupt zu dieser Produktion gekommen ist:

»Isabelle Weingarten, die mit Raoul Ruiz LE TERRITOIRE in Portugal drehte, erzählte mir von Finanzierungsproblemen: Es war kein Filmmaterial mehr vorhanden, und es bestand die Gefahr, daß die Dreharbeiten abgebrochen werden mußten. Wir hatten einige Rollen Material im Kühlschrank im Berlin, und statt, wie vorgesehen, direkt nach New York zu fliegen, machte ich auf dem Weg Station in Lissabon, um Isabelle zu treffen und Raoul das Filmmaterial zu bringen. Ich traf auf ein friedlich arbeitendes Team. Keine Hektik und Nervosität, wie sonst Dreharbeiten es an sich haben. Es war ein Traum. Bei den Dreharbeiten von HAMMETT gab es 200 Techniker und all diese Probleme: mit dem Drehbuch, der Überwachung usw. Und dort im Wald von Sintra arbeiteten sie gelassen, frei von jeglichem Druck. Außer, daß kein Geld vorhanden war. Für mich war es das verlorene Paradies. Ich habe meinen Aufenthalt verlängert, ich ging in der Gegend spazieren und stieß dabei auf dieses leere Hotel, das im vorigen Winter durch einen Sturm oder Orkan zerstört worden war. Es sah aus wie ein gestrandeter Wal.

Dort sagte ich mir: Es ist alles vorhanden, um einen Film zu machen. Der Ozean, ein großartiger Ort, der westlichste Punkt von Europa, sozusagen der nächste zu Amerika. Ich wollte einen Film machen, ausgehend von meiner eigenen Situation zwischen den Kontinenten, und von dieser Angst sprechen, von der Angst, einen Film in Amerika zu machen... Ich fuhr nach New York, um Chris Sievernich zu bitten, in aller Eile eine Finanzierung zu finden. Einen Monat später begannen die Dreharbeiten...« (W.W., 1987)

V.

Der »Goldene Löwe«, den DER STAND DER DINGE im September 1982 in Venedig gewinnt, erscheint fast als so etwas wie die moralische Bestätigung für die Beharrlichkeit, mit der Wenders auf der einen Seite das Projekt HAMMETT allen Widrigkeiten zum Trotz durchgefochten hat, während er auf der anderen die »wesentlichere« Seite seiner Kunst doch nicht aufzugeben bereit war.

Ein künstlerischer Triumph, in dem womöglich schon die Vorbereitungen für den nächsten, noch größeren, enthalten waren – jenen von PARIS, TEXAS nämlich. Doch zunächst folgte Wenders anderen Plänen, die freilich (fast) alle scheitern sollten. Nach der Fertigstellung von HAMMETT wollte Wenders den Roman »Stiller« von Max Frisch verfilmen: »Ich war in Zürich, um mich in der Umgebung von Stiller aufzuhalten, und ich begann zu schreiben. Frisch hatte ich in New York getroffen, mit Bruno Ganz, dem einzig möglichen Darsteller dieser Rolle, Kontakt aufgenommen. Das war im Winter 1980. Aber es klappte nicht. Einmal fühlte ich mich in Zürich nicht wohl, und dann gab es Probleme mit einer Amerikanerin, die die Rechte besaß. Sie wollte ein Wort bei der Besetzung mitreden. Ich gab auf.« (W.W., 1987)

Einer anderen Version zufolge bemühte sich Wenders daraufhin um die Rechte zur Verfilmung des »Homo Faber«, den er während seines Aufenthalts in der Schweiz gelesen hatte. Diesmal freilich widersprach der Autor selbst: »Homo Faber« sei sein persönlichstes Buch, soll Max Frisch gesagt haben, und die Figuren darin könne er sich nicht auf der Leinwand vorstellen. Wenn er es sich freilich noch einmal anders überlegen sollte – er würde sofort alle anderen Pläne sausen lassen, hat Wim Wenders 1987 gesagt. »Homo Faber«, so war Mitte 1988 zu hören, soll nun von Volker Schlöndorff verfilmt werden.

Auch aus einem weiteren Projekt ist nichts geworden: Nachdem Wenders 1982 bei den Salzburger Festspielen bei Peter Handkes Stück »Über die Dörfer« sein von der Theaterkritik kaum beachtetes Debüt als Bühnenregisseur (W.W.: »Eine einzige Einstellung in Cinemascope«) gegeben hatte, bemühte er sich ein Jahr lang um Produktionsmittel für einen Film mit dem Titel LANGSAME HEIMKEHR, der eine Bearbeitung von Handkes Tetralogie »Über die Dörfer«, »Kindergeschichte«, »Die Lehre des Sainte-Victoire« und eben »Langsame Heimkehr« werden sollte:

»Man muß diese vier Bücher als zusammenhängenden Komplex sehen, obwohl die Geschichte in vielen unterschiedlichen Formen erzählt wird, erzählt werden muß. LANGSAME HEIMKEHR ist das dickste Drehbuch, das ich je geschrieben habe. Es beginnt in Alaska, spielt dann in San Francisco, Denver, anschließend in New York; der Held nimmt das Flugzeug nach Österreich und trifft dort seine Geschwister, um gemeinsam mit ihnen zu beschließen, was mit dem Haus der Familie geschehen soll.« (W.W., 1987)

Doch alle bundesrepublikanischen Förderungsgremien und die deutschen Fernsehanstalten winkten ab: Wenders und Handke – das sei nicht gerade ein publikumswirksames Gespann. (Ironischerweise sollten die beiden den Bürokraten 1987 mit DER HIMMEL ÜBER BERLIN das Gegenteil beweisen.)

So blieb Wenders nichts anderes übrig, als ein anderes Projekt weiterzuverfolgen: Während der Dreharbeiten zu HAMMETT hatte Wenders den Schauspieler und Autor Sam Shepard kennengelernt. Von ihm erhielt er dessen neue Kurzgeschichtensammlung mit dem Titel »Transfiction«, die später als »Motel Chronicles« erscheinen sollte.

Eine der Geschichten daraus wollte Wenders verfilmen, doch er tat sich mit dem Drehbuch ebenso schwer wie der Autor der Vorlage. Gemeinsam erarbeiten die beiden ein anderes Treatment. Daraus wird PARIS, TEXAS werden, ein ursprünglich eher »kleines« Projekt, das sich im Verlauf der Arbeit daran allerdings immer mehr ausweitet. Im Herbst 1983 beginnen die Dreharbeiten, obwohl die Finanzierung noch nicht annähernd gesichert ist. Weil es an Geld fehlt, müssen die Dreharbeiten unterbrochen werden – eine Situation, die Wenders längst nicht mehr unbekannt ist. Dennoch kommt der Film schließlich zustande, gewinnt 1984 nahezu unangefochten die »Goldene Palme« beim Festival von Cannes und wird für seinen Regisseur obendrein auch noch zu seinem ersten großen kommerziellen Erfolg. Zunächst vor allem im Ausland – allein in Frankreich wird der Film mit über 150 Kopien gestartet und erreicht dort in kürzester Zeit über eineinhalb Millionen Zuschauer.

Auch die internationale Presse jubelt, Peter Buchka schreibt in der Süddeutschen Zeitung gar, mit diesem Film habe sich Wim Wenders als »der derzeit beste Regisseur der Welt« erwiesen. In der Bundesrepublik jedoch startet der Film erst am 11. Januar 1985, nachdem er überall sonst längst Triumphe beim Publikum gefeiert hat.

Die Ursache für den späten Start in der BRD waren im deutschen Verleihgeschäft bisher gänzlich unübliche Querelen um die Auswertung und Präsentation eines Films, dessen Produzenten sich vom vorgesehenen Verleih, dem Filmverlag der Autoren (den Wenders 1971 immerhin mitbegründet hat und dessen Gesellschafter er bis zu diesem Streit auch war), schlecht behandelt fühlten. So meisterhaft sich Wenders auf das »Herstellen« seiner Filme, auf seine eigentliche Arbeit also, versteht, so ungeschickt scheint er beim Umgang mit Geld und Produzenten zu handeln. Was war geschehen?

An der Finanzierung von PARIS, TEXAS waren Wenders' eigene Firma Road Movies mit ihrem Geschäftsführer Chris Sievernich, die

Project Filmproduktion als Tochter des Filmverlags der Autoren, die Londoner Channel Four und der Westdeutsche Rundfunk beteiligt. Ein Verleihvertrag mit dem Filmverlag wurde bereits 1983 unterschrieben worden. Erste Überlegungen sehen vor, PARIS, TEXAS ähnlich auszuwerten wie den vorangegangenen Wenders-Film, DER STAND DER DINGE.

Nach dem Erfolg von Cannes wird die ursprüngliche Verleihplanung modifiziert. Road Movies legt ein Konzept vor, dem der Filmverlag zustimmt: Der Film soll am 28. September 1984 mit 40 Kopien in den deutschen Kinos starten. In der zweiten Woche sollen 20 weitere Kopien eingesetzt werden. Im Juli rückt Road Movies von dieser Vereinbarung ab und fordert die Aufstockung der Kopienzahl auf 80.

Anfang August kündigt Road Movies den Verleihvertrag mit der Begründung, es sei noch kein vernünftiges Verleihkonzept vorgelegt worden. Der Film müsse in weit mehr Theatern gezeigt werden, zudem habe der Filmverlag den Fehler gemacht, überwiegend zu kleine Kinos anzumieten. Der Filmverlag bezeichnet diese Kündigung als gegenstandslos und erwirkt im Namen von Pro-ject, als einer der fünf Coproduzenten also, eine einstweilige Verfügung beim Berliner Landgericht. Darin wird Road Movies untersagt, über die Verleihrechte an PARIS, TEXAS zu bestimmen und Erklärungen zu dem abgeschlossenen Verleihvertrag abzugeben.

Der Regisseur (und Rechtsanwalt) Hark Bohm, wie Wenders Mitgesellschafter des Filmverlags, erarbeitet gemeinsam mit dem Filmverlagsgeschäftsführer einen Kompromißvorschlag: Wenders und Road Movies sollen die Öffentlichkeitsarbeit übernehmen, der Filmverlag sich als ausführender Verleih um die von Wenders vorgeschlagenen Kinos kümmern. Der Start soll um zwei bis drei Monate verschoben werden.

Doch dazu kommt es nicht, es folgen weitere juristische Streitigkeiten, bis sich der Filmverlag Mitte September bereit erklärt, auch weiterhin eine einvernehmliche Lösung zu suchen: Wenn eine Einigung mit Wenders nicht anders möglich sei, könne Road Movies über die Verleihrechte verfügen. Voraussetzung sei allerdings, daß Road Movies die Verleihgarantie in Höhe von 200 000 Mark sowie dessen bisher angefallene Kosten an den Filmverlag zurückzahle. Ende Oktober teilt Road Movies mit, man wolle die Verleihrechte nun an die Berliner Tobis Filmkunst verkaufen. Diese Firma will den Film am 11. Januar 1985 gleichzeitig in 110 Kinos herausbringen.

Einen Monat später erklärt der Filmverlag, eine Einigung mit Tobis sei nicht zustande gekommen, man wolle den Film nun selbst am 11.

Januar starten. Am 25. November schreibt Wenders einen »Offenen Brief an die deutsche Presse«:

»Das Berliner Kammergericht hat am 19.11.1984 entschieden, daß die vom Filmverlag der Autoren im August dieses Jahres gegen mich erwirkte einstweilige Verfügung (Maulkorb) außer Kraft gesetzt ist, und zwar so lange, bis der Filmverlag der Autoren eine Million Mark bei Gericht hinterlegt als Kaution zur Abwendung und Sicherung möglichen Schadens an meinem Film PARIS, TEXAS. Solange der Filmverlag der Autoren diese Million Mark nicht bei Gericht hinterlegt hat, kann ich meine persönliche Meinung gegenüber jedermann in bezug auf den Film PARIS, TEXAS äußern, was ich hiermit tue.

Nach der am 1. August 1984 von der Firma Road Movies ausgesprochenen Kündigung des Verleihvertrags habe ich mich schließlich mit Rudolf Augstein dahingehend geeinigt, daß der Filmverlag der Autoren sich von dem Film PARIS, TEXAS trennt, und zwar auf gütliche Weise. Eine gemeinsame Presseerklärung war vorbereitet, nachdem selbst der Filmverlag der Autoren einverständlich die Auswertung von PARIS, TEXAS dem Berliner Filmverleih Tobis Filmkunst übertragen hat.

Road Movies hat inzwischen aufgrund der gemeinsam besprochenen Absprache mit dem Tobis Filmkunst Verleih einen Auswertungsvertrag geschlossen und diesen mit mir inzwischen konzeptionell in allen Maßnahmen abgesprochen. Der Film PARIS, TEXAS wird am 11.1.1985 in die Kinos kommen.

Am 23.11.1984 erklärt nun der Filmverlag der Autoren, daß er entgegen dieser – alle Parteien bindenden – Absprache den Film PARIS, TEXAS nun wieder selbst in die Kinos bringen will. Entsprechend dieser Meldung hat der Filmverlag inzwischen versucht, alle Kinobesitzer, die mit der Tobis Filmkunst einen Abspielvertrag geschlossen haben, zu verunsichern. Die Tobis Filmkunst hat in sehr kurzer Zeit hervorragende Arbeit geleistet. Daß der Filmverlag nun sich an diese Verleiharbeit der Tobis Filmkunst anhängen und sich zu eigen machen will, ist eine Art von geistigem Diebstahl. Die Tobis Filmkunst Verleih hat nach dieser intensiven Vorarbeit mein volles Vertrauen.

Wenn es nun aber so ist, daß es mir mit rechtlichen Mitteln nicht mehr möglich ist, den Film PARIS, TEXAS rechtzeitig beim Filmverlag herauszulösen und durch die Tobis Filmkunst verleihen zu lassen, wenn das nun wirklich letzten Endes so sein sollte, dann möchte ich allen Beteiligten und auch die Presse bitten, PARIS, TEXAS wieder als den Film zu sehen, der er ist, und nicht als Skandalobjekt. Der Film und sein deutsches Publikum haben ein Recht darauf. Gez. Wim Wenders, Road Movies Filmproduktion GmbH, Berlin, den 25. November 1984.«

Bei Tobis geht man auch zu diesem Zeitpunkt noch davon aus, daß man den Film selbst starten kann. Doch das juristische Hickhack dauert an: Am 13. Dezember wird eine von Wim Wenders beantragte einstweilige Verfügung gegen eine geplante Pressevorführung durch den Filmverlag abgelehnt, die einen Tag später stattfindet, wobei der Regisseur anwesend ist und seinen Protest gegen die Politik des Filmverlags wiederholt. Trotzdem ist zum erstenmal eine deutsche Fassung von PARIS, TEXAS zu sehen – aber was für eine! Das ZDF-Kulturmagazin »Aspekte« zu diesem Kinovormittag: »Diese für den Start in der Bundesrepublik so wichtige Pressevorführung schadet dem Film möglicherweise mehr als das heillose juristische Durcheinander. Die Kopie ist unter anderem zu dunkel und teilweise verstümmelt.«

Parallel dazu gibt Wenders eine Pressekonferenz, während der er – gemeinsam mit Uwe Brandner und Hans W. Geissendörfer – seinen Austritt als Gesellschafter des Filmverlags der Autoren bekanntgibt. Gleichzeitig kündigt er an, es werde keine weiteren gerichtlichen Auseinandersetzungen mehr geben. Dennoch droht er drei Tage später mit einer Klage gegen den Filmverlag, fordert drei Millionen Mark Schadenersatz wegen der mangelhaften Hamburger Vorführung und läßt dem Kopierwerk per Gerichtsbeschluß die weitere Herstellung nicht autorisierter Kopien verbieten. Ende Dezember kündigt Wenders den Verleihvertrag mit dem Filmverlag nochmals fristlos, woraufhin dieser ein paar Tage später seine Absicht, den Film am 11. Januar in 65 Kinos zu starten, bestätigt. Einen Tag vor dem bundesweiten Start des Films weist das Landgericht München einen letzten Antrag auf einstweilige Verfügung zurück, mit dem sich die Tobis Filmkunst noch einmal den Verleih von PARIS, TEXAS sichern wollte...

Der unbefangene Beobachter dieses endlosen Hin und Her mag den Kopf schütteln: Was sich der damals schon seit Jahren krisengeschüttelte Filmverlag der Autoren, der diesen Namen zu diesem Zeitpunkt ohnehin nicht mehr verdiente, hier geleistet hat, erscheint noch heute als Tiefpunkt im Verhalten einer ganzen Branche im Umgang mit ihrer Ware – ein Verhalten, daß Wim Wenders selbst Jahre zuvor in einem Artikel »Verachten, was verkauft wird« genannt hatte.

In einem Text in der Süddeutschen Zeitung vom 14. Dezember 1984 hat Wim Wenders noch einmal ausführlich dargelegt, worum es in diesem Streit eigentlich gegangen ist:

»In Deutschland ist der Neue Deutsche Film, am Anfang als der Jungfilm abgetan, nach wie vor in keiner Industrie verankert. Ermuntert von Filmförderung und Fernseh-Koproduktionen hat sich ein Haufen unterkapitalisierter Einzelfirmen gebildet, die mit jedem Film aufs neue vom Bankrott bedroht waren. Und viele dieser Firmen sind in den letzten Jahren auch pleite gegangen. Die Verleiher – und da hat sich auch der Filmverlag der Autoren durchaus hervorgetan – haben mit verhältnismäßig geringen Garantien oder Darlehen diese Schwäche genutzt und unverhältnismäßig viele Rechte und damit möglichen Gewinn und Macht erworben.

Uns zum Beispiel, also die Firma Road Movies, hat unsere Kapitalschwäche dazu gezwungen, während der Produktion des Films DER STAND DER DINGE für ein kleines Darlehen, ohne das wir diesen Film nicht hätten zu Ende führen können, und für eine minimale Verleihgarantie einen Vertrag zu unterzeichnen, nach dem dem Filmverlag der Autoren alle aus dem Film resultierenden Förderungsmittel gehörten, und damit auch der Bundesfilmpreis von 300 000 Mark. Und der wiederum war die Grundlage für die Koproduktionsbeteiligung bei PARIS, TEXAS. Aus einer kleinen Abhängigkeit wurde über zwei Filme hinweg eine große. Der Elefant hatte die Maus an der Kandare.

Und damit wären wir bei dem wirklich bedrohlichen Punkt der ganzen Angelegenheit. Aufgrund einer rechtlich möglicherweise sittenwidrigen Konkursklausel gehört dem Filmverlag der Film PARIS, TEXAS ganz und gar, wenn sich Road Movies als zahlungsunfähig erweisen sollte, was sich ja bei plötzlicher Inrechnungstellung sämtlicher anstehender Darlehen durchaus ergeben könnte. Ich kann nicht umhin, dies einmal als spekulative Absicht des Filmverlags in Betracht zu ziehen, wenn ich mir anschaue, wie er in den letzten Wochen mit uns umgesprungen ist. Das hieße tatsächlich, daß es nie wirklich um den Film ging, sondern immer nur um Macht.

Auf diese Weise wird es bald überhaupt keine Produzenten mehr hier geben und keinen deutschen Film, sondern nur noch Verleiher. Keine Mäuse mehr, nur noch Elefanten. Über diesen Konkurs würden sich dann die Über-Elefanten in Hollywood ins Fäustchen lachen.«

Daß Wenders drei Jahre später die Verleihrechte seines neuen Film DER HIMMEL ÜBER BERLIN dann von sich aus wieder dem Filmverlag der Autoren übertragen hat, muß dazu nicht unbedingt im Widerspruch stehen: Das Desaster um PARIS, TEXAS hat dort wohl doch einiges bewirkt, und kein anderer deutscher Filmverleiher hat sich im Verlauf seiner Existenz sowohl personell als auch von seiner inhaltlichen Ausrichtung so oft und gründlich geändert wie gerade dieser. Alle Werke jedenfalls, die Wenders derzeit plant – BIS ANS ENDE DER WELT und IN WEITER FERNE, SO NAH... stehen bereits heute, im März 1989, fest bei der Berliner Tobis Filmkunst unter Vertrag.

VI.

Nachdem PARIS, TEXAS 1985 nun endlich auch in den deutschen Kinos zu sehen war, nahm Wenders die Arbeit an einem Projekt wieder auf, daß er bereits 1977, nach DER AMERIKANISCHE FREUND, in Angriff genommen hatte. Doch dann kam Francis Ford Coppola mit HAMMETT dazwischen. Die Folgen sind bekannt.

DAS ENDE DES JAHRHUNDERTS sollte der geplante Film ursprünglich heißen:

»Von Anfang an sollte der Film im Jahre 2000 spielen. Tragikomisch daran ist, daß wir nun schon im Jahr 1987 sind, zwölf Jahre vor Ablauf dieser Frist. Als ich die ersten Pläne machte, waren es noch 23 Jahre. Wenn ich heute meine alten Notizen von 1977 wiederlese, bin ich verblüfft: Das hat nichts mehr Science-fiction zu tun. Die technischen Innovationen, die Darstellung des futuristischen Alltags, alles erscheint mir fast banal, als ob die Wirklichkeit die Imagination eingeholt hätte. Es ist verrückt, wie schnell Science-fiction überholt ist.

Mit Solveig (Dommartin, Hauptdarstellerin in DER HIMMEL ÜBER BERLIN und Wenders' Lebensgefährtin; Anm.d.V.) habe ich zwei Jahre an dem Buch geschrieben. Bei den Vorbereitungen sind wir zweimal um die Welt gefahren. Das Projekt ist sehr kostspielig und kompliziert geworden. Wir haben Dreharbeiten in fünfzehn Ländern vorgesehen, schon die Vorbereitungen wurden zu einer wahren Odyssee... Das brachte meine Produktionsfirma in Gefahr. Ich hätte meine Mitarbeiter nicht mehr bezahlen können, hätte ich nicht zwischendurch einen Film in Angriff genommen.« (W.W., 1987)

Dieser Film sollte DER HIMMEL ÜBER BERLIN werden und für Wenders zugleich die Rückkehr nach Deutschland bedeuten. Hat er damit Amerika endgültig den Rücken gekehrt?

»Ja. Den Rücken, den Hinterkopf, den Po... Aber verbittert bin ich überhaupt nicht, nein. Enttäuscht... irgendwo schon. Gar nicht so sehr wegen Amerika, sondern eher von der Selbstdarstellung Amerikas. Es war nicht das Land, das mich enttäuscht hat. Das ist nach wie vor ein Traum, und wenn ich an New York oder an den amerikanischen Westen denke, kriege ich auch sofort bohrendes Heimweh. Aber die Selbstausbeutung des amerikanischen Traums ist für mich eine ziemlich verheerende Geschichte. In Amerika zu leben, das heißt ja auch, immer den Bildern ausgeliefert zu sein, die sich die Amerikaner von sich selbst machen. Man konnte ja gar nicht anders, als notgedrungen manchmal das Fernsehen anzumachen oder die Zeitungen zu lesen. Und das war wirklich unerträglich – von der ganzen Welt nichts mitzubekommen außer dem Selbstbildnis Amerikas. Ich bin dann auch sehr froh gewesen, als ich mir schließlich während des Schnitts von PARIS, TEXAS gesagt habe: Jetzt hast du das gemacht, was du immer machen wolltest – und jetzt kannst du eigentlich damit aufhören. Das war so eine plötzliche Erkenntnis, und da war ich auf einmal ganz erleichtert. Und die letzte Einstellung, wenn Travis fortgeht: Ich ließ ihn auf meine Art verschwinden, und mit ihm gingen alle meine früheren männlichen Figuren. Sie haben sich jetzt alle am Stadtrand von Paris, Texas in einem Altersheim niedergelassen.

Und daß ich gerade nach Berlin zurückgekehrt bin... Für mich persönlich ist Berlin der Kern Deutschlands. Von Deutschland kann man ja fast nur in Anführungszeichen sprechen. So wie die Bildzeitung die DDR immer noch in Anführungszeichen setzt. Nicht, weil es zwei Deutschlands gibt, sondern weil es gar kein Deutschland mehr gibt. Wenn ich an meine Kindheit denke, was ich als Deutscher empfunden habe, womit ich aufgewachsen bin und was in meinem Kopf und in meiner Seele deutsch ist, dann finde ich da eigentlich kaum etwas in der Bundesrepublik. Dagegen habe ich in Berlin alles gefunden, was ich gesucht habe, nämlich sowohl in der Architektur als auch in den Gesichtern, in der Sprache wie in der Haltung zur Geschichte. Etwas, was in der Bundesrepublik ausgewischt worden ist...« (W.W., 1987)

Die Triumphe, die Wim Wenders mit DER HIMMEL ÜBER BERLIN (in Frankreich hieß der Film LES AILES DU DESIR, in England und Amerika WINGS OF DESIRE; ausnahmsweise trafen die fremdsprachigen Titel einmal etwas Wesentliches), feiern konnte, sind bekannt. Und nun, 1989, soll es endlich ernst werden mit BIS ANS ENDE DER WELT.

Ende 1987 erzählte Wenders so von seinem Projekt:

»Da gibt es inzwischen ein Drehbuch, das ich zusammen mit Solveig über die letzten drei Jahre hinweg geschrieben habe. Wenn jetzt die Arbeit am letzten Film endlich beendet ist, nachdem er in Deutschland erschienen ist, stürze ich mich wieder da drauf. Ich habe schon viel vorbereitet, wir sind schon zweimal die Reiseroute um die Welt abgefahren. Und der Film soll im Prinzip auch so gedreht werden, wie er im Moment geplant ist: als Science-Fiction-Film, der um die Jahrtausendwende spielt in siebzehn Ländern. Das ist eine abenteuerliche Verfolgungsreise, wo jeder jeden jagt und wo man am Schluß kaum noch weiß, wer eigentlich vorneweg ist und wer hintendrein kommt. Eine Hauptfigur wird Solveig sein, dann gibt es einen Detektiv, den wird der Rüdiger Vogler spielen, dann fehlt mir noch einer, und dann gibt es noch einen Mann, der in Solveig verliebt ist und ihr deshalb nachreist, den wird der Jacques Dutronc spielen. Das wird eine Detektiv-Science-Fiction-Liebes-Geschichte.«

Ein Jahr später, im Herbst 1988, hat sich daran allerdings schon wieder einiges geändert:

»Das Projekt ist ja schon über zehn Jahre alt, und es ist klar, daß ich das nicht unverändert in die Produktionsphase, die jetzt begonnen hat, übernehmen konnte«, sagt Wenders nun, und er deutet an, daß die Idee, den Film tatsächlich in 25 Städten zu drehen, wohl doch zu aufwendig und damit viel zu teuer gewesen wäre, um sie tatsächlich auch realisieren zu können. Inzwischen sieht es so aus, als würde sich das Geschehen vor allem auf die Bundesrepublik und auf Australien beschränken.

»Wir haben in den letzten Monaten noch einmal, diesmal zusammen mit einem australischen Autor, am Drehbuch gearbeitet. Der heißt Peter Carey und ist in seiner Heimat ein sehr bekannter Dichter. Mit dem zusammen haben wir die Geschichte ganz gehörig auf den Kopf gestellt und geschüttelt, was auch nötig war.«

Worum es in der neuen Fassung genau gehen wird, will Wenders allerdings nicht verraten:»Das kann ich nicht, weil wir mitten in der Vorbereitung stecken, und da würde ich nur etwas aus dem Zusammenhang reißen. Aber vielleicht soviel: Die Liebesgeschichte, die vorkommen soll, ist jetzt noch deutlicher in den Mittelpunkt gerückt – und damit wirkt das vielleicht tatsächlich wie die am Ende von HIMMEL ÜBER BERLIN angekündigte Fortsetzung: Der neue Film wird die Geschichte erzählen, die der letzte verspricht.«

Wie schon dieser Film und PARIS, TEXAS wird auch BIS ANS ENDE DER WELT wieder eine Koproduktion zwischen Wenders' eigener Firma Road Movies und der Pariser Argos-Film werden, doch neu ist, daß diesmal auch noch ein australischer Partner beteiligt sein soll.

Darüberhinaus beschäftigt sich Wenders auch noch mit einem kleineren Projekt, das er gemeinsam mit der amerikanischen Musikerin und Performance-Künstlerin Laurie Anderson realisieren will:»Das ist ein Film, den ich eigentlich schon angefangen habe und der IN WEITER FERNE, SO NAH heißen wird: Während der Motivsuche jetzt hatte ich eine 35-mm-Kamera dabei, und ich habe auf eine ähnlich dokumentarische Art wie in TOKYO-GA schon einiges gedreht – aber ich glaube eigentlich nicht mehr, daß das noch vor dem anderen was wird. Wahrscheinlich wird der erst in zwei, drei Jahren fertig.«

Wim Wenders, 1985

VII.

»Ich finde es ganz wichtig, daß Filme Abläufe bleiben, und alles, was diese Abläufe stört oder unnatürlich macht, mag ich nicht. Filme, auch wenn sie noch so künstlich sind, zum Beispiel der Film, den wir gerade machen, DIE ANGST DES TORMANNS BEIM ELFMETER, aber die Kontinuität der Bewegung und der Handlungsabläufe muß einfach stimmen, die Zeit, die gerade dargestellt wird, darf nicht einfach einen Ruck machen. Es gibt so Schnittmethoden, gerade bei Fernsehspielen, wo Gegenschnitte gemacht werden, und man sieht eine Nahaufnahme von einem, der spricht, und eine Nahaufnahme von einem anderen, der spricht, und dann kommt der erste wieder, und man sieht genau, dazwischen ist für ihn Zeit vergangen, der hat seinen Text runtergesprochen. Das ist so was ganz Scheußliches, was mich immer wütend macht. Es ist ganz gleich, was für ein Film es ist, aber ich finde, es ist so wichtig, daß eine Loyalität gegenüber Zeitabläufen da ist, auch wenn die Sachen ganz künstlich hergestellt sind, wenn es gar keine Realität ist. Daß man sich gerade deswegen an ganz bestimmte Regeln halten muß. Seh-Regeln hauptsächlich.

Ich mag so Filme überhaupt nicht, die abstrakt verfahren und wo jedes Bild irgendwie ein Gedanke ist, wo die einzelnen Bilder und Gedanken dann irgend etwas ergeben. In Filmen gibt es Zeitabläufe, die zueinander passen müssen. Schauplatzwechsel, das finde ich schon ein echtes Problem. Jedesmal bei jeder Szene ist es für mich das größte Problem, wie die nun aufhören wird und wie man zur nächsten kommt. Im Grunde möchte ich da am liebsten die ganze Zeit dazwischen nicht auslassen. Man muß es aber manchmal auslassen, weil das zu lange dauert, man muß also, wenn er aus dem Haus geht und woanders ankommt, dazwischen was weglassen. Der geht von seiner Gaststube in sein Zimmer, und für mich ist es unglaublich, daß ich aus zeitökonomischen Gründen nicht auch die Treppe dazwischen zeige, gerade bei dem Film jetzt macht mir das die meisten Schwierigkeiten. Oder, wie man zum Beispiel schneidet, er legt sich abends ins Bett, und dann ist der nächste Morgen, er sitzt am Frühstückstisch vielleicht, und da muß ich jedesmal überlegen, wie ist das eigentlich im Film, wie machen die das, um von einem Tag zum anderen zu kommen. Irgendwie hatte ich das Problem auch schon beim Drehbuchschreiben. Eine Handlung abzuschließen, eine Handlung, die eigentlich weitergeht. Aber irgendwo macht der Film halt einen Einschnitt. Alle Handlungen, alles, was der Tormann macht, geht irgendwo weiter, und man zeigt halt immer nur

einen ganz bestimmten Teil davon, das hat mir am meisten Schwierigkeiten gemacht, wie man da auswählt.« (W.W., 1972)

So eine Aussage mag zunächst wie der Offenbarungseid eines unbe-
darften Filmstudenten erscheinen, der sich verzweifelt bemüht, die
Regeln der Filmdramaturgie zu begreifen. Doch die kurze Replik auf
die Verfahrenstechniken gängiger Fernsehspiele weist Wenders' Bemühen um zeitliche Kontinuität in der Filmsprache als Suche nach
einer eigenständigen Erzählform aus, die (wie die späteren Filme
zeigen sollten) der Regisseur dann auch gefunden hat – bis hin zu DER
HIMMEL ÜBER BERLIN, der über weite Strecken noch einmal radikal
mit allem bricht, was man auch nur entfernt als Fernsehästhetik bezeichnen könnte.

Lange Zeit assoziierten viele Zuschauer Wenders' Stil mit endlos
langen Einstellungen ohne Zwischenschnitte. Zwar mag dies ein eher
formales Merkmal sein, das sich ausgeprägt schon in den Kurzfilmen
ausmachen läßt, doch im Sinne einer Erzähldramaturgie hatte Wim
Wenders 1970 tatsächlich Neuland betreten:

»Da gibt es eine Geschichte von einem Film, der heißt SUMMER IN
THE CITY, den wir im Januar letzten Jahres gemacht haben. Da fahren
wir mit dem Auto durch einen Tunnel in München, und ich filmte aus
dem Seitenfenster heraus, und dann geht es durch den Tunnel durch,
der ist sehr lang, und dann geht's wieder raus. Es ist fast eine Minute,
wo man nur schwarz sieht bzw. Lichter vorbeiziehen sieht, und als ich
die Mischung gemacht habe bei dem Film, kam hinterher der Mann, der
hinten im Raum sitzt und die Bänder einlegt, und sagt zu mir, es hätte
ihm allerhand gefallen an dem Film, aber warum ich denn um Him-
melswillen, als ich durch den Tunnel gefahren bin, nicht geschnitten
habe, und dann wieder rausgefahren wäre. Da habe ich ihm gesagt, der
Tunnel hat leider solange gedauert, der ist 800 Meter lang.

Und da hat er mich nochmal angeguckt und gesagt, das können Sie
nicht machen. Ich sollte mir mal seine Filme anschauen, er würde 8-
mm-Filme machen, er wäre in Rumänien gewesen und hätte einen 20-
Minuten-Film gemacht, und da wäre alles von Rumänien drin. Und der
war richtig böse, vorher war er ganz freundlich gewesen. Er hat sich
nicht mehr verabschiedet, hat mich nicht mehr gegrüßt. Und dabei
hatten wir ihm vorher in dem Film sehr viel vorgesetzt, Sachen, die ihn
wirklich hätten aggressiv machen können, das alles hat ihn überhaupt
nicht so aufgeregt wie die Tatsache, daß ich die Kamera in dem Tunnel
nicht ausgeschaltet habe. Wenn das Bild nicht wechselt, wenn die Leute
glauben, daß sie es lang genug angeschaut haben und es bleibt trotzdem
stehen, reagieren sie merkwürdigerweise wütend. Sie denken, es müßte

einen Grund haben, aber sie denken überhaupt nicht daran, daß es als Grund völlig ausreicht, daß einem das gefällt, was zu sehen ist.« (W.W., 1972)

Vergleichbare Reaktionen kann man auch heute noch erleben, setzt man einem – vielleicht sogar wohlwollenden – Publikum SUMMER IN THE CITY oder gar die Kurzfilme von Wenders vor. Dabei sind lange, statische Einstellungen mittlerweile längst in das Vokabular des gängigen Unterhaltungskinos übernommen worden – das geduldige Registrieren durch die Kamera ohne Unterbrechung durch Bewegungen oder Zooms steht inzwischen gleichberechtigt neben der sehr viel aufwendigeren Methode, eine Sequenz in viele einzelne Einstellungen aufzulösen.

Sicherlich hatte Wenders' Methode in den frühen Filme auch ökonomische Gründe. Eine Szene, die fünf Minuten dauert, in einer Einstellung zu zeigen, ist selbstverständlich ungleich billiger, als etwa fünf verschiedene Kamerapositionen zu wählen, auszuleuchten und auf Anschluß zu drehen. Doch hier hat ein Filmemacher nicht einfach aus der Not eine Tugend zu machen versucht, sondern er hat seine Sichtweise zwingend mit seinen technischen Möglichkeiten verbunden. Es liegt auf der Hand, daß SUMMER IN THE CITY kein besserer, sondern allenfalls ein ganz anderer Film geworden wäre, hätte Wenders damals statt 10 000 Mark ein Vielfaches dieser Summe zur Verfügung gehabt.

Vergleicht man Wenders-Filme mit jenen Fernsehspielen, die noch nicht mit den modernen, relativ billigen elektronischen Aufnahmeverfahren gedreht wurden, sondern noch auf Normalfilm entstanden, wird man dort ebenfalls lange Einstellungen finden, die aber weniger einen dramaturgisch-inhaltlichen Sinn hatten als vielmehr den, das Produktionsbudget zu entlasten. So etwas sieht man.

Trotz seiner zumindest anfangs eher bescheidenen Budgets hatte Wenders doch immer auch mit Geldschwierigkeiten zu kämpfen – nicht anders als seine Kollegen, die ihre Werke auch nur durch viel Geduld und mitunter selbstausbeuterischen Wagemut realisieren konnten. Doch immerhin kam etwa IM LAUF DER ZEIT noch mit Beträgen zustande, die bei den großen Major-Companies in den USA allenfalls die Portokasse füllen würden. Umso abenteuerlicher verlief dann 1976 auch die Produktionsgeschichte von Wenders' erster internationaler Coproduktion, DER AMERIKANISCHE FREUND:

»Inzwischen kostet das Ganze etwa 2,7 Millionen, und die französischen Coproduzenten haben die erwartete Filmförderung nicht bekommen – weil der Streifen nach Cannes geht, für Deutschland. Ein großes Glück, daß die Produktionsgesellschaft Road Movies von Renée Gundelach geleitet wird, einer 34jährigen Frau, die für das fast aussichtslose Unternehmen, einen ambitionierten deutschen Film gegen die billigen Schulmädchen-Reports und gegen die amerikanische Übermacht ins Rennen zu schicken wie geboren ist... (Sie) schreibt eine Doktorarbeit über Film und die Filmförderung – und wie sie dem AMERIKANISCHEN FREUND auf die Beine geholfen hat, das treibt seriösen Kaufleuten Schauer der Ehrfurcht und der Angst den Rücken herunter. Nicht, daß sie nicht auch mal protestiert hätte gegen die Überziehung der Termine (statt 60 Drehtagen sind es schließlich 90 geworden) oder gegen jene Musicbox für 1000 Mark Miete. Aber ihre wirkliche Arbeit ist die Finanzierung. Offenbar sieht die jetzt so aus, daß 1,6 Millionen durch Fernsehen, Drehbuchprämie, Projektförderung der Filmförderungsanstalt und durch die Verleihgarantie des Filmverlags der Autoren gesichert sind, bei dem Wenders auch Teilhaber ist. Den Rest finanzieren stille Gesellschafter: Sie bekommen Verluste bis zu 300 Prozent zugewiesen, so daß zum Beispiel ein Zahnarzt, der 50 000 Mark eingelegt hat, plötzlich 150 000 Mark Gewinn nicht mehr versteuern muß. Das lohnt sich – und sollte der Film wirklich ein großer Erfolg werden, dann sitzt die Road Movies GmbH Gott sei Dank in Berlin, da wird auch die Nachversteuerung billiger. Irgendwie hat die Gesellschaft auch die Schulden bezahlt, die noch vom letzten Wenders-Film übriggeblieben sind, hat sie nebenbei auch den Streifen des Wenders-Freundes Peter Handke (DIE LINKSHÄNDIGE FRAU) produziert – diesen wiederum mit Geld, das Wenders für IM LAUF DER ZEIT von der Filmförderungsanstalt bekommen hat...« (Herbert Riehl-Heyse in der Süddeutschen Zeitung, Mai 1977).

An diesen Problemen, die stets auftauchen, wenn jemand in der Bundesrepublik einen Film finanzieren will, hat sich in den vergangenen zwölf Jahren wenig geändert – zwar sind die durchschnittlichen Budgets gestiegen, doch das hat eher mit der allgemeinen Teuerung zu tun als etwa mit großzügiger fließenden Förderungsmitteln. Es war für Wenders nicht minder schwierig, die Produktionsgelder für PARIS, TEXAS oder DER HIMMEL ÜBER BERLIN aufzutreiben als in den siebziger Jahren für IM LAUF DER ZEIT oder DER AMERIKANISCHE FREUND.

Zumal die spezifische Arbeitsweise des Regisseurs nicht unbedingt nach dem Geschmack der Gremien ist, die über die Vergabe von Geldern zu befinden haben: Das Drehen ohne festes Drehbuch, eine nur ungefähre Festlegung der Drehpläne – all dies läßt keine genaue Kalkulation zu und produziert unabsehbare Risiken.

Aber eben diese Arbeitsformen schlagen sich schließlich auch in den

Filmen nieder und machen einen Teil ihrer Qualität aus. Kameramann Robby Müller berichtet etwa von den Dreharbeiten zu IM LAUF DER ZEIT:

»Es war sehr wichtig, wie die Leute des Teams miteinander umgegangen sind. Ich will nicht sagen, daß es die totale Freundschaft war, aber man war dem anderen gegenüber immer aufmerksam. Und das ging weit über das hinaus, was man sonst so in Filmteams mitmacht.«

Tonmeister Martin Müller: »Wir waren nur ein kleines Team, jeder kannte eigentlich jeden. Der Wim hat das sehr geschickt zusammengestellt. Er hat sich Leute zusammengeholt, die ihre Arbeit beherrschen und die sich auch mochten, und diese ganzen Kraftspielchen, wie es die ja oft beim Film gibt, fielen einfach weg. Und das ist auch das Wichtigste: Man sieht einem Film an, wie die Atmosphäre beim Drehen ist. Ein paarmal haben wir fast 20 Stunden gearbeitet, auch nur acht Stunden oder sechs, manchmal auch gar nicht, wenn dem Wim nichts eingefallen ist. Aber wir haben freiwillig Sachen gemacht, bei denen man sonst sagt, Scheiße, jetzt hab' ich keinen Bock mehr. Das war irgendwie eine Gefühlssache.«

Wim Wenders: »Es ist sehr wichtig, wie Filme entstehen. Für mich ist das letzten Endes wichtiger, wie meine Filme entstanden sind, als wie sie hinterher ausgesehen haben. Die sechs Filme, die ich bisher gemacht habe, bewerte ich viel mehr danach, wie ich mich gefühlt habe oder was für einen Kontakt ich mit den Leuten hatte, als wie die Filme nachher gelaufen sind, welche Auszeichnungen sie gekriegt haben oder welchen kommerziellen Erfolg sie gehabt haben. Deswegen ist ALICE IN DEN STÄDTEN nach wie vor mein Lieblingsfilm.« (1977)

Die grundsätzlich angestrebte – und vor allem bei den »kleineren« Filmen wohl auch erreichte – »Enthierarchisierung« einer so arbeitsteiligen Angelegenheit wie einer Filmproduktion stößt zwangsläufig dann an ihre Grenzen, wenn die Zahl der Schauplätze, die Zahl der Darsteller, der Aufwand der Dekors oder die zeitliche Begrenztheit des Drehplans zum Tragen kommen. Es verwundert kaum, daß der damals noch gänzlich unerfahrene Wenders mit DER SCHARLACHROTE BUCHSTABE erhebliche Schwierigkeiten hatte – war dies doch erst sein zweiter »richtiger« Film nach DIE ANGST DES TORMANNS BEIM ELFMETER, zusammen mit DER AMERIKANISCHE FREUND aber auch schon der aufwendigste. Sein eigentliches Handwerk lernte er bei den kleinen, intimen Produktionen, die dazwischen lagen. Man kann wohl davon ausgehen, daß Wim Wenders nach diesen Erfahrungen genügend Souveränität gewonnen hatte, um auch das Großprojekt des AMERIKANI-SCHEN FREUNDES unter den vertrauten Bedingungen herstellen zu können. Es klingt deshalb plausibel, was die Journalistin Jeanine Meerapfel (die in den achtziger Jahren selbst angefangen hat, Filme zu drehen) 1976 im Zeitmagazin von den Dreharbeiten berichtete:

»Das Team besteht aus zwanzig Leuten. Sie habe eine eigene kodifizierte Sprache, sie mögen alle die gleiche schöne alte Pop-Musik, kennen sich zum Teil schon lange oder gehören zu der gleichen Münchner Clique. Manche von ihnen arbeiten seit dem ersten Film mit Wim Wenders, so der Kameramann Robby Müller, der Assistent und Standfotograf Martin Schäfer, der Tonmeister Martin Müller, der Cutter Peter Przygodda. Eine Art ritualisierter Kumpanei macht sich manchmal breit, und man fühlt sich an das rauhe, unbeholfene Liebesverhältnis der zwei Männerfiguren in dem Film IM LAUF DER ZEIT erinnert: Entweder wird gar nicht gesprochen und die Dinge verstehen sich von selbst, oder es werden chiffrierte Floskeln ausgetauscht...

Mitten im Chaos entsteht um Wim Wenders herum immer wieder Ruhe, er strahlt eine seltsam besänftigende und integrierende Kraft aus, und auch wenn zwölf oder vierzehn Stunden ohne Pause gearbeitet wurde, sind die Leute bereit, am nächsten Tag genauso zäh weiterzuarbeiten...

Wim Wenders ist jemand, der die verwirrende Erfahrung macht, daß die Sensibilität seiner Ästhetik wie seiner Methodik sich in eine Mode verwandelt hat, die sich ihrerseits vermarkten läßt.«

Vor dem Hintergrund solcher Beschreibungen wird umso verständlicher, mit welchen Schwierigkeiten Wenders in Amerika zu kämpfen hatte: Von Beginn an mußte er auf seine bewährten Mitarbeiter verzichten, Gewerkschaftsbestimmungen machten es ihm ebenso unmöglich, Kameramann Robby Müller, Cutter Peter Przygodda oder gar einen deutschen Schauspieler mitzunehmen. Bei dieser Art von Großproduktionen darf in den USA niemand Doppelfunktionen übernehmen, jeder Angestellte ist auf seinen vertraglich eingegrenzten Arbeitsbereich reduziert. Wenders berichtete sogar, daß er nicht einmal im eigenen Wagen zu Coppolas Studios fahren durfte – dafür hätte aufgrund der Bestimmungen ein eigener Chauffeur angestellt werden müssen.

Ein Indiz dafür, daß Wenders trotz dieser Erfahrungen wieder zu seiner früheren Arbeitsweise zurückgefunden hat, daß er mehr denn je bereit ist, seine Mitarbeiter an der Konzeption eines Films, der gerade entsteht, zu beteiligen, mögen die langen Diskussionen unter allen Beteiligten belegen, die es beim HIMMEL ÜBER BERLIN darüber gab, wie die Engel aussehen sollten. Claire Denis, die Regieassistin seit PARIS, TEXAS, erinnert sich an das Ende der Dreharbeiten:

»In wenigen Tagen wird der Film fertig sein. Ich vergesse schon, wie wir anfingen, unter dem Himmel von Berlin zu arbeiten, in den Büros der Road Movies, in der Pizzeria unten im Haus. Es waren endlose Treffen, während derer wir, die Techniker, zu verstehen versuchten, was Wim wollte.

Vor allem mußten wir wissen, wie die Engel aussehen sollten: Woraus sollten die Flügel gemacht sein? Federn? Satin? Vielleicht aus Plexiglas? Ach nein, kein Plexiglas, viel zu starr und außerdem häßlich. Aber, übrigens, muß man die Flügel überhaupt sehen? Ist doch ausgesprochen sperrig.

Die Zeit verging, die Kälte des Winters brach schlagartig über Berlin herein. Ja, aber jetzt: Frieren Engel? Nein, natürlich nicht. Gut, dann müssen wir sie davor beschützen. Wir notierten: Warme Unterwäsche für die Engel besorgen. Und was machen wir, daß der Regen sie nicht durchnäßt? Daß der Wind ihre Haare nicht durcheinanderbringt? Henri Alekan, der Turm in der Schlacht, hatte tausend Ideen.

Wim hörte uns zu. Er war müde. Wieder eine schlaflose Nacht vor dem Computer, der das Drehbuch endlos wiederkäute.

Wir stritten noch immer, als Wim entschied, die Dreharbeiten müßten beginnen. Für ihn war die wirkliche Frage, glaube ich, was die Engel sehen: Berlin, die Männer, die Frauen, die Kinder, auch eine Trapezkünstlerin. Diejenigen, die verzweifeln, und die, die noch um Hilfe rufen. Schließlich wurde alles klarer. Die Engel traten vorsichtig, ganz einfach, ins Bild. Sie erscheinen hinter den Spiegelungen auf einer Windschutzscheibe, am Ende einer kleinen Kamerafahrt. Die Blicke von Bruno und Otto, keine Special effects, keine Zeitlupe, keine Doppelbelichtung.

In Wims Büro war ein Blatt Papier mit Reißzwecken an der Wand befestigt, auf dem er abgeschrieben hatte:
Ich gehe, mein Ebenbild zu treffen,
und mein Ebenbild kommt mir entgegen;
Es liebkost mich und umarmt mich,
so als ob ich aus der Gefangenschaft zurückkehrte.
(Aus der Totenliturgie der Mandäer – Definition eines Schutzengels).«

Tatsächlich wird von den Dreharbeiten zu diesem Film berichtet, daß Wenders oft erst am Drehort ausprobiert habe, was nun eigentlich gedreht werden sollte; häufig habe er dort auch erst die endgültigen Dialoge festgelegt. Wer ihm dies freilich als »Unprofessionalität« vorwirft, übersieht, daß Filme die so entstehen, auch »anders« aussehen...

VIII.

Mit seiner Emigration nach Amerika im Jahre 1978 erfüllte Wim Wenders' Weg – allen folgenden Querelen zum Trotz – auf einmal all die thematischen Vorgaben, die in seinen früheren Filmen angelegt waren. Seine bisherigen Helden waren stets Rat- und Heimatlose gewesen, die sich meist ohne festes Ziel fortbewegten. Außer Jonathan in DER AMERIKANISCHE FREUND wohnte keiner von ihnen irgendwo im bürgerlichen Sinne, und selbst noch im späteren PARIS, TEXAS, den man als Abschluß der »amerikanischen Phase« des Regisseurs bezeichnen kann, hat Travis seine Familie verloren, befindet sich aber bezeichnenderweise nach Jahren der Abwesenheit nun auf der Suche nach ihr.

Die Männer in diesen Filmen (nur in DER SCHARLACHROTE BUCHSTABE war es eine Frau, die diese Rolle übernahm) waren aufgrund ihrer Umgebung tiefen inneren Irritationen ausgesetzt, bis sich nach einer gewissen Zeit der räumlichen Fortbewegung doch so etwas wie eine Hoffnung einstellte. In SUMMER IN THE CITY mag der aus dem Gefängnis entlassene Hanns am Ende vielleicht in Amsterdam eine neue Perspektive finden; der sensible Tormann Bloch aus DIE ANGST DES TORMANNS BEIM ELFMETER reist nach seinem Mord an der Kinokassiererin aufs Land und findet dort zumindest vorläufig eine gewisse Ruhe; Hester Prynne in DER SCHARLACHROTE BUCHSTABE verläßt mit einem Schiff die puritanische Gemeinde Salem und damit die Stätte ihrer Erniedrigung; der Journalist Philip, in ALICE IN DEN STÄDTEN, der auf seiner Reise durch Amerika in eine Bewußtseinskrise geraten ist, findet auf der analogen Reise durchs Ruhrgebiet zusammen mit der kleinen Alice seine Identität wieder; Wilhelm aus FALSCHE BEWEGUNG kommt auf der Zugspitze zu einer (allerdings wohl trügerischen) Ruhe; Bruno und Robert, die IM LAUF DER ZEIT anfangs reduziert erscheinen, haben am Ende ihrer Reise durch das Zonenrandgebiet voneinander gelernt. Und selbst noch Jonathans Tod am Ende von DER AMERIKANISCHE FREUND wirkt wie die Befreiung aus einem unerbittlichen Zirkel, der auch durch die vielen Reisen in diesem Film nicht mehr aufzubrechen war. Eine ähnlich befreiende Funktion hat schließlich der Tod von Nicholas Ray in NICK'S FILM – LIGHTNING OVER WATER, auch wenn dort der Begriff »Reise« zunächst zynisch anmuten mag und allenfalls als Metapher brauchbar ist, obwohl nach einer ursprünglichen Drehbuchidee tatsächlich eine gemeinsame Reise von Wenders und Ray vorkommen sollte.

Eine Reise macht später auch der deutsche Regisseur Friedrich Munro in DER STAND DER DINGE, wenn er, in Portugal längst festgefahren, nach Los Angeles fliegt, um dort die Dinge wieder in Gang zu setzen – auch für ihn wird dies eine Reise in den Tod. Von einer langen Reise zurück kehrt der einsame Wanderer Travis in PARIS, TEXAS, um sich nach dieser Rückkehr gleich zweimal wieder auf den Weg zu machen: Einmal, um seinen Sohn mit seiner Mutter zusammenzuführen, und dann, um endgültig zu verschwinden, als ihm dies gelungen ist. Und die größte Reise tritt schließlich der Engel Damiel aus DER HIMMEL ÜBER BERLIN an: Er verläßt gleichsam diesen Himmel, um in der Welt der Menschen anzukommen.

»Reisefilme«, road movies jedenfalls, sind praktisch alle Filme von Wim Wenders, seine Helden treten Reisen mit ungewissem Ausgang an. Findet nicht eine »Regel ohne Ausnahme« (wie DER AMERIKANISCHE FREUND ursprünglich heißen sollte), der Tod, Anwendung, dann bleibt alles offen, und immer bleibt die Hoffnung bestehen, daß alles noch ganz anders werden könnte. Es verblüfft dabei, wie Wenders sein beständiges Thema auch Büchern entnehmen konnte, die er nicht selbst geschrieben hat. Selbst noch die so geschlossen erscheinende Reisetrilogie enthält neben ALICE IN DEN STÄDTEN und IM LAUF DER ZEIT mit FALSCHE BEWEGUNG einen Film nach einem Drehbuch von Peter Handke. Und obwohl das Thema der Fortbewegung nur ein Aspekt dieser Filme ist, lassen sich die Reisen doch nicht nur als Metaphern für die Bewußtseinszustände der Hauptfiguren interpretieren. Die Darstellung der Fortbewegung in verschiedenen Verkehrsmitteln ist durchaus konkret, Wenders ist am direkten Bild interessiert. So kommen in ALICE IN DEN STÄDTEN sämtliche Verkehrsmittel vor, die es gibt. Deshalb auch erscheint Wuppertal als Schauplatz in diesem Film – weil dies die einzige Stadt in Deutschland ist, in der eine Schwebebahn existiert. Zwar will Wenders die bloße Ortsveränderung vor allem in seinen frühen Filmen nicht als deren wesentlichen Aspekt gelten lassen. Er verweist dabei auf sein Vorbild Ozu: In dessen Filmen bewege sich nie jemand fort, jedenfalls nicht räumlich. Dennoch korrespondiert die geographische Veränderung der Figuren doch immer unmittelbar mit der Veränderung ihres Bewußtseins.

Solche inhaltlichen Zusammenhänge finden auf verblüffende Weise ihre Entsprechung in formalen Gemeinsamkeiten und Differenzen, die sich bis zum HIMMEL ÜBER BERLIN verfolgen lassen. Jene Filme, die Wim Wenders nach eigenen Drehbüchern realisiert hat, sind in schwarzweiß gedreht: SUMMER IN THE CITY, ALICE IN DEN STÄDTEN, IM LAUF DER ZEIT, DER STAND DER DINGE. Alle anderen Filme, die in

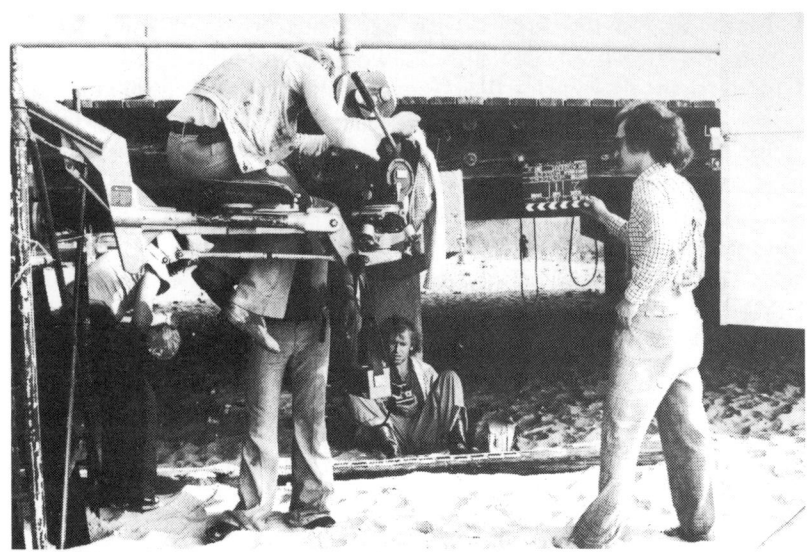

„Under the boardwalk, down by the sea . . .‟ Die Anfangsszene von ALICE IN DEN STÄDTEN wird gedreht. An der Kamera: Robby Müller, unten Rüdiger Vogler, rechts Wim Wenders.

Die gleiche Szene im Film.

Farbe enstanden sind, basieren auf Vorlagen von anderen Autoren: DIE ANGST DES TORMANNS BEIM ELFMETER (Autor: Peter Handke), DER SCHARLACHROTE BUCHSTABE (Nathaniel Hawthorne), FALSCHE BEWEGUNG (Peter Handke), DER AMERIKANISCHE FREUND (Patricia Highsmith), HAMMETT (Joe Gores) und PARIS, TEXAS (Sam Shepard). Ausnahmen bilden die quasidokumentarischen Werke NICK'S FILM und TOKYO-GA (beide Farbe), sowie DER HIMMEL ÜBER BERLIN, der nach einem Drehbuch von Wenders mit Dialogen von Peter Handke entstand und – eigentlich wiederum folgerichtig – sowohl farbige als auch schwarzweiße Sequenzen enthält. In einem Vortrag auf einem Kolloquium in Livorno 1982 beschrieb Wenders die Unterschiede und Gemeinsamkeiten dieser beiden Linien seines Schaffens selbst:

»In der ersten Gruppe (A) sind alle Schwarzweiß-Filme, außer NICK'S FILM, der zu keiner der beiden Traditionen gehört (ich weiß nicht einmal, ob es überhaupt ein Film ist, und deshalb klammere ich ihn aus). In der anderen Gruppe (B) sind alle Farbfilme, die außerdem alle auf bereits vorhandenen Romanen basieren. Hingegen basieren die Filme der Gruppe A ausnahmslos auf einer Idee von mir – Idee ist ein sehr ungenauer Begriff, er umfaßt Träume, Wachträume und Erlebnisse. So sind alle Filme der Gruppe A mehr oder weniger ohne Drehbuch entstanden, während die Filme der anderen Gruppe sehr genau einem Drehbuch folgten. Die A-Filme haben nur eine lose Struktur, während die B-Filme alle dramatisch sehr geschlossen sind. Die A-Filme wurden samt und sonders in chronologischer Reihenfolge gedreht, ausgehend von dem einzig Bekannten zumeist, der Situation, mit der die Geschichte anfängt; die B-Filme sind in mehr traditoneller Weise kreuz und quer gedreht worden und mußten die Produktionszwänge berücksichtigen. Bei den Filmen der Gruppe A wußte ich, als ich anfing zu drehen, nie, wie sie enden sollten; das Ende der B-Filme kannte ich von Anfang an.

Im Grunde bilden die Filme der Gruppe A ein sehr offenes System, die Filme von B ein sehr geschlossenes. Beide stellen nicht nur Systeme, sondern auch Haltungen, Einstellungen dar: Offenheit auf der einen Seite, Disziplin auf der anderen. Das Sujet der A-Filme ist erst beim Drehen entdeckt und erforscht worden. Das Sujet der B-Filme war bekannt, und es mußte entdeckt werden, was daran richtig oder falsch war. Die A-Filme wurden von innen nach außen realisiert, umgekehrt die B-Filme. Für die A-Filme mußte eine Geschichte gefunden, für die B-Filme eine Geschichte vergessen werden.

Die Tatsache, daß A- und B-Filme sich ständig abwechseln (...), zeigt, daß jeder Film auf den vorherigen reagiert, und gerade das beschreibt mein Dilemma.

Die A-Filme habe ich jeweils gemacht, weil der vorige Film zuviele Regeln enthielt, nicht spontan genug war und mich die Figuren nicht mehr interessierten; zudem spürte ich, daß ich mich zusammen mit dem Filmteam und den Schauspielern irgendwie aussetzen mußte, wir mußten uns alle zusammen einer neuen Situation aussetzen. Genauso stellen die B-Filme Reaktionen auf den vorhergehenden A-Film dar: Sie wurden gedreht, weil ich es nicht mehr ertrug, daß der vorige Film so subjektiv war, und weil das Bedürfnis aufgekommen war, in einer festen Struktur zu arbeiten, mit dem Rahmen einer Geschichte. In den B-Filmen spielten die Schauspieler Rollen, sie stellten Kunstgestalten dar, andere als sich selbst; in den A-Filmen interpretierten und zeigten sie sich selbst oder waren vielmehr sie selbst. In all diesen Filmen lagen also mein Interesse und meine Arbeit darin, so viel wie möglich (Vor-) Gefundenes hineinzubringen. In den B-Filmen mußten die Dinge erfunden werden. Es wird immer deutlicher, daß man die eine Filmgruppe subjektiv und die andere Suche nach Objektivität nennen könnte. Natürlich war es nicht ganz so simpel...«

Diese Beschreibung der eigenen Arbeit erscheint ganz und gar plausibel, sie läßt sich mühelos an jedem beliebigen Film der »A-« oder »B-Gruppe« überprüfen – selbst noch bei jenen, die Wenders während oder nach diesem Vortrag gedreht hat. HAMMETT, DER STAND DER DINGE und PARIS, TEXAS als Beispiele: Wohl kaum ein anderer Film von Wim Wenders war einer strengeren Reglementierung unterworfen als HAMMETT – ironischerweise (wenn man will: tragischerweise) galt als eine der ersten Regeln, daß dieser Film nicht wie geplant in Schwarzweiß entstehen dürfe. Auch alles andere lag fest: Noch auf die zahllosen Drehbuchüberarbeitungen hatte Wenders vergleichsweise wenig Einfluß, und in den konkreten Aufnahmephasen mußte er sich nahezu sklavisch dem Zeitplan und sonstigen organisatorischen Zwängen unterwerfen. Die Antwort auf diese anfangs selbst auferlegte, später wohl auch erzwungene Disziplin war konsequenterweise der Schwarzweißfilm DER STAND DER DINGE: Auch wenn man nicht den autobiographischen Bezug der Geschichte zugrundelegt, wird der Unterschied in Handlung und Art der Herstellung deutlich genug. Ausgangspunkt ist eine Situation (das Filmteam in Portugal, dem Material und Geld ausgeht), überdies eine Situation, die weit über die Hälfte der Laufzeit unverändert bleibt. Wenig bewegt sich, bis die Hauptfigur Friedrich nach Amerika aufbricht – eine zwar logische Entwicklung, die sich aus dem Beginn ergibt, aber eben nicht die einzig mögliche.

Anders dann wieder der Farbfilm PARIS, TEXAS: Die Rückkehr des einsamen Wanderers Travis aus der Wüste setzt von der ersten Einstellung an eine Geschichte in Gang – seine »Situation« zuvor ist bereits zu Beginn des Vorspanns überwunden. Folgerichtig entwickeln sich die Ereignisse relativ schnell, die Darsteller spielen ihre Rollen und bringen die Handlung zu einem wie auch immer gearteten Ende, das gleichwohl im Drehbuch vorgezeichnet war.

DER HIMMEL ÜBER BERLIN dagegen – und auch deshalb erscheint dieser Film als die Synthese aus Wenders' bisherigem Schaffen überhaupt – ist gewissermaßen ein »AB-Film«: Die »Situation« der Engel zu Beginn erscheint in Schwarzweiß, weil ihr »Sujet erst beim Drehen entdeckt und erforscht worden« ist. Als der Film durch die Menschwerdung Damiels dann farbig wird, folgt der Film dem bereits vor dem Drehen »bekannten Sujet« der Liebe zwischen Marion und »ihrem« Engel, auf die etwa von der Mitte an alles hinsteuert – vorbereitet überdies durch einen kurzen farbigen Einschub im ersten Drittel des Films, als Damiel sie auf dem Trapez unter dem Zirkuszelt schweben sieht.

Dabei sind Schwarzweiß und Farbe bei Wim Wenders und seinen Kameramännern Robby Müller (mit wenigen Ausnahmen Wenders' Fotograf bis PARIS, TEXAS) und Henri Alekan (der neben dem HIMMEL ÜBER BERLIN auch schon DER STAND DER DINGE fotografiert hat) nicht bloß das Ergebnis austauschbarer Filmmaterialien. Die Qualität der Farbbilder von Robby Müller macht immer auch einen großen Teil der Faszination dieser Filme aus. Schon in DIE ANGST DES TORMANNS BEIM ELFMETER deutet sich das Besondere seiner Aufnahmetechnik an: Gleich zu Beginn fährt da der Tormann Bloch mit einem Überlandbus ins Burgenland. Diese in der Abenddämmerung aufgenommenen Bilder haben eine ganz und gar künstliche Atmosphäre und verweisen immer wieder (wie auch später ähnliche Einstellungen in DER AMERIKANISCHE FREUND) auf die frühen Farbsysteme Hollywoods. Zurecht erwähnt Hans C. Blumenberg in seiner Kritik zum AMERIKANISCHEN FREUND die unwirklichen Farben in Nicholas Rays Film JOHNNY GUITAR (Wenn Frauen hassen, 1954). Er vergleicht das dort verwendete »Trucolor«-Verfahren mit der Aufnahmetechnik der Städtebilder in Wenders' Film: das unheimlich leuchtende Rot über einer Pariser Vorstadt, die Brauntöne in Jonathans Werkstatt oder die unwirklich erscheinende gelbliche Landschaft, an der der TEE-Zug vorbeirast. Wenders selbst hat die Farben in JOHNNY GUITAR in einer seiner Filmkritiken als »Lügenfarben« bezeichnet: TRU-COLOR.

Die Künstlichkeit solcher Farbgebung hat eine direkte inhaltliche

Komponente, sie bleibt kein Selbstzweck. Ständig war Wenders bemüht, seine Filme von jedem Hauch des Dokumentarischen freizuhalten. Bei den Schwarzweißbildern von IM LAUF DER ZEIT wurde dies noch zusätzlich durch eine härtere Kopierung des Negativs und kontrastreiches direktes Licht bei der Aufnahme unterstrichen.

Diese Furcht vor dem Dokumentarischen auf der einen Seite wie der vor dem reinen Illusionskino auf der anderen ist auch einer der Gründe für den häufigen Einsatz von Kamerabewegungen in diesen Filmen. Es war in IM LAUF DER ZEIT das Anliegen des Regisseurs, die Kamera so oft wie inhaltlich sinnvoll und optisch möglich auf Schienen zu stellen oder auf einen Kran oder in ein fahrendes Auto. Diese ruhigen Kamerabewegungen geben dem Film ein gleichsam lyrisches Element, ein sanftes Fortschreiten von Episode zu Episode konstituiert sich weniger über den Rhythmus des Schnitts als vielmehr über die gleitenden Ortsveränderungen im Bild.

Vergleichbares gibt es einmal auch schon im viel früher gedrehten Film SUMMER IN THE CITY. Man sieht Hanns Zischler irgendwo in Berlin in der Nähe eines Kiosks stehen. Die Kamera fährt zunächst auf ihn zu. Dann setzt er sich in Bewegung, ebenso die Kamera, die ihn dann in gegenläufiger Fahrt um eine Straßenecke verfolgt. Diese Einstellung hat deshalb eine verblüffende Suggestivkraft, weil sie überraschend die Richtung wechselt – entgegen jeder Erwartungshaltung.

Oder die berühmt gewordene lange Einstellung in FALSCHE BEWEGUNG, in der zu sehen ist, wie die fünf Hauptfiguren den Weinberg über dem Rhein erklimmen, während sie sich dabei zu immer neuen Konstellationen formieren:

»Da haben wir eine ganze Menge Glück gehabt... Ich erinnere mich aber eigentlich nur noch an die physischen Aspekte der Szene. Ich hatte die Idee, den ganzen Berg hochzusteigen. Ich wußte aber nicht, ob das gehen würde. Und dann wurde der physische Aspekt, das zu machen, derart bestimmend, weil wir das verdammte Auto zwölfmal den Berg hinaufschieben mußten, mit fünf Leuten drin: die Kamera, den Kameramann, den Ton... Und es blieben nur sechs Leute zum Schieben übrig. Nicht, weil niemand so präzise hätte Auto fahren können, sondern weil man bei so einer geringen Geschwindigkeit immer anhalten muß, um zu schalten. Und weil wir keine Schienen legen konnten – die hätte man gesehen –, war Schieben die einzige Möglichkeit, es zu machen.« (W.W., 1976)

Solcher Ideenreichtum bei der rein technischen Umsetzung einmal erdachter Bilder läßt sich in allen Filmen von Wenders ausmachen. Ein Beispiel aus DER AMERIKANISCHE FREUND: Nach dem Mord in der

Metro-Station kommt der verstörte Bruno Ganz über eine Rolltreppe wieder ans Tageslicht. Die Kamera zeigt ihn direkt von oben, um gleich darauf in einer atemberaubenden Fahrt auf seine Höhe hinunterzuschwenken. Dieser Schwenk ist auch deshalb so eindrucksvoll, weil man sich nicht nur als filmtechnisch versierter Zuschauer sofort nach dieser Einstellung fragt, wie das wohl gemacht worden ist. Verwendet wurde die Erfindung eines Pariser Bastlers, ein Spezialkran mit der Bezeichnung »La Louma«, an dessen Ausleger eine Kamera befestigt wird, die über ein Kontrollsystem fernsteuerbar ist, während der Kameramann das Sucherbild über einen Videomonitor verfolgen kann. Es gab damals nur wenige Exemplare dieser Erfindung – inzwischen jedoch gibt es kaum noch einen Action-Regisseur, der den Louma-Kran nicht schon einmal verwendet hätte.

Natürlich hat die Einstellung, die Wenders damit realisiert hat, auch ihre inhaltliche Bedeutung: Der völlig irreale Blick von oben auf den eben zum Mörder Gewordenen führt sofort zu einer Assoziation: Jonathan ist doch beobachtet worden, man wird ihn gleich festnehmen – ein Gedanke, der sich im gleichen Augenblick wieder verliert, wenn die Kamera auf Augenhöhe zurückgeschwenkt ist.

Ähnlich funktioniert auch jene Kamerabewegung kurz vorher, in der man zu Beginn auf Monitore schaut, die offenbar der Überwachung der Metro-Station dienen und auf denen Jonathan bei seiner hektischen Flucht zu sehen ist. Das Bild wird schließlich totaler, Jonathan kommt unter der Galerie der Bildschirme hervorgerannt, und plötzlich wird deutlich, daß niemand zugeschaut haben kann.

Die bloßen Geschichten der Filme ließen sich sicherlich technisch weitaus weniger aufwendig erzählen. Aber es macht eben ihre Qualität aus, daß sie fast ausschließlich über Bilder erzählt werden. Selbst noch in ALICE IN DEN STÄDTEN wurde ein beträchtlicher Aufwand getrieben, um bestimmte optische Eindrücke einfangen zu können:

»Wir haben die Kamera zum Teil auf dem Auto festgeschnallt oder ganz abenteuerliche Konstruktionen gemacht, wo die Kamera auf dem Wagen vorausfuhr oder am Wagen selbst befestigt war. Gerade, wenn die beiden mit dem Renault herumfahren, haben wir ziemlich viele zeitlich aufwendige Sachen gemacht. Manchmal brauchten wir drei oder vier Stunden, bis die Kamera festgezurrt war, vor oder über dem Auto, durch irgendwelche Lattenkonstruktionen. Ich wollte da eben nicht einfach nebenherfahren, sondern feste Einstellungen haben. Und in dem kleinen R 4 war das manchmal ganz abenteuerlich. Für die Close ups während der Fahrt mußten die Türen herausgebaut werden, und die Kamera hing draußen und der Robby auch. Wir sind manchmal

Dreharbeiten zu ALICE IN DEN STÄDTEN. Links: Kameramann Robert Müller.

in diesem R 4 zu fünft gefahren, für einen Close up, die Kamera mit
Assistent, der Ton, ich hielt das Mikro, und dann noch der Schauspieler.« (W.W., 1974)

IX.

»Hätte es die Rock-Musik nicht gegben, wäre ich heute vielleicht Rechtsanwalt.« (W.W.)

Es gibt keinen anderen deutschen Filmemacher, der die englische und amerikanische Rock-Musik der sechziger Jahre von den frühen Kurzfilmen bis zu den späteren langen Spielfilmen so systematisch visualisiert, wie Wim Wenders dies immer wieder getan hat. In allen seinen Arbeiten finden sich beständig direkte musikalische Zitate. In SUMMER IN THE CITY ist die Musik der Kinks präsent (ihnen ist der Film auch gewidmet), aber es kommen auch die Lovin' Spoonful, die Troggs und Chuck Berry vor. Der Kurzfilm 3 AMERIKANISCHE LP'S handelt nur von der Musik der Creedence Clearwater Revival, von Harvey Mandel und von Van Morrison. ALABAMA sei ein Film, sagt Wenders, der vom Unterschied handle, ob Bob Dylan oder Jimi Hendrix »All along the Watchtower« interpretieren. Auch die Rolling Stones sind zu hören. TORMANN Bloch hört sich immer wieder Stücke aus der Musicbox an (wobei er einmal sehr erschrickt, als die Gruppe Them »Gloria« spielt; so hieß die Frau, die er umgebracht hat), und auf seiner Fahrt im Bus erklingt »The lion sleeps tonight«.

»Als ich anfing, Filme zu machen – Kurzfilme –, war mein Ausgangspunkt die Musik... Damals hatte ich auch ein Projekt über Musik, bei dem auf der Leinwand nur Rotfilm zu sehen gewesen wäre, den man im Englischen red leader nennt, Vorspann.

Ich lebte damals viel stärker mit der Musik als mit dem Film. Gut erinnere ich mich an die Plattenhüllen; am liebsten waren mir diejenigen, wo die Gruppenmitglieder in Reih und Glied abgebildet waren. Van Morrison – seine Gruppe nannte sich Them – mochte ich sehr, auch die Animals und die Pretty Things. Auf diesen Plattenhüllen, auf denen der Kinks zum Beispiel, befand sich im Keim meine Idee des Kinos: die Personen frontal aufzunehmen, in starren Einstellungen, einen bestimmten Abstand wahrend. Ich habe meine schönsten musikalischen Entdeckungen dadurch gemacht, daß ich mich auf die Plattenhüllen verließ.

Wir haben einen Film gemacht über die englische Gruppe Ten Years After; ich stand an der Kamera, ein Freund, Mathias Weis, zeichnete für die Regie. Der Film besteht aus einer einzigen Einstellung, ungefähr zwanzig Minuten, über einen Song der Gruppe, einen alten Titel von Willie Dixon, Spoonful. Wir träumten davon, den Film in Scope zu drehen. Aus Geldmangel haben wir das 16-mm-Scope erfunden: Wir hatten zwei schwarze Masken vor die Kamera plaziert, die einen Scope-Effekt bewirkten. Wir fuhren, ausgerüstet mit der Kamera der Filmhochschule, im Auto von München nach London, um die Gruppe zu treffen. Es war unser Traum: die Musik auf die Leinwand zu bringen, ohne Schnitte.

Mein erster langer Film, SUMMER IN THE CITY, ist dem gleichen Wunsch entsprungen: das Bedürfnis, meine damalige Hitparade auf die Leinwand zu bringen. Deshalb eine Geschichte, die es erlaubte eine Vielzahl von Songs unterzubringen und alle möglichen Szenen mit Musicboxen, Tonbandgeräten, Autoradios auszustatten. Da gab es die Kinks, die Troggs, Lovin' Spoonful und Chuck Berry. Die Katastrophe war, daß ich nicht die Rechte für die Songs eingeholt hatte: Der Film konnte nicht herausgebracht werden...« (W.W., 1987)

In ALICE IN DEN STÄDTEN hört man »On the road again« von den Canned Heat aus einer Musicbox, neben der der kleine Patrick Kreuzer mitrockt, und einmal geht Philip in ein Chuck-Berry Konzert. In FALSCHE BEWEGUNG hört Wilhelm zu Beginn immer wieder einen Titel von den Troggs, und später singt er drei Zeilen aus einem Dylan-Song: »It's a hard rain gonna fall«. IM LAUF DER ZEIT ist durchsetzt von allen möglichen Rock-Platten aus Brunos Single-Plattenspieler im Lastwagen, darunter »King of the road« und »Just like Eddy«, einmal singen Bruno und Robert eine Zeile aus »No expectations« von den Rolling Stones, und auch in diesem Film wird Dylan zitiert.

»Unheimlich viel Dylan wurde gehört. Damals waren gerade die Basement Tapes herausgekommen. Der Hanns Zischler und der Martin Hennig haben dann so ein Spiel entwickelt, da ging's um Dylan-Texte. Der eine sagt die eine Hälfte von dem Satz, schnippt mit den Fingern, und dann muß der andere die zweite Hälfte davon wissen. Das haben die überall gespielt. Der Zischler war unheimlich gut in Dylan-Texten. Wer in welchem Auto mitgefahren ist, das hat sich immer so ein bißchen gewandelt, weil dem einen gefällt die Musik in dem einen Auto besser als in dem anderen. Der Zischler wollte auch einmal unbedingt bei uns im Kamerawagen mitfahren, weil bei uns die guten Dylan-Kassetten lagen. Es wurde auch unheimlich getauscht und vorher geklärt, wer fährt hier mit, wer kann oder muß da mitfahren. Wer muß jetzt noch mit Wim über die nächsten Drehtage oder die letzten Muster reden, oder wer hat nichts zu besprechen, darf sich zurücklegen und die ganze Rückfahrt Dylan hören.« (Martin Müller, Tonmeister bei IM LAUF DER ZEIT)

In DER AMERIKANISCHE FREUND sind immer wieder die Kinks

mit »There's too much on my mind« zu hören, einmal singt Jonathan die Anfangszeilen aus dem Beatles-Song »Baby, you can drive my car«, und am Ende singt Ripley einen Dylan-Titel: »I pity the poor Immigrant«.

In DER HIMMEL ÜBER BERLIN treten gleich mehrere Berliner Rockgruppen auf: Crime and the City Solution, Nick Cave and the Bad Seeds, Sprung aus den Wolken, Tuxedomoon und Minimal Compact.

Neben diesen Zitaten gibt es die Originalmusiken, die eigens für die Filme komponiert worden sind: Zumeist wurden sie von Jürgen Knieper geschrieben (von dem übrigens auch die Einleitungsmusik zur »Lindenstraße« stammt und der Dieter Hildebrandts »Scheibenwischer« musikalisch betreut): DIE ANGST DES TORMANNS BEIM ELFMETER, DER SCHARLACHROTE BUCHSTABE, FALSCHE BEWEGUNG, DER AMERIKANISCHE FREUND, DER STAND DER DINGE, DER HIMMEL ÜBER BERLIN.

Die Kompositionen für ALICE IN DEN STÄDTEN stammen von der deutschen Gruppe Can, für IM LAUF DER ZEIT von Improved Sound Limited, für NICK'S FILM von Ronee Blakley, für TOKYO-GA von Dick Tracy, für PARIS, TEXAS schließlich von Ry Cooder.

Den Rock-Zitaten kommt dabei eine ganz direkte inhaltliche Funktion zu, die manchmal über die der das Geschehen kommentierenden Originalmusiken hinausreicht. Die Tonquellen sind meist im Bild: Musicboxen, Plattenspieler, Fernsehapparate, Kassettenreorder. Daß nur SUMMER IN THE CITY hier eine Ausnahme darstellt, liegt an einer ungewöhnlichen Dramaturgie der Tonspur, die von vornherein Off-Töne unmittelbar auf den Inhalt bezieht. In den anderen Filmen gehört die ständig präsente Rock-Musik (Ausnahmen aus naheliegendem Grund: die »historischen« Filme DER SCHARLACHROTE BUCHSTABE und HAMMETT) zu den unmittelbaren Lebensverhältnissen der Figuren, sie ist ein *Lebensmittel* in dem die Protagonisten ihre Stimmung ausgedrückt finden.

Wenn Jonathan am Ende vom AMERIKANISCHEN FREUND »There's too much on my mind« mitsingt, dann beschreibt das genau seinen Zustand: Er weiß nicht mehr weiter, nachdem er zwei Morde begangen hat: »… and I can't think about it.«

Wenders hat neben seinen Filmkritiken auch Musikkritiken geschrieben. Die »Totalen«, die er für Filme über Amerika fordert, macht er in der Musik der Creedence Clearwater Revival aus: »Sie haben die einfachste und normalste Art und Weise Rock zu spielen, zu einer faszinierenden Sache gemacht: ihre Musik fließt so ungehemmt, daß nichts mehr beim Zuhören stört, sie spielen so sehr zusammen, wie nicht einmal je die Stones: sie spielen WIE EIN MANN: die Musicboxen sind für diese Musik erfunden worden.«

Und zur ersten Langspielplatte der Gruppe Flock ist ihm eine noch schönere Formulierung eingefallen: Sie sei »wie eine rasende Fahrt durch eine wunderbare vertraute Landschaft: die Rockmusik der letzten zehn Jahre.«

Diese wunderbare Landschaft scheinen Wenders' »frühe« Helden manchmal verlassen zu haben. Darum sind die Musikzitate auch immer Erinnerungen – keine nostalgie-verbrämten, sondern aktive, die etwas mit den erlebten Geschichten zu tun haben.

Lange Zeit waren Wenders' Figuren ungefähr so alt wie er selbst, etwa um die dreißig. Sie waren mit eben jener Musik aufgewachsen, und sie erinnerten sich noch an das Befreiende, das Rock-Songs in den sechziger Jahren hatten. Und daran, was davon übriggeblieben ist. Ohne es direkt zu zeigen, handeln alle Filme bis zum AMERIKANISCHEN FREUND auch von dem Satz »Rock Age is over« und stellen dem zugleich die Hoffnung entgegen: »The Beat goes on« – wobei die Trauer um Janis Joplin, Brian Jones, Jim Morrison, Jimi Hendrix mitschwingt.

Während die Funktion der Rock-Titel thematisch und inhaltlich stets ähnlich ist, hat Wenders die Originalmusiken weitaus differenzierter eingesetzt. Das fällt gerade bei Jürgen Knieper auf, dessen Kompositionen zwar recht ähnlich klingen, wenn man sie aus dem Zusammenhang der Filme herauslöst, die allerdings mal mehr, mal weniger stark in den Vordergrund treten. So gibt es etwa kaum Gemeinsamkeiten zwischen seiner üppigen Instrumentierung in DER SCHARLACHROTE BUCHSTABE oder DER HIMMEL ÜBER BERLIN und den Hitchcock-Motiven, die bereits in DIE ANGST DES TORMANNS BEIM ELFMETER anklingen, um in DER AMERIKANISCHE FREUND vollends zur Hommage an den Altmeister des Thrillers zu werden.

Die Musik der Nürnberger Gruppe Improved Sound Limited hat viel zur Stimmung von IM LAUF DER ZEIT beigetragen: Die fast episch breiten Saxophonsätze bilden die Ruhe der Kamera nicht nur nach, sie tragen die Bilder mit in ihrer Gemächlichkeit, in ihrer gleitenden Bewegung. Das gleiche läßt sich von Ry Cooders Gitarrenklängen in PARIS, TEXAS feststellen. Mehr als in den anderen Filmen hat die Musik hier illustrativen Charakter, sie unterstreicht nicht selten lautmalerisch das Geschehen, ohne jemals zur plumpen Doppelung zu mißraten – niemals werden die Bilder »zugekleistert« oder auf der Tonspur nachgeahmt.

X.

Nach einem direkten Vorbild befragt, nannte Wim Wenders immer wieder den Japaner Yasujiro Ozu als seinen eigentlichen Lehrmeister. In einem langen Interview, das Jan Dawson 1976 mit Wenders führte, antwortete er auf eine entsprechende Frage:

»Ozu war der einzige, der mich beeinflußt hat. Oder jedenfalls der Wichtigste. Natürlich war auch das amerikanische Kino wichtig, und das ist es immer noch. Unsere Bewunderung für das amerikanische Kino ist auch immer noch in Ordnung, denke ich. Weil die Art, wie im amerikanischen Kino Geschichten erzählt werden, immer noch Bedeutung hat. Aber die Bedeutung von Ozu für mich, nachdem ich DIE ANGST DES TORMANNS BEIM ELFMETER gedreht hatte, war vor allem, zu sehen, daß jemand, dessen Filme ebenfalls fast vollständig aus dem amerikanischen Kino entwickelt sind, es geschafft hat, diese Vorbilder in ganz persönliche Visionen umzuformen. Da hat Ozu mir sehr geholfen: Er hat mir gezeigt, daß es möglich ist, unbefangen kolonisiert und vereinnahmt zu sein – in dem Sinne, daß man eine Sprache akzeptiert. Ich denke, es gibt eigentlich keine andere Sprache, keine andere Film-Sprache. Ich bin nicht einmal sicher, ob man es noch als eine amerikanische Sprache beschreiben kann, aber schließlich wurde sie in Amerika entwickelt.«

Yasujiro Ozu. Selbst gut informierte Cinéasten wußten lange Zeit nichts mit seinem Namen anzufangen, und es ist wohl nicht zuletzt Wim Wenders zu verdanken, daß der japanische Regisseur (1903-1963) inzwischen einem, wenn auch kleinen, Publikum wieder ein Begriff geworden ist. Von seinen vielen Filmen sind die meisten verschollen, und selbst sorgfältige Retrospektiven kommen selten noch über zwei Dutzend vorführbare Titel hinaus.

Auf den ersten Blick scheint es kaum Gemeinsamkeiten zwischen Ozus Filmen und jenen von Wim Wenders zu geben. Bei näherer Betrachtung jedoch ergeben sich überraschende Parallelen, die Wenders' Bewunderung für den Japaner durchaus verständlich machen. Ein weiteres Zitat aus dem erwähnten Interview. Jan Dawson: »Es ist interessant, daß eine Annäherung über die Erscheinungsform der Dinge inzwischen zur Avantgarde geworden ist. Was Ihre Filme über die 70er Jahre so ungewöhnlich macht, ist die Art, diese Annäherung mit einer narrativen Form zu verbinden. Die meisten Leute benutzen heute – denken Sie an Andy Warhol und das Empire State Building – das bloße Darstellen, um gegen die Narration zu arbeiten. Es ist ungewöhnlich, Darstellung zum Erzählen zu benutzen.«

Wenders darauf: »Genau deswegen sage ich heute, daß Ozu der einzige Filmemacher war, von dem ich gelernt habe. Weil seine Art Geschichten zu erzählen, absolut darstellend ist. Das war meine Idee vom Kino, und plötzlich habe ich gesehen, daß es da schon eine Tradition gibt. Ich war mir darüber nicht klar, als ich den TORMANN gedreht habe. Ich habe damals nur gehofft, daß es der richtige Weg sein würde. Dann, als ich Ozu-Filme gesehen habe, war ich sicher, daß diese Art möglich und auch richtig ist.«

Was Ozu in seinen Film darstellt, das sind Familien. Die frühen Arbeiten des Japaners (er drehte seinen ersten Film 1927) erschienen noch stark orientiert am amerikanischen Kino, sie stehen sogar zum Teil in der Slapstick-Tradition. Ozu bewunderte damals zum Beispiel Pearl White und deren Serials THE PERILS OF PAULINE, Lilian Gish (ein Star bei David Wark Griffith) und den Cowboy-Darsteller William S. Hart. Wenders hat also recht, wenn er die Entwicklung von Ozus Filmen auf das amerikanische Kino bezieht.

Schon bald aber läßt sich durchaus eine wirklich eigenständige Art der Sichtweise in Ozus Filmen ausmachen. Der amerikanische Regisseur und Drehbuchautor Paul Schrader (AMERICAN GIGOLO, TAXI DRIVER, MISHIMA) hat in seinem grundlegenden, 1972 veröffentlichten Buch »Transcendental style in film: Ozu, Bresson, Dreyer« dargelegt, daß Ozu die Werte der Zen-Kultur in die Filmsprache eingeführt habe: »Ozu verwendet in seiner Arbeit eine Anzahl von Elementen, die nicht unbedingt durch die japanische Kultur eingegrenzt werden, sondern ebenso in Frankreich, in Dänemark, in Italien, in den Vereinigten Staaten und überhaupt überall dort zu finden sind, wo Künstler das Transzendente im Kino auszudrücken versuchen.«

Schrader beschreibt drei Wesensmerkmale dieses transzendenten Stils: Einmal die genaue Abbildung des Alltags, des Alltäglichen. Dann die Widersprüchlichkeit des Menschen, der in Gegensatz zu seiner Umwelt gerät – ein Gegensatz, der sich aus dem Alltag erst ergibt. Schließlich – als Endpunkt – entwickle sich daraus ein neuer, ein klarer, weiser Blick auf das Leben, ein Blick, »in dem ein Berg von neuem ein Berg geworden ist«. Diese bei Schrader genau belegte These wird deutlicher, wenn man sie in Beziehung zu einem Film von Ozu setzt.

In TOKYO MONOGATARI (Die Reise nach Tokio, 1953) wird die Geschichte eines älteren Ehepaars erzählt, das vom Land in die Großstadt kommt, um dort die erwachsenen Kinder zu besuchen. Von denen werden sie bald nur noch als Last empfunden, ein Dialog zwischen den

Generationen scheint nicht mehr möglich. Die beiden Alten kehren heim, bald darauf stirbt die Frau, der Mann bleibt allein zurück. Hier sind alle von Schrader beschriebenen Elemente vereint: Eine sehr genaue Beobachtung alltäglichen Daseins, aus denen die Widersprüche im Leben der Alten erwachsen, was schließlich zur Rückkehr und zum Tod des einen Partners führt, der den anderen zurückläßt, damit dieser in neugewonnener Weisheit und Einsicht in die Vergänglichkeit des Daseins sein Leben beschließen kann. Viel Zeit läßt sich Ozu dabei, um diese marginale Geschichte zu erzählen. Lange verweilt die Kamera anfangs auf den Verrichtungen der beiden Alten, es vergeht viel Zeit, bis sie ihre Reise antreten, und am Ende bleibt sie noch ebenso lange bei dem alten Mann, der so plötzlich einsam geworden ist.

So fatal es nun wäre, japanische Traditionen, gefärbt noch durch den Filter eines Filmemachers, auf einen deutschen Regisseur und sein Werk zu übertragen, so deuten sich doch Parallelen zwischen Ozu und Wenders an: Schaut man sich dessen Filme genau an, wird man in den meisten von ihnen einen ähnlichen »Dreisprung« – von der Bestandsaufnahme des Alltags über den Konflikt damit bis hin zu einer neu gewonnenen Einsicht – entdecken können: Man denke nur an IM LAUF DER ZEIT oder PARIS, TEXAS.

Daß amerikanische Traditionen sowohl bei Ozu als auch bei Wenders mit einer sehr persönlichen Sichtweise verwoben worden sind und sich von eben diesen Traditionen auch wieder entfernt haben, macht Wenders am Beispiel der verschiedenen Sichtweisen der Familienstrukturen in den Filmen deutlich:

»Natürlich gibt es auch bei Ozu Familien... Aber die kann ich wirklich akzeptieren, ich habe ihre Handlungsweisen immer verstanden. Auf eine gewisse Weise sind es sehr traditionelle Familien. Aber ich hatte nie das Gefühl in einem Ozu-Film, daß die Struktur dieser Familien irgendwie repressiv oder unterdrückerisch wäre. Dagegen mag ich amerikanische Familien überhaupt nicht. Ich meine, die im amerikanischen Film. Und auch in der Realität. Die japanischen Familien dagegen sind sehr stark für mich, obwohl ich nichts mit ihnen gemeinsam habe. Ich habe nichts zu tun mit der Art, wie sie essen oder schlafen, oder mit der Art, wie sie sich ständig betrinken. Das hat nichts mit mir zu tun. Und trotzdem fühle ich mich ihnen so nahe, daß, hätte ich die Wahl, ich auf dem Fußboden schlafen, dort mein ganzes Leben auch sitzen und mich jeden Tag betrinken würde, um in einer Ozu-Familie zu leben, als auch nur einen Tag als Sohn von Henry Fonda zu verbringen.

Im amerikanischen Kino gibt es immer diese Bilder von Vätern und

Familien, von Müttern und Söhnen und Töchtern, es hat immer Leute benutzt, um Ideen vorzuführen. Es gab mir nie die Möglichkeit, mir Dinge anders vorzustellen als in der Art, wie sie waren...

Selbst in den Filmen, die ich wirklich bewundere, in denen von John Ford zum Beispiel, bekomme ich Platzangst, weil sie diese Strukturen von Vätern und Müttern festschreiben, alle bauen sie die gleichen Formen von Abhängigkeit auf. Dagegen ist in Ozus Filmen jeder fähig zum Atmen, weil alle seine Filme von der Auflösung der Familien handeln. Alles bricht auseinander, und es gibt ein Gefühl von Verantwortlichkeit dafür, aber trotzdem ist jeder schon von sich aus etwas wert. Es mag banal klingen: Es gibt einen Kapitalismus, den jeder kennt – in dem Leute arbeiten und ausgebeutet werden. Aber es gibt auch einen Kapitalismus in den Beziehungen der Menschen, unabhängig vom Zusammenhang Arbeiter-Chef. Auch in jeder anderen Beziehung gibt es den Kapitalismus. Zwischen Männern und Frauen ebenso wie zwischen Vätern und Söhnen. Vielleicht kann ich deshalb kaum atmen, wenn ich amerikanische Familien in amerikanischen Filmen sehe.«

Nur in zwei Filmen hat Wim Wenders bisher selbst so etwas wie intakte Familien vorgeführt. In DER AMERIKANISCHE FREUND ist es die Familie des Jonathan Zimmermann, die am Ende durch den Tod des Handwerkers zerbricht; und in PARIS, TEXAS ist es die Familie von Travis' Bruder Walt und Anne, die Hunter als Pflegesohn aufgenommen haben – auch diese Familie (eine typisch amerikanische, wenn man so will) hat keinen Bestand. Kein Film von Yasujiro Ozu endet, ohne daß die zuvor gezeigten intakten Familien sich am Schluß nicht in irgendeiner Form aufgelöst hätten.

1961 drehte Yasujiro Ozu seinen letzten Film SAMMA: NO AJI (Ein Herbstnachmittag). Er starb am 12. Dezember 1963 in Tokio.

1977 hat Wenders gesagt: »Nächstes Jahr kaufe ich mir ein Kino und zeige Ozu-Filme darin.« Dieses Versprechen hat er nicht wahr gemacht. Dafür hat er dem japanischen Regisseur ein anderes, ebenso würdiges Denkmal gesetzt: Mit dem eigenwilligen Dokumentarfilm TOKYO-GA, der ebenso ein Porträt Ozus wie auch eine Bestandsaufnahme jener Stadt geworden ist, in der dieser Regisseur ein Leben lang seine Bilder gefunden hat.

DIE FILME

KURZFILME

»Musik – nur mit den Bildern dazu«

SCHAUPLÄTZE
SAME PLAYER
SHOOTS AGAIN   1967
SILVER CITY
POLIZEIFILM   1968
3 AMERIKANISCHE LP'S
ALABAMA   1969

Wim Wenders' Kurzfilme konnte man in intakten Fassungen lange Zeit nur noch im Münchner Filmmuseum (Leiter: Eno Patalas) betrachten. Dort gab es sie noch – außer SCHAUPLÄTZE, wovon überhaupt keine Kopie mehr existiert. Ein Ausleihen dieser frühen Arbeiten soll allerdings nun wieder möglich sein: Der Berliner Basis-Filmverleih hat neue Kopien herstellen lassen.

Trotzdem wird kaum jemand Wenders' frühe Werke kennen. Allesamt sind sie so etwas wie Fingerübungen geworden, in denen sich schon sehr viele Motive der späteren Filme ausmachen lassen. Aufgrund der Produktionsbedingungen eigentlich klar – und dennoch bezeichnend: Außer ALABAMA hat Wenders diese Filme mehr oder weniger alleine gemacht: Kamera, Schnitt, natürlich Regie, überwiegend auch: Produktion.

Wenders beschreibt selbst diese Produkte seiner Anfangszeit aus der Distanz vieler Jahre. In einem 1976 von der englischen Filmjournalistin

Jan Dawson geführten Interview, in einer Zeit, als er schon am Drebuch zum AMERIKANISCHEN FREUND arbeitete, erinnerte er sich so an seine Kurzfilme:

»Mein erster Kurzfilm hieß SCHAUPLÄTZE. Der Film ist verlorengegangen, es gibt keine Kopie mehr davon. Es gab ohnehin nur das Original, das auf Umkehrfilm gedreht worden war. Zwei Einstellungen sind jedoch erhalten geblieben: Damit fing dann SAME PLAYER SHOOTS AGAIN an. Sie kommen vor dem Eingangstitel, und der Rest des Films besteht dann aus einer Drei-Minuten-Einstellung, die fünfmal wiederholt wird. Die ist in schwarzweiß gedreht, aber in der Kopie ist sie jedesmal anders eingefärbt: einmal ein bißchen blau, dann ein bißchen rot und schließlich ein bißchen grün und gelb. Das Bild zeigt nur einen Mann, der die Straße entlangrennt. Am Anfang sieht man ihn bis zur Hüfte. Er hat eine Maschinenpistole in der Hand. Anfangs läuft er schnell, dann wird er langsamer und stolpert dann – immer öfter und öfter. Offenbar ist er verletzt. Und wenn er die ganze Straße abgelaufen ist, fängt das Ganze von vorne an. Insgesamt eben fünfmal. Das hat viel mit einem Flipper zu tun. Mit einem, wo man noch fünf Bälle hatte – früher hatte man die ja, jetzt gibt es meist nur noch drei. Genau das aber ist die Struktur von SAME PLAYER SHOOTS AGAIN. Und das war dann auch die Idee für den Schnitt. Die Musik dieses Films habe ich auf einer alten 78er-Schallplatte gefunden. Die heißt ›Mood Music‹ und klingt wie aus einem verschollenen Hitchcock-Film geklaut. Auch diese Musik wird mehrmals wiederholt.

Mein nächster Kurzfilm hieß SILVER CITY. Auch hier wieder ein englischer Titel, und man sieht acht Einstellungen. Jede war genauso lang, wie eine 30-Meter-Film-Rolle durch die Kamera läuft – etwas mehr als drei Minuten. Und alle Einstellungen sind Totalen, extreme Totalen, gefilmt aus dem dritten, vierten oder fünften Stück der Häuser, in denen ich damals wohnte (ich wechselte meine Wohnungen sehr oft in dieser Zeit). Man sieht Straßen und Kreuzungen, zuerst sehr früh am Morgen, um drei oder halb drei, wenn sie völlig leer sind. Die Ampeln schalten von grün auf rot und wieder auf grün – obwohl gar keine Autos da sind. Ich habe dann nicht einmal die Enden der Filmrollen weggeschnitten: am Ende werden die Bilder gelb oder rot oder auch einfach weiß. Die zweite Hälfte des Films besteht aus den gleichen Aufnahmen am Abend, diesmal aber mit dem Feierabendverkehr, der aus der Stadt 'rausfließt.

Es ist, als stünde man am Fenster und schaute auf die Straße, die entweder völlig verlassen oder – im Gegenteil – total verstopft ist. Nur in der allerersten Einstellung gibt es so etwas wie einen Hinweis auf eine

Geschichte: Die zeigt nämlich eine Eisenbahnlinie. Nur eine leere Landschaft allerdings, sehr früh am Morgen, und nach zwei Minuten völliger
Leere springt jemand auf die Schienen und verläßt das Bild wieder.
Sofort, nachdem er über die Schienen gesprungen ist, kommt – bang! –
ein Zug und verschwindet in der Ferne. Man hat schon den Eindruck,
jetzt beginne eine Art Geschichte, aber weiter passiert nichts mehr. Nur
die leeren Straßen und die Blicke aus dem Fenster. Ich weiß nicht mehr
genau, warum ich den Film SILVER CITY genannt habe, aber ich glaube,
der Klang der beiden Worte trifft die Stimmung, die er hat, sehr gut.

Der POLIZEIFILM handelt von der Münchner Polizei und ihrer
neuen Taktik gegenüber Studenten 1968. Er zeigt ein bißchen, wie die
sich damals angestrengt haben, raffinierter und vor allem psycholo-
gisch geschickter vorzugehen. Ich glaube, daß das ein sehr komischer
Film geworden ist – so etwas wie mein Laurel & Hardy-Film... Trotzdem sollte das auch irgendwie ein politischer Film sein. Es gibt einen
durchgehenden Kommentar darin – eine Stimme im Off gibt jungen
Polizisten Ratschläge für ihr Verhalten. Ich mag den Film immer noch
sehr gern. Ich glaube sogar, daß das einer der ganz wenigen wirklich
politischen Filme aus dieser Zeit ist, und das nicht einmal so sehr
wegen seiner Aussage. Er selbst formuliert nämlich eine politische
Haltung. Die meisten Filme aus dieser Zeit waren eigentlich nicht mehr
als abgefilmte Demonstrationen, und sie waren nur gemacht für die, die
ohnehin schon Bescheid wußten. Der POLIZEIFILM ist dagegen ein
Film über die Demonstrationen aus der Sicht der Polizei. Und das war
für manche Leute ein ganz neuer und wichtiger Gesichtspunkt.

3 AMERIKANISCHE LP'S war der erste Film, den ich zusammen mit
Peter Handke gemacht habe. Es ist ein Film über Musik, über drei
Stücke auf drei Langspielplatten. Man hört jeweils ein Stück von Van
Morrison, von Harvey Mandel und von Creedence Clearwater Revival.
Es gibt also hauptsächlich die Musik und Bilder aus einem Auto heraus;
Landschaften eben, im Vorbeifahren gesehen. Und es gibt einen Kom-
mentar: Einen Dialog zwischen Peter und mir über amerikanische
Musik, ein Gespräch über das Phänomen, daß amerikanische Musik
immer eine Art Filmmusik ist – nur eben ohne die Bilder dazu. Es war
der einzige von meinen Kurzfilmen, der vom Fernsehen produziert
wurde. Ich glaube aber nicht, daß er jemals gesendet worden ist.

Dann habe ich ALABAMA gedreht. Mein erster Film in 35 mm und in
Breitwand – und es war das erste Mal, daß ich mit einem Kameramann
zusammengearbeitet habe, mit dem Robby Müller, der seither (Mit Ausnahmen bis PARIS, TEXAS, Anm. d. V.) alle meine Filme fotografiert
hat. Dieser Film hat schon so etwas wie eine Geschichte, wenn auch

eine, die sich nicht so ohne weiteres erzählen läßt, glaube ich. Es ist viel Musik drin – ALABAMA beginnt mit dem Bild eines Kassettenrecorders, und später kommt eine Musikbox vor. Als ich von einigen Kritikern auf einem Festival gefragt wurde, was das für ein Film sei, sagte ich: Es ist ein Film über ›All along the watchtower‹, und er handelt davon, was passiert und was sich verändert, wenn dieser Song nicht von Bob Dylan, sondern vom Jimi Hendrix interpretiert wird. Beide Versionen des Stücks kommen in dem Film vor, und jeder dachte trotzdem, ich sei ziemlich arrogant, ihn so zu beschreiben. Aber er handelt tatsächlich von dem Unterschied zwischen diesen unterschiedlichen Versionen. Die eine gibt es am Anfang, und die andere kommt am Ende vor. Seinen Titel hat der Film von einem Musikstück, das John Coltrane geschrieben hat – auch das gibt es in ALABAMA. Darüberhinaus handelt der Film vom Tod: Am Ende stirbt die Kamera – nicht der ›Held‹. Oder doch, der Held stirbt auch, aber das sieht man nicht mehr. Was man sieht, das ist die sterbende Kamera – in einer ganz, ganz langen Abblende…«

Genauer als mit diesen Sätzen lassen sich die Kurzfilme von Wim Wenders kaum beschreiben, obwohl er sich gelegentlich irrt. Möglich ist aber (das ließ sich nicht mit endgültiger Sicherheit feststellen), daß die noch vorhandenen Kopien mit den ursprünglichen Fassungen nicht mehr übereinstimmen. SILVER CITY als Beispiel: Außer jener Kopie, die im Münchner Filmmuseum liegt, existiert noch eine zweite, die bei den Freunden der deutschen Kinemathek in Berlin ausgeliehen werden kann. Beide unterscheiden sich erheblich: In der Münchner Kopie gibt es ein vom Fernseher abgefilmtes Rolling-Stones-Konzert zu sehen, das in der Berliner Version fehlt. Und: in beiden Versionen kommt die von Wenders als erste Einstellung angesprochene (der Sprung des Mannes über die Bahngeleise) erst in der Mitte vor. Auch die Tonspur stiftet heute (wiederum bei beiden noch existierenden Kopien) Verwirrung. Nur sehr spärlich hat Wenders hier einige Musik-Motive eingesetzt – wiederum die schon aus SAME PLAYER SHOOTS AGAIN bekannte »Mood Music«. Der Großteil des Films ist stumm – und womöglich hat das manchen Vorführer so irritiert, daß deshalb die Berliner Kopie inzwischen über weite Strecken ein Pfeifgeräusch auf der Magnettonspur aufweist.

Außer den eigenen Kurzfilmen hat Wenders in seiner Zeit an der Münchner Filmhochschule auch noch andere Arbeiten realisiert – in Zusammenarbeit mit seinen Studienkollegen. Wichtig – gerade auch wegen des Themas – erscheint seine Kameraführung in dem (zumindest bei »Insidern«) legendären Musik-Film TEN YEARS AFTER, der unter der Regie von Mathias Weiß entstanden ist. Der einstündige Film zeigt in einer einzigen unbeweglichen Kameraeinstellung Teile eines Konzerts der englischen Blues-Rock-Gruppe Ten Years After. Die einzigen Unterbrechungen (durch Schwarzfilm) ergaben sich aus der Notwendigkeit, alle zehn Minuten die Filmkassette in der Kamera gegen eine neue unbelichtete austauschen zu müssen. Wenders:»Mathias wollte, daß man die Band sieht und nicht jemanden, der die Band filmt. Und er wollte, daß man Alvin Lee, dem Gitarristen, zuschaut, und nicht dem Kameramann, der den Alvin Lee fotografiert.« Und:»Das ist der erste 16 mm-Cinemascope-Film. Wir haben da vor der Kamera zwei große Blenden aufgebaut und durch diesen Schlitz hindurch gefilmt, so daß es beinahe wie Cinemascope aussieht.«

Konsequent, sogar wichtig, erscheint seine Mitarbeit an diesem Film weil sich Wenders im gleichen Jahr in einer Kritik über ein Genre beklagt,»das es nicht gibt«: über die vielen, verständnislos heruntergekurbelten, die Musik zerstörenden Rockfilme. Obwohl auch seine eigenen Kurzfilme von Musik handeln, hatte er hier die Gelegenheit, einen für ihn idealtypischen Rock-Film zu drehen, der die Musik wichtiger nahm als das Medium: die Kamera.

Inzwischen jedoch war Wenders mit seinen eigenen Filmen zu einem bestimmten Stil vorgestoßen, der von vielen seiner Kommilitonen an der Münchner Filmhochschule fleißig imitiert wurde. Sicherlich nicht von ihm allein erfunden, war doch durch die Genauigkeit eben seiner Filme der»Münchner Sensibilismus« entstanden. Dieser Stil, der schon deshalb keiner werden sollte, weil sich Wenders schneller von ihm abwandte als seine zahlreichen Epigonen, war bestimmt von einer»Bilderseligkeit«, deren Hauptmerkmal die Neuentdeckung langer, statischer Einstellungen war und die eigentlich niemals so etwas wie eine Story erzählten. Wenders:»Inhaltlich gab es schon Zusammenhänge beim Münchner Stil, diese Autofahrt- und Musikzusammenhänge zum Beispiel. Ich glaube, daß die Musik ein wichtiger inhaltlicher Zusammenhang ist... Viele von uns hätten wohl Musik gemacht, wenn sie nicht Filme gemacht hätten... Gangster-Geschichten gab es viele, Filme mit Pistolen. Ob das etwas ist, etwas inhaltlich-gemeinsam Faßbares, das ist mir nicht ganz klar. Ich glaube, überall, wo produziert wird, wo Leute anfangen, Filme zu machen, daß sich die immer unheimlich schnell an den Gangster-Film halten. Weil irgendwie diese Pistolen und dieser Habitus das ist, was man am besten kennt und am leichtesten zitieren kann und was irgendwie so am einfachsten zu handhaben ist.«

Doch stärker noch als diese eher fragmentarischen Ideen von Geschichten beherrschen doch die optischen Einfälle, die fotografischen Ideen, die frühen Filme von Wim Wenders. Denn eigentlich geht es in allen diesen Kurzfilmen um den Versuch, ein bemerkenswertes Bild, so statisch es auch erscheinen mag, auf die *bewegte* Leinwand zu transportieren. Wenn in SILVER CITY anfangs die 3-Minuten-Einstellungen wie Dias erscheinen, ist es umso verblüffender, wenn sich in diesen »Stills« plötzlich Fahrzeuge bewegen oder der bereits mehrfach erwähnte Mann über die Schienen einer Eisenbahnlinie springt.

Auch der frühere Film SAME PLAYER SHOOTS AGAIN arbeitet mit dem Prinzip dieser Idee. Das statische Motiv des fünfmal wiederkehrenden Mannes auf immer dem gleichen Weg, an den man sich schnell gewöhnt, wird zu einer irritierend fortschreitenden Bewegung, bei der die Verunsicherung für den geduldigen Zuschauer weniger in den Fragmenten der Geschichte liegt, als in der allmählich sich entwickelnden Erwartungshaltung: Wird nach dem nächsten Schnitt alles so bleiben, wird sich vielleicht etwas ändern, kommt eine andere Farbe – oder hört der Film einfach auf? Im vermeintlich Beharrenden Bewegung auszumachen, und sei sie noch so unmerklich – das sollte das Hauptmotiv in den Filmen von Wim Wenders bleiben.

Doch auch ohne die Kenntnis der weiteren Arbeiten vermitteln die Kurzfilme etwas von ihrer ganz und gar zweckfreien Schönheit, die keiner Interpretation bedarf, damit man sich an ihnen freuen kann. In 3 AMERIKANISCHE LP'S etwa, in einem Film, der nichts anderes zeigt als eine Autofahrt, die Handke und Wenders gemeinsam unternommen haben, sieht man schon zu Beginn, bei einer Totale von einem Autokino irgendwo in der Nähe von München, daß es hier um Bilder, um Stimmungen angesichts der Musik geht – und nicht um wohlfeile Erklärungen durch Dialoge. Denn dieser Film handelt wirklich von Wim Wenders und Peter Handke und Van Morrison und Harvey Mandel und den Creedence Clearwater Revival. Einfach autofahren, reden, eine Kamera laufen lassen und sich dabei wohlfühlen. So eine Stimmung ist es wert, in einem Film dokumentiert zu werden.

Den »frühen« Wenders als Experimentalfilmer zu bezeichnen, wäre sicher ein Irrtum. Eigentlich experimentierte er damals nicht mit seinem Medium. Im Gegenteil – er hat es auf seine Anfänge reduziert. Was man sieht, in voller Länge aufzunehmen (begrenzt nur durch das Fassungsvermögen der Filmkassette in der Kamera) – das hat auch das Schaffen der Gebrüder Lumière siebzig Jahre früher ausgemacht, die auch nichts anderes zeigen wollten als ihnen Bekanntes: Menschen, die eine Fabrik verlassen; einen Zug, der in einen Bahnhof einfährt; ein Kind beim Frühstück…

Der 1968 (!) entstandene POLIZEIFILM fällt aus diesen Überlegungen heraus. Eine Komödie nennt Wenders diesen 10-Minuten-Film, und er hat recht. Ein schöner Klamauk ist ihm da gelungen: Wie die offenbar durchaus ernst gemeinten Anweisungen des Münchner Polizeipräsidenten an junge Beamten dort wortwörtlich und optisch-direkt umgesetzt sind – das ist streckenweise urkomisch. Heute würde man das Verhalten von Wenders' gar nicht so künstlichen Kunstpolizisten wohl als das vergebliche Bemühen um »Streicheleinheiten« einordnen. Mit ihrem ganzen psychologischen Rüstzeug, mühsam erworben in Feierabend-Kursen, kommen sie ihren vermeintlichen Gegnern, den demonstrierenden Studenten, kein bißchen näher. Sie geraten zur Karikatur, wenn sie das Erlernte anwenden wollen: »Die Polizei soll höflich sein, sie muß mit den Demonstranten diskutieren...« – eine solche Anweisung erweist sich in der Realität als schlechter Witz. Und weil Wenders damals auch bei Anti-Springer-Demonstrationen gedreht hat, bei denen die neuen Methoden offenbar noch nicht allzu konsequent angewandt wurden, brachte ihm dieser Film eine Anklage wegen schwerem Landfriedensbruch in Tateinheit mit Körperverletzung ein: Er habe einen Polizisten mit einer Pappschachtel geschlagen...

Eine Synthese des Bisherigen und eine Vorwegnahme kommender Arbeiten führte schließlich ALABAMA vor – ein Film, der produziert wurde von der Filmhochschule und Wenders erstmals so etwas wie ein richtiges Team brachte: den Kameramann Robby Müller und auch schon einige Darsteller, darunter Werner Schroeter, der in dieser Zeit mit seinen ersten eigenen Filmen begonnen hatte.

Ein wenig nimmt sich ALABAMA wie ein Trailer zu Wenders' nächstem (und erstem langen) Film SUMMER IN THE CITY aus. In den 25 Minuten dieses Kurzfilms gab es auch schon die Fragmente einer Kriminalstory, die jedoch niemals in den Vordergrund tritt, weil es keine Fragen nach irgendwelchen Tätern, keine Moral und keine Polizei geben kann. (Das wird bis zum AMERIKANISCHEN FREUND mehr oder weniger so bleiben...)

Am Ende von ALABAMA sieht man die Kamera sterben, nicht den Helden. Sie muß in diesem Fall sterben, weil ihre geduldige Beharrlichkeit den Tod des gewohnten Unterhaltungskinos bedeuten würde, dem es nicht um Sinnlichkeit, sondern – im besten Fall – um Sinn geht. Aber nie um die Bilder.

Mit ALABAMA hatte Wim Wenders eine erste Gratwanderung angetreten zwischen jener erwähnten »Bilderseligkeit« und der Zuwendung zum Erzählkino, das – fragmentarisch noch – in seinem nächsten Film SUMMER IN THE CITY schon deutlich vorhanden sein wird. Daß aus seiner Art zu *sehen* ein populärer Stil werden würde, hätten sich wohl auch jene Kritiker nicht träumen lassen, die bereits damals, am Ende

Hans (Hanns Zischler) ist eben aus dem Gefängnis München-Stadelheim entlassen worden.

der sechziger Jahre auf Wenders aufmerksam gemacht haben. Gerhard Theuring war darunter, ein Filmemacher, der zusammen mit Ingemo Engström Jahre später (1978) in FLUCHTWEG NACH MARSEILLE viele Stilmittel wieder aufgreifen – und nicht: imitieren – sollte, die eigentlich zehn Jahre früher Wenders populär gemacht hat. Theuring schrieb 1969 über SILVER CITY:

»Die Welt wird zum Spielfeld: man möchte selber in einem dieser Wagen sitzen, einmal links und einmal rechts abbiegen, die Winker betätigen, die Stoplichter der Vorderwagen beobachten.«

Theuring hat Wenders' Kurzfilme begriffen. Daß es in ihnen darum geht zu *sehen*, und dieses Sehen zu vermitteln mit den Bildern und Träumen im Kopf. Um nichts als das. Oder vielleicht doch: Um das Kino. Und um das, was von der äußeren Realität hinübergerettet werden kann ins Kino. Um die Bilder eben. Und um die Gefühle, die man dabei hat. Die dann wiederkommen im Kino. Eben deshalb hat Wim Wenders mit seinen Kurzfilmen *großes* Kino gemacht. Vielleicht kein Bedeutendes. Trotzdem sehen seine kleinen 16-mm-Filmchen aus, als wären sie gedreht in 35 mm und Panavision. Mit einer großen Mitchell-Kamera.

»There's too much on my mind...«

SUMMER
IN THE CITY   1970

Wim Wenders' Abschlußfilm an der Münchner Hochschule für Film und Fernsehen. Gerade 10.000 Mark hat er gekostet – und wieder führt Wenders hier alle Motive vor, die man aus seinen Kurzfilmen kennt. Trotz der Laufzeit von über zwei Stunden (im Vorspann ist die Länge mit 146 Minuten angegeben, es gibt jedoch keine Kopie mehr, die nicht mindestens zwanzig Minuten kürzer wäre) wirkt SUMMER IN THE CITY konzentrierter, dichter, nicht mehr so stark orientiert an bloß optischen Reizen. Das mag daran liegen, daß es erstmals bei Wenders so etwas wie eine Hauptfigur gibt:

Hanns (Zischler) wird aus dem Gefängnis München-Stadelheim entlassen. Ein Bekannter, offenbar ein Kumpan von früher, holt ihn vor den Toren ab. Er will, so scheint es, Informationen von dem entlassenen Häftling bekommen. Der sagt aber nur: »Ich weiß auch nicht, wo das Geld ist.« Hanns will mit seiner Vergangenheit nichts mehr zu tun haben, er flieht vor seinen Verfolgern, die ihm seine Geschichte nicht glauben. Erst einmal irrt er ziellos durch München, eine Stadt, die ihm fremd geworden ist. Er geht in eine Kneipe, flippert, hört Chuck Berry aus der Musikbox, er telefoniert, besucht sogar alte Freunde. Aber: Nichts geht mehr.

Nach zwei Tagen verläßt er München und fliegt nach Berlin. SAME PLAYER SHOOTS AGAIN: Der gleiche Vorgang. Wieder trifft Hanns Leute, wohnt bei einer alten Freundin, doch die Gespräche untereinander erscheinen kalt. Sie als Kommunikation zu bezeichnen, wäre Übertreibung. Daß er ein Jahr lang reden müsse, wenn er das Jahr seines Aufenthalts im Gefängnis erzählen wolle, berichtet Hanns seiner Freundin. Einmal ruft er den Telefon-Ansagedienst an, um sich die Berliner Kinoprogramme durchgeben zu lassen. Den Mann am Telefon und die Stimme der mechanischen Ansagerin am anderen Ende der Leitung – das hört und sieht man genauso lang, wie so etwas eben dauert. Und doch ist kein Film im Programm, der Lust auf's Ansehen machen würde.

Immer noch hat Hanns das Gefühl, verfolgt zu werden. Als er zufällig auf einem Zeitungsfoto (zu einem Artikel über den plötzlichen Wintereinbruch in Berlin) abgebildet wird, gerät er in Panik: »Das werden *die* auch sehen!« Da seine eigentliche Absicht, ein Visum nach Amerika zu bekommen, an Beschaffungsschwierigkeiten scheitert, nimmt er ein Flugzeug nach Amsterdam. Bevor der Film mit dem Bild einer angeschnittenen Flugzeugtragfläche endet, sieht man zu den Klängen einer Mahler-Sinfonie Hanns' Freundin am Fenster einer Berliner Wohnung stehen. Mit einem ganz und gar melancholischen Gesichtsausdruck. Keine Trauer. Nur Melancholie. Und die erscheint als endgültig, unaufhebbar.

Vielleicht läßt – mehr noch als bei den späteren Filmen – die bloße Beschreibung von SUMMER IN THE CITY einen ganz anderen Film vermuten als jenen, der tatsächlich auf der Leinwand zu sehen ist. Was sich anfänglich wie das Fragment einer Kriminalgeschichte ausnimmt, in der sich beim Motiv der Verfolgung (die stilisiert sogar per Auto vorkommt) und einer Fluchtgeschichte so etwas wie »action« andeuten mag, erweist sich im folgenden als ruhiges, gemächliches Fortschreiten durch eine Nicht-Geschichte, in der sich nichts entwickelt, in der selbst die Reisen des »Helden« eigentlich keine Vorwärtsbewegung sind. Hanns tritt auf der Stelle: in München, in Berlin, und wohl auch – das sieht man nicht mehr – in der Fortsetzung in Amsterdam.

Ein *Stadtfilm*, ein Städtefilm: er handelt davon, daß man eigentlich nicht mehr leben kann in Berlin und in München – optisch eingefangene Unwirtlichkeit. So handelt dieser Film von den beiden Städten ebenso wie von den ziellosen Fluchtbewegungen des Helden. Erstmals setzt Wenders seine aus den Kurzfilmen bekannten Stilmittel im Sinne einer Geschichte ein. Wieder gibt es die endlos langen Autofahrten, die – ohne Schnitt – genauso lange zu sehen sind, wie sie real gedauert haben. Eine Fahrt den Kudamm hinauf – acht Minuten. Oder die Münchner Stadtautobahn entlang, bei der auch dann nicht geschnitten wird, wenn ein Tunnel kommt – und das Bild zwei Minuten lang ganz dunkel wird.

Ähnlich die Bilder in den Innenräumen: Die Zimmer, die Wohnungen sieht man in Totalen, in denen sich Hanns mit seinen jeweiligen Gesprächspartner(inne)n kaum bewegt. Meist steht man nur herum und tauscht dabei ähnlich *totale* Sätze aus, die niemals zum Gespräch werden können. Gespräche sind *Großaufnahmen* oder werden *halbnah* geführt…

Eine dritte Ebene: die statischen Stadtansichten. In Berlin ist Hanns einmal besonders von einer Tankstelle fasziniert. Dort wird eine Benzinmarke mit dem seltsamen Namen »Amoco« verkauft. Wenn sich Hanns und die Kamera nur richtig aufstellen, liest man auf der Leinwand nur noch »Amoc«. Das beschreibt seinen Bewußtseinszustand treffend genau.

Dann gibt es eine sehr lange Einstellung von einem Kino am Berliner Nollendorfplatz. Das »Metropol« ist ein schöner alter Jugendstil-Palast. Solche Dinge machen SUMMER IN THE CITY auch zu einem historischen Film: Dieses Gebäude gibt es immer noch, aber heute ist dort eine Discothek untergebracht, die teuerste von Berlin. Ironie der Verhältnisse: 1979 hat dort das »offizielle« Fest der Berliner Filmfestspiele stattgefunden.

Einmal sieht man drei Minuten lang das Bild eines Fernsehapparates. Auf ihm läuft eine Folge des legendären »Beat Club« von Radio Bremen. Die Kinks spielen ihr Stück »Days«. Den Kinks ist der Film gewidmet. Es gibt einige ihrer Songs in SUMMER IN THE CITY, obwohl dieser Titel von den Lovin' Spoonful stammt. Eine Komposition von John Sebastian, die auch vorkommt: Während Hanns am tief verschneiten Spree-Ufer in Berlin entlanggeht, von der Kamera aus leichter Untersicht begleitet, hört man »Hot town, summer in the city...« – vielleicht das schönste Bild des ganzen Films, weil es das irritierendste im Zusammenhang mit der Tonspur wird.

Die Songs der Kinks: »There's too much on my mind«, während der langen Autofahrt den Kudamm hinauf; »Rainy day in june«, wenn Hanns durch die Berliner Innenstadt läuft, verfolgt mit einer waghalsigen Kamerafahrt; »See your friends«, als Hanns sich in München mit einem alten Freund (gespielt von Wenders selbst) trifft, um eine Partie Billard zu spielen (wo der Regisseur nebenbei beweist, daß er damals ziemlich lausig Billiard gespielt haben muß); »Sittin' on my sofa«, während eines Besuchs von Hanns bei einer alten Freundin.

Was die Faszination dieses Low-Budget-Films ausmacht, das ist die unbedingte, zwingende Entsprechung zwischen der formalen Ebene der Kameraarbeit und des Schnitts, ergänzt durch den geschickten Einsatz der Musik, und der »Botschaft«, die SUMMER IN THE CITY transportiert. Wenders hat ein zeittypisches Gefühl präzise ins Bild gesetzt, das er selbst so beschrieben hat: »Das Gefühl 1969 und 1970 war für viele Leute das einer gewaltigen Enttäuschung. Und das Gefühl einer umfassenden Machtlosigkeit. Davon handelt der Film heute für mich. Nicht nur machtlos fühlte man sich, sondern auch bewegungslos – und gefühllos... Der einzige emotionale Kontakt für die Hauptfigur ist die Musik. Hanns hat sie im Gefängnis sehr vermißt.«

Diese resignativ-beharrende Haltung setzt sich fort in der Schwierigkeit der Protagonisten, miteinander sprechen zu können – oder auch nur zu wollen. Wenders: »Die Schwierigkeit ist eher die des Wunsches, miteinander zu reden. Die Personen haben vielmehr gar nicht den Wunsch zu sprechen... In SUMMER IN THE CITY wollen sie das gar nicht, sie haben kein Bedürfnis danach, was etwas anderes ist – das finde ich viel deprimierender. Es ist kein depressiver Film, sondern ein Film über Depressionen. Viel mehr als jeder meiner anderen Filme.«

Sicherlich ist SUMMER IN THE CITY kein Film, der traurig stimmt. Eher löst er – vor allem am Ende – eine umfassende Melancholie aus, die sich mit der Empfindung des am Fenster stehenden Mädchens deckt. Zu viele utopische Momente kommen in diesen zwei Stunden Kino vor, als daß sie nur Hoffnungslosigkeit hinterlassen könnten: Das Gespräch zwischen Hanns und einem älteren Freund, der ihm die Geschichte aus einem John-Wayne-Western (THREE GODFATHERS, Regie: John Ford) erzählt, die sich weitestgehend mit der Legende von den Heiligen Drei Königen deckt; anschließend gehen die beiden ins Kino; oder das erwähnte Billardspiel; oder auch die Trauer des Mädchens. Schließlich das Schlußbild, aufgenommen aus dem Flugzeug: der Teil der Tragfläche, der die untergehende Sonne reflektiert (dieses Bild wird es fast genauso auch noch in ALICE IN DEN STÄDTEN, im AMERIKANISCHEN FREUND, in DER STAND DER DINGE und in TOKYO GA und zuletzt in NICKS'FILM geben).

All das sind Hinweise darauf, daß noch alles anders werden könnte, daß ein Verharren in Traurigkeit nichts Endgültiges sein muß. Und wenn in wenigen Momenten der kärglichen Dialoge einmal nichts Belangloses im Vordergrund steht, sondern Hanns und seine Gesprächspartner von sich erzählen – dann erweisen sich die Personen nicht als für alle Zeiten sprachlos Gewordene, sondern als nur momentan Handlungsunfähige, die blockiert, nicht aber endgültig festgefahren scheinen in ihrer unfreundlichen Umgebung. In der Kälte des Winters in den Städten liegt immer noch die Hoffnung auf den nächsten Sommer. Das Wissen um die Möglichkeit der Veränderung erscheint in diesem Film zwar eingefroren, nicht aber gestorben.

Die bewußte Künstlichkeit von Wenders' Protagonisten, geschaffen über die Mittel der Stilisierung, beschreibt ihren Zustand sehr genau, weil nichts erklärt werden muß, denn alles ist in den Bildern sichtbar.

Auf der formalen Ebene weist SUMMER IN THE CITY noch eine Besonderheit auf, die ihre Ursache zunächst in einem rein technischen Mangel hatte. Der Tonmann, so erzählt Wenders, sei ein blutiger Anfänger gewesen und habe seine Arbeit nicht beherrscht. Deshalb habe er einen völlig unbrauchbaren Originalton geliefert, der so niedrig ausgesteuert war, daß zumindest die leiseren Stellen hoffnungslos im Bandrauschen untergegangen wären. Weil Wenders das erst nach dem Abschluß der Dreharbeiten gemerkt hat und Geld für eine komplette Nachsynchronisation nicht zur Verfügung stand, blieb dem Regisseur nichts anderes übrig, als aus der Not eine Tugend zu machen. Er hat die O-Töne zwar bestehen lassen, sie zugleich aber aus dem Off mit den Stimmen der Darsteller überlagert, die die Real-Texte noch einmal im Konjunktiv wiederholen. Beispiel: Im O-Ton hört man »Ich weiß auch nicht, wo das Geld ist.« Darüber im Off: »Ich sagte, daß ich auch nicht wisse, wo das Geld sei.« Mit diesem aus einer Panne beim Drehen erzwungenen Stilmittel gelang Wenders im Nachhinein eine weitere Verfremdungsebene, die die ohnehin gestörte Kommunikation seiner Figuren nochmals durch einen Filter erscheinen läßt, der die Distanz zwischen den Personen noch gravierender macht. Ein wenig erscheint diese Methode wie eine Vorwegnahme der Experimente mit komplexen Tonebenen, die Wenders später immer wieder unternommen hat – mit dem Mehrkanalton in DER AMERIKANISCHE FREUND und vor allem mit der akustischen Kakophonie in DER HIMMEL ÜBER BERLIN, seinem ersten Film mit Dolby-Stereo-Ton.

DIE ANGST
DES TORMANNS
BEIM
ELFMETER

Ein Farbfilm von
WIM WENDERS
nach dem Roman von
PETER HANDKE
erschienen im Suhrkamp Verlag

mit

Arthur   *Kai*   *Erika*   *Libgart*
BRAUSS FISCHER PLUHAR SCHWARZ u.v.a.

Produktionsleitung: Peter Genée   Musik: Jürgen Knieper

Kamera: Robbie Müller   Ein Film des ›filmverlag der autoren‹

Beiläufige Fluchtbewegungen

DIE ANGST DES TORMANNS BEIM ELFMETER 1971

Josef Bloch (Arthur Brauss) ist Profi-Fußballer – Torwart. Während eines Spiels wird er nach einem Streit mit dem Schiedsrichter vom Platz gestellt. Im folgenden irrt er ziellos durch Wien, geht in ein Kino, wird in eine Schlägerei verwickelt, folgt der Kinokassiererin (Erika Pluhar) auf ihrem Heimweg, spricht sie an und geht mit in ihre Wohnung. Sie heißt Gloria, die beiden führen banale Gespräche. Sie verbringen schließlich die Nacht zusammen. Am nächsten Morgen, nach dem Frühstück, erwürgt er sie – ganz beiläufig. Ohne jede Panik nimmt er einen Überlandbus und fährt ins Burgenland. Er nimmt ein Zimmer in einem kleinen Dorf, wo er am Abend ankommt. Im gleichen Ort hat eine frühere Bekannte (Kai Fischer) einen Gasthof gepachtet, den er am nächsten Morgen aufsucht. Er findet die Frau, man redet, hat sich aber wenig mitzuteilen. Bloch bleibt in dem Dorf, es wiederholt sich, was sich schon in Wien ereignet hat: Er geht spazieren, ins Dorfkino, gerät in eine Wirtshausprügelei, ab und zu gibt es Gespräche mit den Dorfbewohnern. Ganz uninteressiert verfolgt er in der Zeitung mit, daß die Polizei erste Anhaltspunkte in dem Mordfall an der Kassiererin gefunden hat: Bloch hat amerikanische Münzen, die er von einer Reise mit seinem Verein in die USA übrigbehalten hat, in der Wohnung der Frau liegengelassen. Am Ende geht er zu einem Fußballspiel und unterhält sich mit einem anderen Zuschauer über die Angst des Tormanns beim Elfmeter – dieser könne ja niemals wissen, in welche Ecke der Schuß gehen wird. Genausowenig, wie der Schütze weiß, in welche Richtung sich der Torwart wirft...

Der Titel dieses Films (nach dem gleichnamigen 1970 erschienenen Roman von Peter Handke) ist so etwas wie ein feststehender Begriff geworden, vergleichbar mit Alexander Kluges ARTISTEN IN DER ZIRKUSKUPPEL: RATLOS. Doch Wim Wenders' erster größerer Film, gedreht unmittelbar nach Veröffentlichung des Buches, hat davon in der

Publikumsgunst wenig profitiert. Zwar lief DIE ANGST DES TOR-
MANNS BEIM ELFMETER im Fernsehen zur besten Sendezeit, doch
die große Masse des Publikums, die nicht zuletzt auch einen Film *über*
Fußball erwartet hatte, reagierte mit Ratlosigkeit und Ablehnung.
Darauf verweisen viele Fernsehkritiken aus dieser Zeit: Verrisse domi-
nierten, kaum ein Rezensent wurde der formal-inhaltlichen Konzeption
des Films wirklich gerecht. Tatsächlich hatte sich aus der Zusammenarbeit zwischen Handke und Wenders eine nicht eben leicht konsumier-
bare Synthese ergeben, die das vordergründig-thesenhafte Fernsehspiele gewohnte Publikum wohl verwirren mußte. Schon beim Drehen war
sich Wenders darüber klar, daß er keineswegs die übliche Bildschirm-
unterhaltung produzierte. In einem Interview während der Dreharbeiten beschrieb er das so:

»Ich erhoffe mir von dem Film, daß es schon irgendwie ein populärer Film wird. Ich habe auch immer darauf geachtet, daß man nicht
etwas zu Ausgetüfteltes, Spezielles, sondern etwas ganz Einfaches
macht, aber nicht, wie man etwas ganz Einfaches macht, um sich anzu-
biedern, sondern etwas, das vielleicht auch Leute interessiert, die den
Film nur deswegen sehen, weil sie vielleicht an Fußball erinnert
werden, und das fängt ja auch mit Fußball an, und sie bleiben deswegen vielleicht auch am Apparat. Ich habe eigentlich ziemlich vermie-
den, etwas zu machen, was jemanden nur verstören könnte. Ich glaube
eigentlich auch, daß der Film ein ganz verständlicher Film wird, es gibt
auch überhaupt nichts Mysteriöses, Geheimnisvolles, Unklares, obwohl
das für die Leute immer auch das Schwierigste ist zu begreifen, daß es
wirklich nichts anderes gibt als das, was man sieht in dem Film, und
daß der Bloch nichts anderes verkörpert, als das was er tut. Und vielleicht wird es gerade deshalb, weil ich mich bemüht habe, den Film
einfach zu machen, ein für viele Leute unverständlicher Film, und sie
denken, sie müssen mehr dahinter suchen als sie wirklich sehen...«

Genau das dachten die Leute auch, was zu erwarten war. Dabei ist
der Film nur eine Fortsetzung von SUMMER IN THE CITY mit anderen
Mitteln, aber den Film kannte zu dieser Zeit kaum jemand (was sich bis
heute allerdings kaum geändert hat).

Außer dem Mord gibt es in DIE ANGST DES TORMANNS BEIM
ELFMETER nichts, was nicht absolut alltäglich und vertraut wäre.
Bloch widerfährt in keinem Moment etwas Ungewöhnliches, die Kri-
mifragmente bleiben angedeutet, Versprechungen gleich, die nicht eingelöst zu werden brauchen, weil sie bedeutungslos sind.

Nicht einmal nach dem Mord ist Bloch eigentlich auf der Flucht.
Seine Reise aufs Land wäre für ihn auch ohne diese Tat eine Möglich-

Der Tormann Bloch (Arthur Brauss, links) in der Wohnung von Gloria (Erika Pluhar, rechts).

keit unter anderen, ganz normale Dinge zu tun. Das – nicht mehr und nicht weniger – zeigt Wenders. Allerdings in Bildern, deren Genauigkeit sich nur dem Zuschauer vermittelt, der nicht etwas anderes sehen will als das, was zu sehen ist. Keine hintergründige Metapher ist in diesen Bildern versteckt. Nicht die Story interessiert Wenders, sie tritt in den Hintergrund, zugunsten der Beschreibung der Situation, in denen diese Geschichte möglich wird. Wenn dieser Film Wirklichkeit abbildet, geschieht das nicht, um diese Wirklichkeit den Erfordernissen einer Erzähldramaturgie im Sinne einer Geschichte unterzuordnen. Im Gegenteil ergibt sich das gemächliche Fortschreiten, der Zusammenhang der Ereignisse, erst aufgrund der genauen Beobachtungen der Kamera. Das verunsichert beträchtlich, gemessen an der Erwartungshaltung, die vom Großteil anderer Spielfilme wie selbstverständlich erfüllt wird. Gemessen am Spannungsbogen »klassischer« Filmdramaturgien erscheint der Film tatsächlich ereignislos in seinem Ablauf. Nur wer sich – ähnlich der Arbeit eines Ethnologen – dem Alltag des Tormanns Bloch nähert, wird in diesem Film Überraschendes entdecken können: Die vielen kleinen Ereignisse, die üblicherweise Tagesabläufe bestimmen, und die man gar nicht mehr recht wahrnimmt. Bloch geht ins Kino; er betrachtet intensiv die Kassiererin; er fährt mit dem Bus durch die abendliche Landschaft; er liest Zeitung; er trinkt in einer Kneipe ein Bier; er bedient eine Musikbox; er frühstückt mit Gloria; er spricht mit dem Zimmermädchen...

Die Spannung in der Banalität des Alltäglichen wird auch verbal erfahrbar gemacht. Obwohl Wenders Handkes Texte eher als grobes Raster benutzt, an dem entlang er seine Nicht-Geschichte optisch erzählt, sind die aus dem Roman weitgehend wörtlich übernommenen Dialoge dennoch wichtig, vor allem dann, wenn sie bei dem stilisierten Spiel der Darsteller wie *Zitate* wirken. Dann erscheinen die Alltagsbeobachtungen gebrochen durch die Reflexion der psychischen Erscheinung in Form sprachlicher Verfremdung. Daß dabei die Sprache niemals über die direkte Darstellung eines Gegenstandes vermittels des filmischen Bildes hinausgehen kann, demonstriert Wenders damit wie nebenbei. Was im Roman deutlich nur einmal am Ende vorkommt, wenn Handke die Wörter durch Piktogramme ersetzt und die Direktheit des Optischen vor der Abstraktheit der Buchstaben betont, ist eins der eigentlichen Themen des Films geworden. Umgekehrt bedarf es am Schluß, als Bloch seine Gedanken zum Verhalten des Tormanns formuliert, der sprachlichen Hinweise, um die Umsetzung dieser Überlegungen gleich darauf zu sehen, eingefangen von der Mechanik der Filmkamera.

So ergibt sich ein wesentlicher Unterschied zwischen dem Roman und dem Film. Macht der Text auf ein Bewußtsein von Wirklichkeit aufmerksam, so begnügt sich der Film damit, Wirklichkeit vorzuführen. Allerdings taucht hier die alte Streitfrage jeder Filmtheorie auf, ob Film das überhaupt leisten kann: Wirklichkeit abbilden, oder ob er doch nur seine eigene Wirklichkeit immer wieder selbst erschafft.

Wenders ist in seiner kühlen Darstellung näher an der Beschreibung physischer Realität als platt naturalistische Gegenwartsdramen. Solche Werke können nur oberflächlich gesellschaftskritisch verfahren, um im gleichen Zusammenhang nur noch ideologischer sich zu geben. hier verstanden als Okkupation von Phantasie und Erkenntnisfähigkeit.

DIE ANGST DES TORMANNS BEIM ELFMETER wurde mit den Filmen von Howard Hawks verglichen. Solche Vergleiche bieten sich oft allzu leicht an und von ihnen wird häufig inflationär Gebrauch gemacht. Doch erscheinen zumindest einige Parallelen auffallend. Auch Hawks (man denke an HATARI! oder RED LINE 7000) inszeniert trotz seiner abenteuerlichen Geschichten eher spannungsarm, seine Filme sind ebenso nur Beschreibungen von Situationen, in denen Ge-

Bloch in der Dorfkneipe. In der Mitte: Rüdiger Vogler als Dorftrottel.

Der Tormann Bloch auf der Flucht. Links: Libgart Schwarz als Zimmermädchen.

schichten ablaufen können – in aller Ruhe. Wohl deshalb fühlt man sich auch so geborgen in ihnen, weil man sicher sein kann, daß nichts Unvorhergesehenes passieren wird, daß alles seinen normalen Gang geht. Ähnlich funktioniert DIE ANGST DES TORMANNS BEIM ELFMETER.

So wirkt der Film auch eher wie das Werk eines amerikanischen Regisseurs: Die bedeutungsschweren Dialoge fehlen, es dominiert der Umgang mit den Bildern. Dazu trägt auch Jürgen Kniepers Musik bei, die sowohl Anklänge an Hitchcock-Motive wie auch an Western-Musiken aufweist, ohne dabei epigonal zu wirken. Diese Klänge sind sparsam eingesetzt und kontrapunktieren das Geschehen eher als daß sie es illustrieren. Knieper, der von nun an so etwas wie Wenders' Hauskomponist werden sollte, deutete hier erstmals seine Fähigkeit an, Musik für Filme zu schreiben, die die Bilder nicht dominiert, sondern ihnen eine weitere Ebene hinzufügt.

Gegenüber SUMMER IN THE CITY, der kurz zuvor für 10.000 Mark realisiert worden war, bedeutete diese Produktion eine erhebliche Umstellung für den Regisseur. Die Arbeitsbedingungen waren auf einmal ganz und gar professionell, man drehte in 35 mm und Farbe, das Budget betrug runde 600 000 Mark, zur Verfügung gestellt vom österreichischen Fernsehen ORF sowie dem WDR und koproduziert von der eben gegründeten PIFDA (Produktion 1 im Filmverlag der Autoren), einem Ableger der Selbstorganisation der jungen deutschen Filmemacher.

Der festgelegte Drehplan, ein beträchtlicher Aufwand, und die – für Wenders erstmalige – Zusammenarbeit mit professionellen Schauspielern (Arthur Brauss, Erika Pluhar, Kai Fischer, Libgart Schwarz) führte zumindest dazu, daß er seine bisher gewohnte Spontaneität beim Drehen teilweise aufgeben mußte. Sorgfältige Planung brachte Mehrarbeit, aber offenbar auch Vorteile:

»Bei den Filmen davor gab es nur ganz bestimmte Sachen selbst zu bestimmen. Gerade in dem Moment, wenn man es drehte, konnte man auf bestimmte Sachen einwirken, und nun ist es auf einmal so, daß man eigentlich von der kleinsten Kleinigkeit an sich alles sehr gut zusammensetzen kann. Was jemand an hat, der eben durchs Bild geht und wie das Wetter ist. Wenn nicht die Sonne scheint, dann wartet man noch zwei Tage, bis die Sonne scheint, oder wenn der Sonnenuntergang nicht schön genug war, dann wartet man auch noch. Es hat halt auch große Vorteile so zu arbeiten.« (W.W.)

Bloch besucht eine frühere Freundin (Kai Fischer).

Hester Prynne (Senta Berger) wird an den Pranger gestellt.

»Hört denn die Welt
an den Grenzen dieser Stadt auf?«

DER
SCHARLACHROTE
BUCHSTABE
1972

»Nordamerika in der zweiten Hälfte des 17. Jahrhunderts. Seit einer Generation leben die Einwanderer aus Europa in den Siedlungen entlang der Atlantik-Küste. Eine unerforschte Wildnis trennt Holländer, Engländer und Franzosen voneinander. Noch gehört das Land den Indianern.«

Eingebettet in eine getragene Orchestermusik leiten diese Sätze den Film ein. Ein einsamer Wanderer (Hans Christian Blech) nähert sich dem kleinen Städtchen Salem. Dort hält man eben den alljährlichen Gerichtstag ab. Eine schöne junge Frau, Hester Prynne (Senta Berger), steht auf dem Marktplatz am Pranger. Ihr Kleid »ziert« ein großes scharlachrotes »A«. Der Buchstabe steht für »Adultery« (Ehebruch). Man erfährt: Hester Prynne hat ein außereheliches Kind, und da sie nicht bereit ist, den Namen des Vaters preiszugeben, hat das Gericht sie aus der Gemeinde ausgestoßen – sie muß außerhalb des Ortes in einer Hütte wohnen – und ihr zudem das Tragen dieses Zeichens auferlegt. Jedes Jahr muß sie sich einmal dem Hohn der puritanischen Bürger stellen.

Noch eine andere Ausgestoßene gibt es in Salem, eine Frau, die den anderen Bewohnern als Hexe gilt. Sie beschwört Hester, sich das Schandmal von der Brust zu reißen und sich nicht der gaffenden Menge auszusetzen. Doch diese – so scheint es – trägt ihre vermeintliche Schuld sogar noch mit einem gewissen Stolz, was ihre Peiniger um so wütender macht. Vor allem der Pfarrer der Gemeinde, Dimmesdale (Lou Castel), beschwört die Frau, endlich den Namen des Vaters preiszugeben. Doch sie bleibt beharrlich in ihrer Weigerung.

Der Wanderer vom Beginn, der zum Zeugen dieses Geschehens wurde, ist ein Arzt namens Chillingworth, ein von großen Strapazen und schlimmen Erfahrungen geprägter Mensch. Wie sich herausstellt, war er einst mit Hester Prynne verheiratet. Irgendwann ist er in die Wildnis gegangen, um jetzt – offenbar voller Rachegefühle gegen seine Frau, die ihn betrogen hat – zurückzukehren. Doch sowohl er als auch Hester wahren dieses Geheimnis vor den Bürgern. Hester will auch ihm nicht anvertrauen, wer ihre Tochter Pearl (Yella Rottländer) gezeugt hat.

Dieses Kind ist von einer merkwürdigen Wildheit, die sich so gar nicht in die Domestiziertheit der puritanischen Gemeinde einpassen will. Als ein neuer Gouverneur gewählt wird, überlegt sich der aussichtsreiche Kandidat für dieses Amt, ob man Hester ihre Tochter nicht wegnehmen sollte, weil sie bei einer Sünderin nicht im Sinne von Gottes Wort erzogen werden kann. In einem peinlichen Verhör, dem Pearl unterzogen wird, erweist sich in der Tat, daß das Mädchen wenig mit den moralischen Begriffen der Puritaner im Sinne hat: Ihre Mutter habe sie nicht von Gott geschenkt bekommen, sagt sie, sondern sie sei von einem Apfelbaum gepflückt worden. Die Mitglieder des Tribunals beschließen, der Mutter das Kind wegzunehmen, um es zum wahrlich christlichen Glauben zu erziehen. Verzweifelt wendet sich Hester an Pfarrer Dimmesdale, den sie um Fürsprache bittet. Der hält eine flammende Rede und überzeugt die Räte von Salem, Pearl bei der Mutter zu belassen. Der Zuschauer weiß es nun: Dimmesdale muß ihr Vater sein, er, der hochangesehene und geachtete Mann Gottes, Vorbild für die ganze Gemeinde, hat den Frevel begangen.

Er leidet – scheinbar weit mehr als Hester – unter seiner Schuld. Die Folge ist eine schwere Krankheit, und sein Arzt wird Hesters ehemaliger Mann, Chillingworth. Offenbar ahnt dieser die Zusammenhänge, denn zwischen den beiden Männern entwickelt sich eine eigenartige Beziehung. Immer wieder macht Chillingworth Andeutungen, die für Dimmesdale unerträglich werden.

Am Tag vor der Wahl des neuen Gouverneurs legt an der Küste von Salem ein englisches Schiff an. Hester bittet den Kapitän, sie, ihr Kind, sowie Dimmesdale mit nach Europa zu nehmen, obwohl sie Mühe hatte, den Vater ihres Kindes zu überzeugen, mit ihr gemeinsam, fernab von Salem, ein neues Leben zu beginnen. Der beharrt schließlich nur noch darauf, in einer letzten Predigt den Bürgern seine Schuld zu gestehen, nachdem er inzwischen von Hester weiß, daß sie einst mit Chillingworth verheiratet war. Nach seiner öffentlichen Beichte will der Pfarrer Hester und Pearl dann begleiten. Während die beiden schon aufs Schiff gehen, begibt sich Dimmesdale zurück in die Stadt, um der entsetzten Gemeinde seine jahrelange Heuchelei zu offenbaren. Dann bricht er zusammen. Als man seine Kleider öffnet, entdeckt man ein großes »A« auf seiner Brust – offenbar von ihm selbst eingebrannt,

Der einsame Wanderer Chillingworth (in der Mitte: Hans Christian Blech) wird Zeuge des Gerichtstages.

ähnlich dem auf Hesters Kleid. Nun wird auch klar, warum sich Dimmesdale niemals von Chillingworth genauer untersuchen lassen wollte. Der neue Gouverneur erwürgt den Frevler, während an der Küste das große Segelschiff mit Hester und Pearl nach England ausläuft. »Mein Vater ist gestorben, ich freue mich auf morgen«, sagt Pearl.

Dieser dritte lange Spielfilm von Wim Wenders fügt sich nur mühsam in das Bild seiner anderen Arbeiten, obwohl heute – fast 18 Jahre nach seiner Entstehung – eine neue Annäherung an dieses bei seiner Uraufführung unterschätzte Werk notwendig erscheint. Nach DIE ANGST DES TORMANNS BEIM ELFMETER war DER SCHARLACHROTE BUCHSTABE die zweite Arbeit für den Regisseur zusammen mit dem Fernsehen. Nach einem Drehbuch von Tankred Dorst und Ursula Ehler (»Der Herr klagt über sein Volk in der Wildnis Amerikas«), das wiederum nach einem Roman des amerikanischen Schriftstellers Nathaniel Hawthorne entstand, konnte Wenders mit einem vergleichsweise üppigen Budget in Koproduktion mit dem Filmverlag der Autoren und dem spanischen Produzenten Primitivo Alvaro diesen Kostümfilm mit internationaler Starbesetzung inszenieren. Eine neue Erfahrung:

Die kleine Pearl, Hester Prynnes Tochter (Yella Rottländer).

»Es gab ziemlich viele Leute, das Drehen war stark bestimmt von technischen Geschichten. Die Besetzung wurde von anderen festgelegt und war gar nicht so, wie ich sie mir gewünscht hätte. Ich wollte, daß Rüdiger Vogler den Pfarrer Dimmesdale spielt. Aber das wäre seine erste Hauptrolle gewesen, und weder die Spanier noch der WDR wollten, daß ich ihn engagiere. So wählte ich Lou Castel, der ein sehr guter Schauspieler ist, aber gerade eine schlechte Phase durchmachte, weil er aus Italien ausgewiesen worden war (Lou Castel ist Schwede, Anm. d. V.). Er war sehr deprimiert und hatte kein besonders großes Interesse daran, einen Film zu machen.

Und Senta Berger war wohl auch nicht die ideale Besetzung für die Hester. Ich meine, nicht als Schauspielerin, sie ist sehr gut, aber nicht für diese Rolle… Eine große Entdeckung allerdings war Yella Rottländer, die die Pearl spielt (wie auch die Alice in ALICE IN DEN STÄDTEN, Anm. d. V.). Dann noch Hans Christian Blech, der später in FALSCHE BEWEGUNG mitwirkte: er war auch sehr, sehr gut.« (W.W.)

Noch größere Probleme machten Wenders aber die Zwänge, die entstehen, wenn man einen historischen Film dreht. Die Kostüme, das

Zeitkolorit, die Stimmung in einer puritanischen Gemeinde im 17. Jahrhundert. Und die technischen Schwierigkeiten: Der Film mußte aufgrund der verschiedenen Nationalitäten der Darsteller in vier Sprachen gedreht und dann komplett nachsynchronisiert werden – Wenders' einziger Film, in dem kein Originalton verwendet werden konnte.

Es verwundert wohl kaum, daß DER SCHARLACHROTE BUCHSTABE unter solchen Bedingungen bei Kritik und Publikum fast einhellig durchfiel. Und auch die Produzenten hielten nicht allzuviel vom Endprodukt. Als der Film von ihnen um zehn Minuten gekürzt wurde, machten sie sich nicht einmal die Mühe – wie sonst üblich – ein Zwischennegativ anzufertigen, sondern die Kürzung wurde am Original vorgenommen. Die Urfassung ist so auf immer zerstört.

DER SCHARLACHROTE BUCHSTABE, der kaum einmal in bundesdeutschen Kinos zu sehen war, ist bisher zweimal im Fernsehen gezeigt worden. Die Rezensionen waren vernichtend. Da wurde Wim Wenders Unreife und Dilletantismus nachgesagt, man kritisierte die wenig werkgetreue Umsetzung der Romanvorlage, und selbst der Drehbuchautor Tankred Dorst distanzierte sich mehr oder weniger von Wenders' Arbeit: »Es ist ein Film von Wim Wenders, ihn hat als Regisseur etwas anderes an der Geschichte interessiert, und so ist es seine Geschichte geworden«, verkündete er im WDR-Pressetext.

Tatsächlich weicht der Film in entscheidenden Punkten von Nathaniel Hawthornes Roman ab. Am wesentlichsten vielleicht am Ende: Im Buch kehrt Hester Prynne zurück nach Salem, um schließlich zur Wohltäterin der Gemeinde zu werden, und irgendwann wird das Zeichen auf ihrer Brust zum Zeichen für eine Schuld, die längst gesühnt ist: »Aber im Verlauf der beschwerlichen und aufopferungsvollen Jahre, die sie noch zu leben hatte, war der rote Buchstabe nun nicht mehr ein Zeichen, das bei den Leuten Hohn und Verachtung hervorrief; eher bedrückte es sie, daß Hester Prynne dies Mal noch immer trug. Denn da sie nie selbstsüchtig auf ihren Vorteil bedacht war, trugen die Menschen alle ihre Sorgen und Zweifel zu ihr, um sie um Rat zu fragen.« (Aus dem Roman)

Schließlich ziert das Mal noch ihren Grabstein in Form eines Wappens... Derlei versöhnliches Moralisieren gestattet sich Wenders' Film nicht. Die Flucht der Hester Prynne am Ende, zusammen mit ihrer Tochter, erscheint wie ein notwendiges Ausbrechen aus dem puritanischen Salem, in dem die Lebensverhältnisse dem Dogma einer unmenschlichen Obrigkeit zu folgen haben. Dimmesdales tragisches Ende nach seinem fatalen Geständnis erscheint im Film stärker als im Buch als unausweichliche Konsequenz der Eigengesetze einer hermetischen,

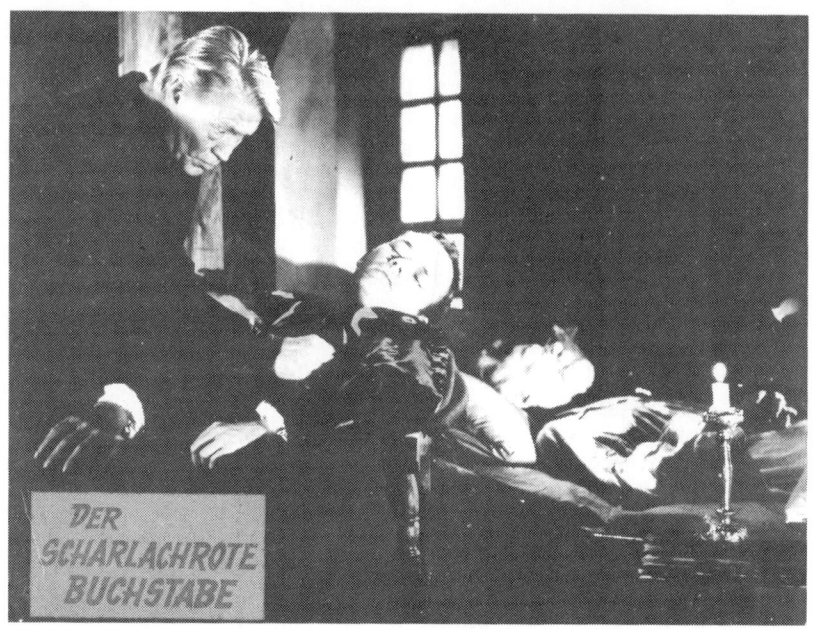

Chillingworth untersucht nach einem Schwächeanfall den Pfarrer der Gemeinde, Dimmesdale (Lou Castel).

von strengen Moralbegriffen bestimmten Gesellschaft, die in unwirtlicher Umgebung ihre Identität allein über selbstverordnete Zwänge wahren kann.

Die Figur des Arztes Chillingworth ist nicht – wie bei Hawthorne – die des auf Rache sinnenden Betrogenen, sondern er erscheint als Leidender, der mehr an der herrschenden Moral denn an seiner eigenen zerbricht.

Vor allem aber Pearl, das kleine Mädchen: Im Roman ein naiv-unschuldiges Kind, erscheint ihr Verhalten im Film als hoffnungsvolle Alternative. Ihre ungebrochene Vernunft, die sich in ständiger Verweigerung äußert (etwa beim Tribunal, das ihre Gottesfürchtigkeit prüfen soll), macht die masochistischen Züge des Puritanismus deutlicher als der Protest der erwachsenen »Hexe«, deren Aufbegehren eher wahnsinnige Züge in sich trägt. So ist Pearl im Film die eigentliche Hexe und – weit mehr als ihre letztlich doch integrierte Mutter – eine Bedrohung für die Ordnung, die auf der starren Doktrin aufgebaut ist.

Es ist verblüffend, daß diese Qualitäten des Films bei seiner Uraufführung nicht beachtet worden sind. Schuld daran mögen einige formale Mängel tragen. Tatsächlich war Wenders mit den vorhandenen Arbeitsbedingungen gelegentlich überfordert. Nachdem er vorher seine Filme nur »on location« gedreht hatte, ergab sich nun das Problem, mit einem riesigen Apparat arbeiten zu müssen, der ihm weit mehr abverlangte als »nur« Regie zu führen. Der Drehplan erwies sich als zeitlich derart eng, daß bei den Aufnahmen ganze Einstellungen vergessen worden sind – was der Cutter Peter Przygodda beim Schnitt nur mühsam vertuschen konnte.

Die Bilder von Kameramann Robby Müller haben schon viel zu tun mit denen in den späteren Filmen. Es dominieren leuchtende Außenaufnahmen mit klaren Farben, und die wenigen Szenen, die in Innenräumen gedreht wurden, sind mit großer Sorgfalt ausgeleuchtet.

Was die meisten Schwierigkeiten auf der formalen Ebene macht, ist der Einsatz der Musik von Jürgen Knieper, die sich beim ersten Sehen und Hören wie ein zäher Brei über die Tonspur zu legen scheint. Kaum ein Dialog, der nicht akustisch dominiert wäre von diesem Spektakel, das an die Kompositionen der Späromantik erinnert, aber auch schon Motive aus Kniepers Musik für FALSCHE BEWEGUNG vorwegnimmt.

Ein mehrmaliges Sehen und *Hören* dieses Films aber erschließt dann doch noch eine gelungene Synthese aus einem historischen Stoff (und ebensolchen musikalischen Motiven) und ihrer formalen Verknüpfung. Die episch-breit angelegte Verfilmung findet ihre Entsprechung in einer epischen Be-Tonung, die weniger illustriert, sondern eher unterstreicht, was in den Bildern über die Dialoge abläuft. Die Musik bildet exakt jene Künstlichkeit nach, die sich ständig in den Bildern wiederfindet. Daß das Segelschiff, Hesters und Pearls Fluchtmöglichkeit, nur ein Pappmodell ist, sieht man sofort, ebenso wirkt das Städtchen Salem durchweg *wie eine Kulisse*. Genau das aber unterstreicht, daß dieser hermetische Film-Raum Grenzen hat – und daß die Welt nicht an den Grenzen dieser Stadt aufhört.

Wim Wenders mag seinen Film bis heute nicht.

Nach Abschluß der Dreharbeiten hat er geschrieben: »Ein Freund fragte mich, warum ich einen Film machte, in dem keine Autos, keine Tankstellen und keine Automaten vorkommen dürften. Eben darum, sagte ich, aber ich war mir meiner Sache nicht sicher. Das war, bevor wir angefangen haben, den SCHARLACHROTEN BUCHSTABEN zu drehen. Welche Wirklichkeit außer der des Drehbuchs, der Dekorationen und der Schauspieler kommt noch vor in dem Film nach einem Roman aus dem 19. Jahrhundert über eine Geschichte aus dem 17. Jahrhundert?

In Köln, wo wir zu drehen anfingen, arbeiteten wir in einem unterirdischen Studio. Am späten Nachmittag fuhr man wie aus einem Bergwerk im Aufzug ans Tageslicht. Ich wunderte mich jedesmal, daß es überhaupt noch hell war und hatte jeden Tag die zwanghafte Idee, die Kamera aus dem Studio herauszuholen und die Schauspieler zu filmen, wenn sie ein wenig geblendet und blinzelnd ins Freie traten. Als ob ich das dem Tageslicht schuldig gewesen wäre.

Am letzten Drehtag in Köln weinte Yella, die das kleine Mädchen in dem Film spielt, weil die Dekorationen abgerissen wurden. In Spanien drehten wir zuerst an der Nordwestküste die Außenaufnahmen am Meer. Einmal konnten wir einen Schuß aufs Meer nicht machen, weil zu deutlich ein Dampfer am Horizont zu sehen war. Unser eigenes Schiff, ein Dreimaster, war aus Pappe und hing an dünnen Drähnten zehn Meter von der Kamera in der Luft. Als Hans Christian Blech einmal in einer Drehpause mit seiner 8-mm-Kamera das Meer filmte, hatte ich unbändige Lust, ihn im Kostüm und mit seiner Kamera in unserem Film vorkommen zu lassen, neugierig die Puritaner filmend. Im SCHARLACHROTEN BUCHSTABEN hat er nie Gelegenheit, mit einem Gerät umzugehen.

In dem Westerndorf in der Nähe von Madrid, in dem wir die letzten 14 Tage Aufnahmen machten, gab es einen zweistöckigen Saloon, den wir nicht – wie die anderen Häuser – verändern konnten, so daß er in eine Stadt in Neuengland aus dem 17. Jahrhundert gepaßt hätte. Er durfte also nie ins Bild kommen. Mittags saßen alle an langen Tischen in diesem Saloon beim Essen. Solche eindringlichen und wahren Bilder wie die (ungefilmten) aus dem Saloon konnten in dem Film nicht vorkommen, aus dem wir die Realität wie einen faulen Apfel heraushalten mußten. Bis auf die Möwe, die einmal durchs Bild flog.

Jeder Film ist gleichzeitig auch ein Dokumentarfilm von sich selbst und seinen Bedingungen. Für mich persönlich dokumentiert DER SCHARLACHROTE BUCHSTABE auch einen Zwang, mit dem ich nicht mehr arbeiten möchte: Ich möchte keinen Film mehr machen, in dem ein Auto oder eine Tankstelle, ein Fernsehapparat oder eine Telefonzelle nicht zumindest erscheinen dürfen.

Das ist emotional, aber es geht auch um Emotionen: die mir nur möglich scheinen in Filmen, die keinen Zwängen mehr ausgesetzt sind und keinen Zwang mehr ausüben, weder auf sich selbst noch auf die Leute, die in ihnen vorkommen, und auch nicht auf den Himmel über ihnen und auf den Hund, der im Hintergrund vorbeiläuft. Die Kinder im SCHARLACHROTEN BUCHSTABEN bringen allerdings alles durcheinander, was ich hier geschrieben habe. Sie bewegen sich schon in einem Science-Fiction-Film« (W.W. im WDR-Pressetext)

Ein Schiff aus England hat vor der Küste angelegt.

In seinem übernächsten Film, AUS DER FAMILIE DER PANZER-ECHSEN, macht sich Wenders über den SCHARLACHROTEN BUCH-STABEN sogar lustig: Dort geht die Hauptperson, ein kleines Mädchen, mit ihrem Vater ins Kino. Sie sehen den SCHARLACHROTEN BUCH-STABEN. Zu Hause von der Mutter befragt, was sie denn angeschaut hätten, antwortet die Kleine: »Einen Kostümfilm. Sie haben sich geküßt.« Während der Vater das Ganze, wohl aufgrund des Segelschiffs, für einen Piratenfilm gehalten haben will...

Philip Winter (Rüdiger Vogler) betrachtet eins seiner unzähligen Polaroidfotos.

»To shoot pictures«

ALICE
IN DEN STÄDTEN 1974

Der deutsche Journalist Philip Winter (Rüdiger Vogler) soll im
Auftrag einer Münchner Zeitung eine Reportage über Amerika schreiben. Zu Beginn des Films sitzt er an einem Strand und summt »Under
the boardwalk« von den Rolling Stones vor sich hin. Dort befindet er
sich auch: »Unter the boardwalk, down by the sea...« Vor ihm liegt
eine Reihe mit Polaroidfotos, die er offenbar ununterbrochen produziert – sie sollen ihm als Material für seinen Text dienen. Aber: »Es ist
doch nie das drauf, was man gerade gesehen hat«, stellt er einmal verzweifelt fest. Philip fährt mit einem großen amerikanischen Wagen
durch die Landschaften und Städte der USA. Alles wirkt fremd und ab-
stoßend. Da gibt es die immer gleichen Programme im Autoradio, unterbrochen durch Werbespots – Philip: »Nie kann ich was zu Ende
hören!« Und in den Motels stehen überall Fernsehapparate mit dem unmenschlichen Fernsehprogramm auf unzähligen Kanälen. Einmal sieht
Philip eine Szene aus John Fords YOUNG MR. LINCOLN. Wütend zerstört er den Bildschirm. Er kommt mit seinem Auftrag immer weniger
zurecht, verkauft schließlich sein Auto und kehrt nach New York
zurück. Dort kann er seiner Agentur nur die vielen Fotos von seiner
Reise vorlegen, aber keinen Text, keine Reportage. »Sie sollten keine
Fotos machen, sondern eine Geschichte schreiben«, sagt man ihm, und
daß er seinen Termin für die Abgabe des Textes nicht eingehalten habe.
Philip will noch am gleichen Tag zurück nach München fliegen, doch
der Fluglotsenstreik in Deutschland läßt das nicht zu. Bei den Verhand-
lungen am Informationsschalter – man bietet ihm an, er könne am
nächsten Tag nach Amsterdam fliegen – lernt er eine junge deutsche
Frau, Lisa van Damm (Lisa Kreuzer), und deren kleine Tochter Alice
(Yella Rottländer) kennen, die auch nach Deutschland wollen.
  Lisa hat sich gerade von ihrem Mann getrennt und verspürt eine
große Einsamkeit. Philip besorgt für sie und Alice ein Hotelzimmer, gemeinsam wollen sie am nächsten Tag nach Europa fliegen. Er selbst
will seine letzte Nacht in Amerika bei einer Freundin (Edda Köchl) ver-

bringen, doch die weist ihn ab: »Das Hören und Sehen vergeht einem, wenn man sich selbst verloren hat.« Und eben das sei ihm passiert – sie könne ihm nicht helfen, ihr habe auch keiner gezeigt, wie man leben soll. Obwohl sie ihn gern trösten würde.

Enttäuscht kehrt Philip in das Hotel zu Lisa und Alice zurück, um in deren Zimmer zu übernachten. Lisa erzählt ihm ihre Geschichte, einen Moment lang deutet sich die Möglichkeit einer zärtlichen Beziehung zwischen den beiden an, doch dann schlafen sie nur zusammen in einem Bett.

Am nächsten Morgen ist Lisa verschwunden. Sie hat einen Zettel hinterlassen, wonach sie sich um 13 Uhr mit Philip und Alice auf dem Empire State Building treffen will. Aber sie hält diesen Termin nicht ein. Philip beobachtet sie nur noch unten auf der Straße, zusammen mit einem Mann: »Aha. No flight to Germany.«

Zurück im Hotel findet er eine Nachricht vor: Er soll das Flugzeug zusammen mit Alice nach Amsterdam nehmen. Lisa müsse ihrem Mann helfen, der wisse nicht mehr aus noch ein. Philip erzählt Alice, daß er genauso gern in New York bleiben würde wie er Lust habe, nach Hause zurückzufliegen. Doch das Geld sei ihm ausgegangen. Im Flugzeug macht Philip wieder Polaroid-Bilder. Eines kommentiert Alice: »Ein schönes Bild – es ist so leer.«

In Amsterdam angelangt, warten die beiden vergeblich auf Alices Mutter. Langsam entwickelt sich eine Beziehung zwischen den beiden, gegen die sich Philip noch sperrt. Das kleine Mädchen zeigt ihm die Stadt, sie hat früher einmal hier gewohnt. Doch der Journalist will eigentlich gar nichts sehen, er will nur Alice wieder loswerden, die ihm auf die Nerven geht. Als Lisa auch nach zwei Tagen noch nicht angekommen ist, schließt sich Alice auf der Flughafentoilette ein, weil sie merkt, daß Philip nach Möglichkeiten sucht, sie abzuschieben. Erst als er ihr verspricht, sie zu ihrer Großmutter zu bringen, kommt sie freiwillig wieder heraus. Allerdings erinnert sich Alice nicht sofort an den Namen der Stadt, wo diese Großmutter wohnt. Nachdem Philip eine endlose Reihe von Städtenamen aufgezählt hat, glaubt das Mädchen, sich an Wuppertal zu erinnern. Also fährt er mit ihr nach Wuppertal. Dort angekommen, ergibt sich ein neues Problem: Alice weiß den Nachnamen der Oma nicht. Aber – so sagt sie – sie wisse, wo die Oma wohnt, jedenfalls würde sie das Haus erkennen, wenn sie daran vorbeikäme. Eine fast aussichtslos erscheinende Suche nimmt ihren Anfang. In komischer Verzweiflung mietet Philip einen R4 und fährt mit Alice kreuz und quer durch die Gegend, obwohl ihre Beschreibungen kaum brauchbare Hinweise für die Suche enthalten. Doch zwischen den

Lisa van Damm (Lisa Kreuzer) und ihre Tochter Alice vor der Abreise nach Deutschland.

beiden hat sich eine leise Freundschaft entwickelt, es scheint, als würde Philip langsam aus seiner Lethargie erwachen.

Irgendwann gesteht Alice: »Die Oma wohnt gar nicht in Wuppertal.« Daraufhin bringt er sie zur Polizei, die könne ihr besser helfen als er. Am nächsten Tag besucht er ein Rock-Konzert mit Chuck Berry (ein sehr fiktives übrigens – diese Sequenz hat Wenders aus dem Alan-Pennebaker-Film KEEP ON ROCKIN' »geklaut«). Als er ins Hotel zurückkommt, ist Alice wieder da. Sie ist der Polizei ausgerissen. Jetzt wisse sie aber, wo ihre Oma wohne: »Im Ruhrgebiet!« Und ihr fällt ein, daß sie ein Foto besitzt vom Haus der Großmutter, deren Nachname Krüger sei. Philip scheint Alice vermißt zu haben, fast freut er sich, daß sie wieder da ist. Also geht die Suche weiter, und die Spur führt diesmal zu alten Bergarbeitersiedlungen in der Nähe von Essen, die – so sagt ein befragter Passant – alle abgerissen werden sollen. Alice: »Schade, die schönen alten Häuser!«

Endlich finden sie das Haus – in Gelsenkirchen. Doch die Oma wohnt schon lange nicht mehr dort, sie finden nur eine italienische Familie vor. Alice und Philip gehen schwimmen. Im Schwimmbad

95

Alice ist so ratlos wie Philip, wie die Suche nun weitergehen soll.

lernen sie eine Frau kennen, bei der sie übernachten können. Wieder deutet sich für Philip eine neue Beziehung an. Die Frau sagt ihm zwar, das zweite Bett sei leider etwas tiefer, am nächsten Morgen liegen sie dann doch in einem.

Alice weckt ihn früh: »Hättest Du nicht auch lieber alleine geschlafen?« Die Fahrt geht weiter. In einer Zeitung liest Philip eine Suchmeldung nach Alice, in der ihre Flucht aus dem Polizeirevier von Wuppertal erwähnt wird. Auf einer Fähre über den Rhein kommt ein Polizist auf Philip zu: Man hat die Adresse von Alices Oma gefunden, und Lisa ist auch wieder aufgetaucht – in München. Von Duisburg aus fahren die beiden gemeinsam dorthin – die letzte Etappe einer langen Reise. Im Zug liest Philip in der Zeitung, daß John Ford gestorben ist. Der Film endet mit einem Hubschrauberflug, der am Fenster des Zuges beginnt. Dann fährt die Kamera zurück in die Totale, bis man am Ende die ganze Rheinlandschaft sieht, in der der Zug langsam verschwindet.

ALICE IN DEN STÄDTEN ist ein Märchen – aber ein sehr realistisches. Die Irrfahrt des deutschen Journalisten, die ihn nirgendwohin, sondern nur ziellos durch Amerika führt, wird ganz plötzlich unterbrochen durch das Zusammentreffen mit einer Frau, die mindestens so traurig und ohne Perspektive ist wie er selbst. Doch ihre Tochter, die kleine neunjährige Alice, nimmt ihn mit auf eine andere Reise, die direkt in eine Utopie führt – und Philip zu sich selbst zurück, der sich doch fast schon aufgegeben hatte.

ALICE IN DEN STÄDTEN ist so auch ein sehr treffender Titel: Das Erleben urbaner Gegebenheiten, ob in New York, in Amsterdam oder im Ruhrgebiet, erscheint durch den Blick des Kindes wie der Blick durch eine Lupe. War man anfangs mit Philip allein genauso verloren wie er in den Landschaften Amerikas, lernt man – wie er – mit Alices wacher Neugier wieder das Hinschauen, das Betrachten der Städte und der Menschen. Die Austauschbarkeit von Wuppertal, Gelsenkirchen, Oberhausen wird sinnlich erfahrbar durch das ziellose Umherirren der beiden im Auto. Und dennoch bekommt die gleiche Bewegung ihre Richtung durch die Zielstrebigkeit, mit der Alice nach Hause will. Und auch wieder nicht: Die gemeinsame Reise mit Philip wird zum Selbstzweck für das kleine Mädchen, es gibt auf einmal ein Abenteuer. Die Lust daran überträgt sich auf ihn, der schon beinahe verlernt hatte, Lust an etwas zu empfinden, der auch eigentlich nirgendwo mehr zu Hause war, der in Amerika mit seiner Arbeit und mit seinen privaten Geschichten gescheitert ist – was sich im Film auch immer wieder andeutet in Beziehungen, die, noch ehe sie recht begonnen haben, schon wieder zu Ende sind: Mit Lisa oder auch später mit der Frau aus dem Schwimmbad.

In Amsterdam: Philip und Alice (Yella Rottländer).

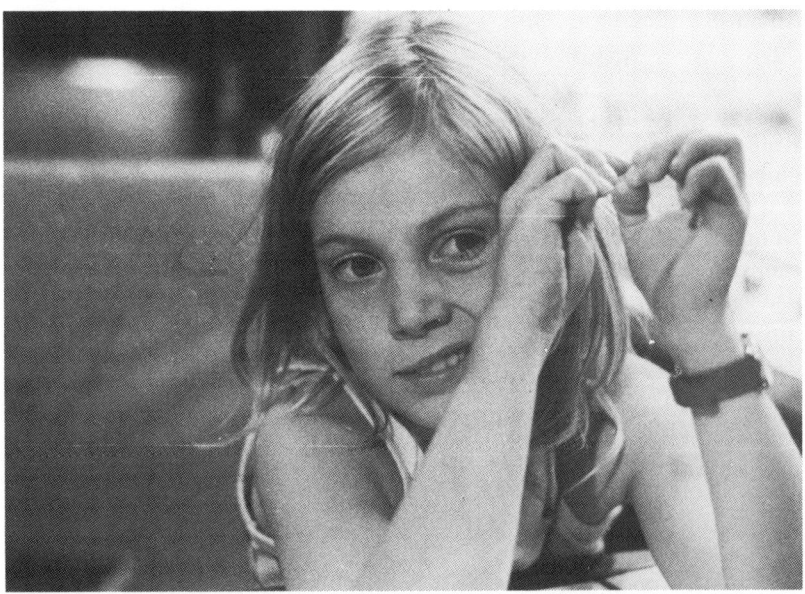

Die kleine Alice hat Hunger.

»Ich weiß auch nicht, wie man leben soll. Mir hat's auch keiner gezeigt.« Das sagt ihm seine Freundin in New York, bei der er vor seiner Abreise aus den USA übernachten wollte. Während er von dem unmenschlichen Fernsehprogramm redet, das nur noch eine permanente Werbung für die bestehenden Verhältnisse sei. In dieser Sequenz haben beide recht – und aus eben diesem Bewußtsein resultiert eine sehr genaue Beschreibung von Philips Zustand. Mit seiner Reportage kann er nicht zurande kommen, weil er nicht mehr sehen und hören kann. Sein Erleben von Amerika findet nur noch durch den Sucher der Polaroid-Kamera statt. Wenn sich diese Bilder nach ein paar Minuten entwickelt haben, kann er auf ihnen nichts mehr erkennen, weil er schon vorher die Motive nicht richtig gesehen hat.

»Angst vor der Angst« habe er, sagt er einmal zu Alice. Davon handelt der erste Teil des Films, der eine umfassende Irritation beschreibt, die nicht Philips Reise durch Amerika ausgelöst hat, die dort aber ihre geographischen und sozialen Entsprechungen findet – nicht umsonst verschlimmert sich sein Zustand auf dieser Fahrt. Gäbe es Alice nicht, wäre auch die Rückkehr nach Deutschland kein Ansatz zu einer Lösung. Das Mädchen aber lenkt ihn mit ihren ganz direkten Bedürfnissen (ihrem permanenten Hunger zum Beispiel) ab von seine existenziellen Problemen, sie zwingt ihn, sich wieder um etwas anderes zu kümmern als nur um sich selbst, sie richtet seinen Blick, seine Wahrnehmung wieder auf Reales, auf die Wirklichkeit. Irgendwann, schon zu einem ziemlich späten Zeitpunkt der gemeinsamen Reise, macht Alice Philip darauf aufmerksam, daß er schon lange nicht mehr fotografiert hat. Die Geschichte, die Philip *über* etwas schreiben wollte, ist nicht zustande gekommen. Dafür ist *mit* ihm eine Geschichte passiert. Eine Geschichte, die erst nach der Rückkehr in die Bundesrepublik eine Entwicklung nimmt. Die planlosen Fahrten, die Philip in den USA unternommen hat, korrespondieren so mit den ebenso planlosen, aber immerhin zielgerichteten Fahrten durchs Ruhrgebiet. Und war dort nur das weite Land, so sind die Städte hier dicht besiedelt. Philip hat sich den Menschen wieder genähert. Es ist ein Zufall, daß John Ford während der Drearbeiten von ALICE IN DEN STÄDTEN gestorben ist. Aber es ist gewiß kein Zufall, daß Philip auf der Rückfahrt nach München in der Süddeutschen Zeitung von seinem Tod liest. Handelten doch auch die Filme dieses Regisseurs oft vom Reisen und Ankommen, von Bewegungen seiner Helden und zugleich ihrem Bedürfnis, zu Hause zu sein. Das ist auch Philips Sehnsucht. Vielleicht wird er am Ende wissen, wo er hingehört. Die Utopie ist in den Bildern angelegt.

Alices zeitweilige Heimatlosigkeit gründet sich nicht – wie bei

Die Suche nach Alices Großmutter wird durch einen Besuch im Schwimmbad unterbrochen.

Philip – auf der Erfahrung, daß überall, wo man schon einmal war, Spuren zurückgeblieben sind, und daß die Erinnerungen daran oft verhindern, daß man sich dort noch einmal niederlassen könnte. So geht es Philip – schon die kurze Nacht mit Alices Mutter schafft eine Erinnerung, der er sich entziehen muß, was sich gleich darauf – gesehen vom Empire State Building, von weit weg also – bestätigt, als er Lisa mit ihrem Mann sieht.

Zu diesem Zeitpunkt des Films geht für Philip gar nichts mehr: Er weiß nicht mehr weiter, und er hat auch kein Geld mehr. Daß ihm im folgenden die Reise mit Alice, das Abenteuer einer aussichtslosen Suche, Spaß machen wird, kann er in diesem Moment noch nicht wissen, und die Perspektive wäre ihm wohl auch eher unangenehm.

Die Genauigkeit, mit der Wenders diese inneren Abläufe in seinen Bildern sichtbar werden läßt, ist der Schwarzweiß-Kameraarbeit von Robby Müller ebenso zu verdanken wie den beiden Hauptdarstellern Rüdiger Vogler und Yella Rottländer (der Pearl aus dem SCHARLACH-ROTEN BUCHSTABEN). Das Mädchen spielt die Alice mit einer unverstellten Direktheit im Umgang mit Rüdiger Vogler als Philip. Selbst in ihren wenigen altklugen Momenten, beim Betrachten seiner Fotos etwa, sieht man sie immer noch als Kind, sie spielt die Alice weniger, als daß sie die Phantasiefigur wirklich nachzuleben scheint. Und wie Vogler Philips allmähliche Identitäts-Wiederfindung in allen Nuancen durchspielt: von einer anfänglichen Abwesenheit bis zum Wiedererwachen am Ende – das läßt den Zuschauer teilnehmen an seiner Bewußtseinskrise, in die ihn eine lange Reise ausweglos verstrickt hat, so daß es einer anderen Reise bedurfte, wieder aus ihr herauszufinden. ALICE IN DEN STÄDTEN ist ein unprätentiöser 16-mm-Film in schwarz/weiß. Er wurde vom Fernsehen koproduziert und inzwischen mehrmals auf dem Bildschirm und in den Kinos gezeigt. Für viele Zuschauer war er lange Wenders' schönster Film überhaupt.

»Ute, bleib oben!«

AUS DER FAMILIE DER PANZERECHSEN 1974

Ute (Katja Wulff) ist ein acht Jahre altes Mädchen, das erhebliche Schwierigkeiten hat, mit ihren Eltern zurechtzukommen. Die sind nur darauf aus, eine »ordentliche« Tochter zu haben. Dazu paßt überhaupt nicht, daß Ute einen großen Teil ihrer Freizeit im nahegelegenen Jugendhaus verbringt, das – obwohl nicht selbstverwaltet – den dort verkehrenden Kindern und Jugendlichen gewisse Freiheiten einräumt. Erst als sich Utes Mutter über die total verdreckte Kleidung beschwert, mit der das Mädchen ständig nach Hause kommt, wird man dort auf die Kleine aufmerksam. Eine Sozialarbeiterin (Lisa Kreuzer) beobachtet fortan die kleine Ute – und entdeckt, daß diese eigentlich immer nur allein spielt und jeden Kontakt zu den anderen Kindern meidet. Jeden Tag verläßt sie heimlich das Freizeitheim, um sich – wie die Sozialarbeiterin schließlich beobachten kann – absichtlich ihre Kleider zu zerreißen und schmutzig zu machen.

Immer wieder auch geht Ute in den Zoo, um vor der Eingangspforte so lange zu warten, bis ihr jemand das Eintrittsgeld bezahlt. Ist das geschehen, steuert sie zielstrebig auf das Reptilienhaus zu, um gebannt mit anzuhören, wie ein Tierwärter in recht drastischer Sprache (»scheißen, pissen, kacken«) erzählt, daß die Kamele einen Kollegen nicht mögen, weil sie immer dann, wenn er gerade sauber gemacht hat, wieder einen besonders großen Haufen fallen lassen. Die Leiterin aus dem Jugendheim folgt Ute und beobachtet sie weiter, spricht sie aber erst am Krokodilbassin an. Ute erzählt ihr, daß sie diese Zeremonie jeden Tag veranstaltet, um auch täglich zu den Krokodilen zu gehen. Sie glaubt fest, daß ihre Eltern ein Schwesterchen den Panzerechsen zum Fraß vorgeworfen haben. Die Leiterin wendet sich an die Eltern von Ute. Sie schlägt vor, einen Therapeuten für das Mädchen zu suchen, um ihn um Rat zu fragen. Der Psychologe verweist auf Angstzustände als Folge von unangemessenen Leistungsanforderungen – und auf kindliche Aggressionen gegen ein »sauberes Elternhaus«.

Bei einer näheren Betrachtung von Utes Heim erweist sich diese Analyse als noch untertrieben. Mit subtiler Gewalt werden dem Mädchen Ordnungskategorien aufgezwungen, die von seiten der Eltern durchaus pathologische Züge aufzuweisen haben. Überhaupt führt diese so »normale« Familie sehr viele Züge alltäglicher Frustration vor. In einem Gespräch erklärt Utes Vater, daß er mit seinem Beruf als Steuerberater unzufrieden sei und viel lieber auf einer Insel leben würde. Ute wird Zeuge dieser Aussagen und erzählt davon beim Abendessen – im Beisein der Mutter. Prompt behauptet der Vater, sie lüge – Ute ist jetzt soweit, daß sie wegläuft. Sie klettert auf einen hohen Baum im heimischen Garten. Die Eltern, ratlos und entsetzt, fordern sie unter Bitten und Drohungen auf, wieder herunterzukommen. Auch die Feuerwehr kann nichts tun, weil Ute droht, sonst herunterzuspringen. Die zu Hilfe geholte Sozialarbeiterin aus dem Freizeitheim fordert das Mädchen schließlich auf: »Ute, bleib oben!«

Selbst in sorgfältigen Filmographien von den Werken Wenders' fehlt dieser Film nicht selten. Das mag daran liegen, daß ihn kaum jemand bewußt gesehen hat. Produziert wurde dieser 50-Minuten-Film vom Westdeutschen Werbefernsehen (WWF) für das Vorabendprogramm und damit für eine Sendezeit, in der zwischen den Reklameblöcken zumeist seichte Unterhaltung geboten wird. Nach ALICE IN DEN STÄDTEN war Wenders in einer so desolaten materiellen Situation (angeblich hatte er sogar Schwierigkeiten, seine Miete zu bezahlen), daß er sich mit der Bitte ans Fernsehen wandte, ihm doch einen Auftrag zu geben. Dort engagierte man ihn schließlich als Regisseur für eine Folge der im Ganzen recht gelungenen Serie EIN HAUS FÜR UNS – JUGEND-FREIZEITHEIM, in der die verschiedensten Autoren und Filmemacher die verschiedensten Probleme einer solchen Einrichtung abhandeln konnten. Nach einem Script des Schweizers Phillipe Pilliod inszenierte Wenders dann die Geschichte um die verhaltensgestörte Ute und ihr »sauberes« Elternhaus. Da die Redakteure dieser Art Vorabendserien nicht eben sonderlich experimentierfreudig sind, verwundert es kaum, daß eine typische Handschrift in diesem Film nicht mehr auszumachen ist. Man kann kaum mehr zu AUS DER FAMILIE DER PANZERECHSEN sagen, als daß ein gutes Drehbuch im Rahmen der Möglichkeiten gut in Bilder umgesetzt wurde. Bemerkenswert ist allenfalls die Tatsache, daß Wenders hier zum ersten – und einzigen – Mal mit dem späteren Fassbinder-Kameramann Michael Ballhaus zusammen gearbeitet hat. Vielleicht auch noch, daß sich die Fähigkeit des Regisseurs erwiesen hat, mit Kindern zu arbeiten.

Die kleine Katja Wulff als Ute wirkt überzeugend in ihrer ja nicht eben einfachen Rolle, was den Film doch noch sehenswert macht. Auch wenn man nicht mehr so einfach an eine Kopie herankommt: Nach der Ausstrahlung verschwand AUS DER FAMILIE DER PANZERECHSEN in den Archiven des Fernsehens, und man muß dort schon unter dem Namen des Drehbuchautors Phillipe Pilliod nachfragen, damit man sich dort erinnert, daß Wim Wenders mal einen Film fürs Vorabendprogramm gemacht hat. Zudem ist nur eine Zweiband-Kopie vorhanden, und allenfalls bei sehr sorgfältigen Retrospektiven ist AUS DER FAMILIE DER PANZERECHSEN auch im Kino zu sehen gewesen.

FALSCHE
BEWEGUNG 1975

Der Film beginnt mit einer extremen Totale, aufgenommen aus einem Hubschrauber, der sich langsam dem Marktplatz von Glückstadt in Norddeutschland nähert. Die Kamera fährt auf ein Fenster zu, hinter dem Wilhelm (Rüdiger Vogler) steht, ein junger Mann, der Schriftsteller werden will, wie man gleich darauf von seiner Mutter (Marianne Hoppe) erfährt. Nach einem Schnitt ist man in der Wohnung, und Wilhelm sieht durch das Fenster einen Hubschrauber davonfliegen. Er zerschlägt mit der Faust eine Fensterscheibe...

Die Mutter fordert ihren Sohn auf, wegzugehen, diese Stadt zu verlassen. Und er solle bei seiner Reise sein Unbehaglichkeitsgefühl nicht verlieren, er werde es brauchen, wenn er schreiben wolle.

Wilhelm fährt noch einmal mit dem Fahrrad an den Ostseestrand, verabschiedet sich von seiner Freundin (Lisa Kreuzer), die Janine heißt und wohl als Barmädchen arbeitet, mit den Worten, daß er sich verlieben wolle. Und: Er sei nicht verzweifelt, sondern nur verdrossen und unlustig. »Wenn ich doch nur schreiben könnte!«

Am nächsten Morgen bringt ihn seine Mutter im Taxi zum Bahnhof. Sie hat zusammen mit seinen Sachen zwei Bücher eingepackt: »Aus dem Leben eines Taugenichts« von Eichendorff und »Lehrjahre des Gefühls« von Flaubert. Zum Abschied erklärt sie Wilhelm, daß sie jetzt ihr Geschäft an den Supermarkt verkaufen wolle, um ein anderes Leben anzufangen.

Wilhelms Reise beginnt. Im Zugabteil – er liest gerade die Eichendorff-Novelle – trifft er einen alten Mann (Hans Christian Blech), der aus der Nase blutet, und ein junges Mädchen namens Mignon (Nastassja Kinski in ihrem ersten Kinoauftritt), das offenbar stumm ist. Ganz selbstverständlich bezahlt Wilhelm den beiden die Fahrkarten, als der Schaffner kommt und feststellt, daß sie keine besitzen. Als der Beamte weitergeht, grüßt er den Alten, der Laertes heißt, militärisch. Beim Umsteigen in Hamburg sieht Wilhelm in einem parallel fahrenden Zug eine

Wilhelm Meister (Rüdiger Vogler) mit seiner Mutter (Marianne Hoppe).

Im Zugabteil trifft Wilhelm den alten Laertes (Hans Christian Blech), der ständig aus der Nase blutet.

Frau, die ihm zulächelt. Er schaut verträumt zurück, während sich die beiden Züge eine Weile nebeneinander her bewegen. Laertes sagt: »Die Frau, bei deren Anblick Sie gerade so sehnsüchtig geworden sind, heißt Therese Farner.« Sie sei Schauspielerin und wohne in der Nähe von Frankfurt. Wenig später erhält Wilhelm vom Schaffner einen Zettel mit einer Nachricht, die per Zugtelefon angekommen ist: »Schwalbach bei Frankfurt 7270«, offenbar Thereses Telefonnummer.

In Bonn zieht Wilhelm mit seinen Begleitern in ein Hotel. Auf dem Meldezettel gibt er als Beruf *Schriftsteller* an. Von seinem Zimmer aus ruft er die Nummer von dem Zettel aus dem Zug an. Am nächsten Morgen, nach dem Frühstück im Hotel, gehen Mignon, Laertes und Wilhelm spazieren. Therese (Hanna Schygulla), die Schauspielerin, kommt mit einem Auto, Wilhelm trifft sie zum ersten Mal auf dem Bonner Marktplatz. Zu viert setzen sie ihren Spaziergang fort und erleben in stilisierter Form deutsches Alltagsleben. Am Rheinufer gesellt sich ein weiterer zu der Gruppe. Er stellt sich als Bernhard Landau (Peter Kern) vor, er habe Wilhelm beim Frühstück zugehört, er selbst sei auch Schriftsteller, ob er ihm ein Gedicht vortragen dürfe? Er tut es, und obwohl ihm keiner richtig zuhört, schließt er sich der Gruppe an. In Thereses Auto setzen sie die Reise fort. Bernhard schlägt vor, einen Onkel von ihm zu besuchen. Der sei Fabrikant und habe ein Haus irgendwo auf dem Land. Aber sie finden das Haus nicht, sondern geraten an ein anderes, von dessen Besitzer (Ivan Desny) sie eingeladen werden. Der erzählt, er habe sich gerade umbringen wollen, als er das Motorengeräusch gehört habe, und er hätte die Hoffnung gehabt, daß das Auto anhalten würde.

Die fünf wollen die Nacht in seinem Haus verbringen. Der Mann, auch ein Fabrikant, erzählt, daß sich seine Frau vor einiger Zeit das Leben genommen habe. Er philosophiert über die Einsamkeit: »Ich glaube meistens, es gibt sie gar nicht. Sie ist vielmehr ein künstliches, von außen erzeugtes Gefühl... Ich möchte nur kurz noch von der Einsamkeit hier in Deutschland sprechen. Sie scheint mir verborgener und zugleich schmerzhafter zu sein als anderswo. Verantwortlich dafür könnte die Geschichte der Ideen hier sein, die alle nach Lebenshaltungen suchten, in denen die Überwindung der Angst möglich wäre. Die Verkündung von Tugenden wie Mut, Ausdauer und Fleiß sollte nur von der Angst ablenken. Jedenfalls sagen wir einmal, es sei so... Die Angst gilt hier als Eitelkeit oder Schande. Deswegen ist die Einsamkeit in Deutschland maskiert mit all diesen verräterisch entseelten Gesichtern, die durch die Supermärkte, Naherholungsgebiete, Fußgängerzonen und Fitnesszentren geistern. Die toten Seelen von Deutschland...«

Während er das sagt, bohrt er sich einen Kugelschreiber in die Handfläche. Wilhelm fordert den alten Laertes auf, ihm endlich seine Geschichte zu erzählen. Der aber weigert sich: Er sei zu müde. Therese lädt Wilhelm zu sich ein. Er verspricht, sie später in ihrem Zimmer aufzusuchen, er wolle aber noch ein wenig sitzenbleiben. Als er später zu ihr will, gerät er versehentlich in Mignons Zimmer und bleibt nach anfänglichem Zögern bei ihr. Am nächsten Morgen, beim Frühstück, erzählen sich alle ihre Träume der letzten Nacht. Später unternehmen die fünf einen langen Spaziergang auf einem Hügel am Rhein bei Boppard. Endlich erzählt der alte Laertes Wilhelm seine Geschichte: Er habe im Dritten Reich einen Juden, der sein Freund war, umgebracht. Wilhelm erzählt Therese von seiner Nacht mit Mignon. Bernhard trägt ein neues Gedicht vor. Am Ende des Weges auf den Berg hinauf drehen sie sich plötzlich alle um und rennen wieder hinunter.

Als sie in das Haus ihres Gastgebers zurückkehren, hat sich der doch noch umgebracht.

Die Reise geht weiter. An einer Autobahnraststätte verläßt Bernhard die Gruppe. Die anderen vier fahren zu Thereses Wohnung in der Nähe von Frankfurt, am Fuß des Taunus, in einer typischen Trabantenstadt. Dort bleiben die vier einige Tag zusammen. Therese und Wilhelm streiten sich, reden von ihren gegenseitigen Verletzbarkeiten – beide sind sensibel, beide Künstler. Währenddessen schauen sich Laertes und Mignon im Nebenzimmer Jean-Marie Straubs DIE CHRONIK DER ANNA MAGDALENA BACH an.

Einmal unternimmt Wilhelm mit dem Alten eine Fahrt auf einer Fähre, er droht, ihn ins Wasser zu werfen – als Sühne für seine Tat. Doch er tut es nicht, weil Laertes um sein Leben bettelt. Ans Ufer zurückgekehrt, flieht der alte Mann.

Wilhelm verläßt Therese und Mignon, die zusammenbleiben wollen. Die gemeinsame Reise ist zu Ende. Sie trennen sich in einer Menschenmenge vor einem Kaufhaus. Wilhelm fährt auf die Zugspitze. Mit dem Bild von Wilhelm in der verschneiten Umgebung endet der Film. Wird er jetzt schreiben können?

Die bloße Beschreibung dieses Films nähert sich ihm nur ungenau. Um ihn adäquat wiederzugeben, müßte man Handkes Buchvorlage Wort für Wort nacherzählen. Damit deutet sich schon an, daß FALSCHE BEWEGUNG Wenders' bisher literarischster Film geworden ist, der sich trotz der eigenständigen Bilder nur über die Dialoge, über die Sprache erschließen läßt. Obwohl von ähnlicher Struktur, erscheint FALSCHE BEWEGUNG ganz anders als die letzte Zusammenarbeit zwischen Handke und Wenders bei DIE ANGST DES TORMANNS BEIM

Die Schauspielerin
Therese (Hanna
Schygulla) durch-
wandert mit Wil-
helm bundes-
deutschen Alltag.

Der todessüchtige
Industrielle (Ivan
Desny) erzählt
seinen Gästen von
seinen Träumen.

Wilhelm hört dem
Industriellen zu.
Im Hintergrund
ein Selbstportrait
von dessen Frau,
die sich vor einiger
Zeit das Leben ge-
nommen hat.

ELFMETER und hat auch wenig zu tun mit dem Reichtum der von Handke verfaßten Dialoge in DER HIMMEL ÜBER BERLIN. Dieser von Beginn an auffällig schwerfällige Film erscheint – vor allem auch, wenn man den Handke-Text kennt – wie eine permanente Rangelei zwischen den »kostbaren« Sätzen der Protagonisten und den nicht weniger »kostbaren« Bildern des Films. Die Geschichte des jungen Wilhelm, der sich nicht zurechtfindet in der Welt, der keine Beziehungen eingehen kann, ohne immer gleich wieder zu scheitern, berührt zwar Wenders' Grundthema in jedem Moment: Das Gefühl von Fremdheit, das Ausgeschlossensein in einer kalt gewordenen Welt. Aber weil das durchaus über die Bilder erfahrbar wird, verstellen zugleich Handkes artifizielle Sprachkonstruktionen die Möglichkeit zur Identifikation mit dem Sichtbaren. So etwas wäre bei diesem Thema auch nicht unbedingt wünschenswert, allzuleicht würde die Geschichte in einer peinlichen Weinerlichkeit münden. Doch auch in dieser stilisierten Form entgeht der Film dieser Gefahr nicht:

»Wenn nur beide, das Poetische wie das Politische, eins sein könnten«, sagt Wilhelm. Laertes' Antwort: »Das wäre das Ende der Sehnsucht und das Ende der Welt.« Solche Sätze, die sich – zugegeben: aus dem Zusammenhang gerissen – als entleert von jeder Bedeutung darstellen, verhindern, daß alles, was in Wenders' Bildern angelegt ist, noch selbständig funktionieren könnte. Denn was in solchen Sätzen an Entfremdung, Einsamkeit und Todessehnsucht enthalten ist, das zeigen die Bilder schon deutlich genug. Die Schlafstadt am Fuße des Taunus etwa, Thereses »Heimat«, erscheint in ihrer menschenfeindlichen Kärglichkeit als Vorwegnahme der Städtebilder aus dem AMERIKANISCHEN FREUND. Der in einer einzigen Einstellung gefilmte Spaziergang der Gruppe den Weinberg hinauf, bei dem sich die Personen arabeskenhaft zu immer neuen Formationen zusammenfinden: All das wirkt im direkten optischen Zugriff zunächst ganz kunstlos, und dennoch erscheint diese Art der Kameraführung als anthologiewürdig.

Ähnliches gilt für die Parallelfahrt der beiden Züge in Hamburg beim ersten, nur optischen Zusammentreffen von Therese und Wilhelm. Doch weil man immer wieder versucht ist, die bedeutungsschwangeren Sätze Handkes auf ihren »wahren« Sinn abzuklopfen, tritt ein seltsamer Effekt ein: Die Bilder und die Sprache machen sich gegenseitig zu schaffen, sie schlagen sich manchmal – wie in einem toten Rennen – selber in die Flucht.

Der Zugriff der Bilder auf die Wirklichkeit entspricht dem in der ANGST DES TORMANNS BEIM ELFMETER. Doch die Dialogebene führt immer wieder davon weg.

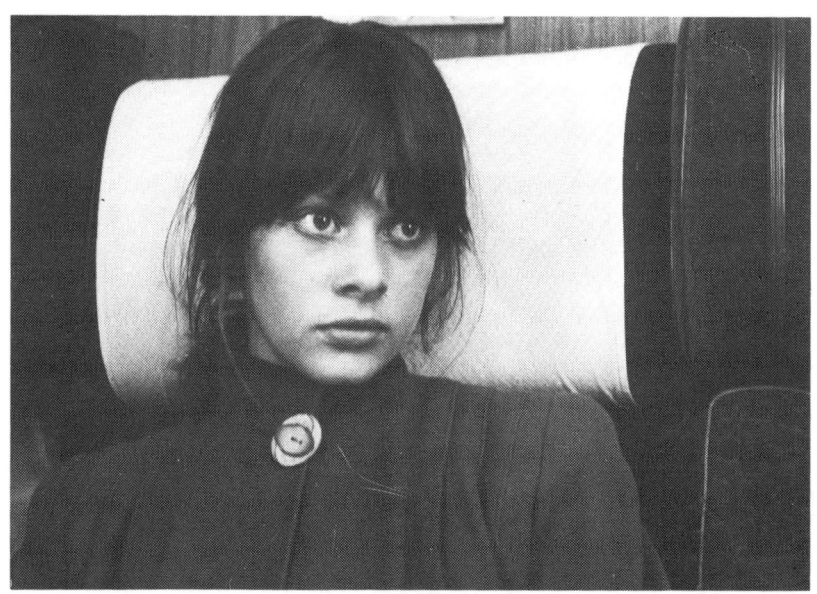

Laertes' Begleiterin, die stumme Mignon (Nastassja Nakszynski).

Bernhard Landau (Peter Kern), der Poet aus Österreich, trägt seinen Reisegefährten ein Gedicht vor.

Schließlich müssen diese Sätze doch mehr bedeuten als nur sich selbst, denn es geht hier um Lebenshaltungen, um Philosophien – und nicht mehr um nur Alltägliches.

Jemand hat geschrieben, man müsse diesen Film stumm sehen, erst dann würde sich die Aussagekraft der Bilder wirklich erschließen. Und tatsächlich krankt dieser doch faszinierende Film an der nicht eingelösten Synthese von Literatur und Film.

FALSCHE BEWEGUNG wurde 1976 mit sechs Bundesfilmpreisen ausgezeichnet – diese Preisverleihung fiel in eine Zeit, als Literaturverfilmungen gerade Hochkonjunktur in der Bundesrepublik hatten. Dabei ist FALSCHE BEWEGUNG gar keine Literaturverfilmung, sondern die eigenständige Auseinandersetzung mit Handkes Text, der wiederum eine eigenständige Auseinandersetzung mit Goethes »Wilhelm Meisters Lehr- und Wanderjahre« darstellt.

Gerade in der Genauigkeit, mit der Wenders die Vorlage umgesetzt hat, liegt wohl das Scheitern des Versuchs begründet. Man sieht zwei Stunden lang Kunstfiguren zu, die aufgrund ihrer Bewegungen durch Landschaften, Städte, Innenräume verständlich und plausibel zu handeln scheinen – anfänglich jedenfalls. Sie repräsentieren »populäre« Gefühle, sie leben ihre Träume und Ängste, ihre Sehnsüchte und Freuden. Man gewöhnt sich an sie. Doch gleichzeitig sprechen diese Figuren eine Sprache, die so künstlich, so synthetisch erscheint, daß dadurch wieder alles zurückgenommen wird, was man ihnen an Erkenntnis eigener Gefühle entgegengebracht hat – sie geraten wieder zu KUNSTFIGUREN.

So sehr man berührt wird, wenn der Industrielle von der »Einsamkeit in Deutschland« spricht, so wenig interessiert man sich später für seinen Tod; so sehr die Geschichte des alten Laertes, der mit seiner Nazi-Vergangenheit nicht fertig wird, interessant erscheint, so gleichgültig erlebt man Wilhelms unvollendeten Versuch, ihn aus später Rache umzubringen. Da ändern auch die Bildsymbole wenig, vor allem nicht das ständig fließende Blut: Zu Beginn auf Wilhelms Hand, nachdem er das Fenster zerschlagen hat, dann Laertes' Nasenbluten, schließlich die Hand des Industriellen, die er sich mit einem Kugelschreiber verletzt. Literarische Metaphern in Filmbildern. Es ist kein Wunder, daß einzig Mignon als Person konsequent durchgehalten ist und vorstellbar bleibt. Da sie stumm ist und daher im ganzen Film kein einziges Wort sagen muß, spiegeln sich ihre Wünsche und Gefühle bloß optisch wider – auf dem Gesicht, im Mienenspiel.

Schade um die optischen Erfindungen, die Wenders und sein Kameramann Robby Müller für diesen Film gemacht haben. Die Fahrten und

Therese trauert, weil eine Beziehung zwischen ihr und Wilhelm nicht möglich scheint.

Farben, das Licht in den Innenräumen wie auch bei den Außenaufnahmen, das letzte, kalte Bild von der Zugspitze: Kino in seiner Künstlichkeit und Kunstfertigkeit.

»Gedicht von Bernhard Landau:

LIEBEVOLL
Liebevoll
schaut die Mutter den Kindern
beim Essen zu.«

Wäre der ganze Film so einfach, so einsichtig, so direkt, so klar geworden wie dieses Gedicht, das Peter Kern in ihm vorträgt, dann wäre er vielleicht »das erste authentische Meisterwerk des deutschen Films der siebziger Jahre«, das Hans C. Blumenberg in ihm ausgemacht hat.

Hätten Wenders und Handke sich mehr um Laertes' Lied gekümmert –

»Ein Herr schreit an mich fürchterlich:
Wart, Rosenthal, jetzt hab ich dich.
Dann packt er wütend mich am Kragen
und hat vier Zähn mir eingeschlagen.
Dann spuckt ins G'sicht mir noch der Mann.
Ich denk: Was geht denn mich das an.
Ich heiß doch gar nicht Rosenthal.
Mir ist schon alles ganz egal...«

– dann wäre das sogar ein politischer Film geworden. So aber verweist FALSCHE BEWEGUNG letztlich nur auf den optischen Einfallsreichtum eines talentiertes Regisseurs. Und darauf, daß man artifizielle Sprachgebilde nicht bebildern kann, ohne daß dem Medium Film etwas von seinen Möglichkeiten genommen wird. Vielleicht auch noch darauf, daß man eine »typisch deutsche« Einsamkeit nur herbeireden kann. In Bilder umzusetzen ist sie dagegen mühelos.

Es ist nicht einmal schwer, alle Einwände gegen diesen Film in ihr Gegenteil zu verkehren, indem man sie mit umgekehrten Vorzeichen als Qualitätsmerkmale sieht. Sicher kann man die Stilisierung der Figuren direkt auf die Künstlichkeit der Bilder beziehen. Doch diese Ambivalenz ist es gerade, die den Film nicht vor einer weitgehenden Beliebigkeit seiner Aussage schützt.

IM LAUF
DER ZEIT 1976

Bruno Winter (Rüdiger Vogler) lebt in einem alten Möbelwagen. Darin fährt er entlang der Zonengrenze von Städtchen zu Städtchen. Dort repariert er in den wenigen Kinos, die noch spielen, die technischen Einrichtungen. Seit zwei Jahren lebt er allein und ist mit diesem Zustand auch ganz zufrieden. Eines Morgens begegnet er Robert Lander (Hanns Zischler), der sich eben in Genua von seiner Frau getrennt hat. Er rast jetzt mit seinem VW in die Elbe – an der Stelle, wo Bruno gerade seinen LKW geparkt hat. Gar so ernst war dieser Selbstmordversuch aber wohl nicht gemeint, denn Robert rettet sich aus dem versinkenden Fahrzeug.

Bruno bietet dem »Todesfahrer« trockene Kleider an und nimmt ihn wie selbstverständlich mit auf seine Tour entlang der DDR-Grenze. Eine komplexe Beziehung zwischen den beiden Männern nimmt ihren Anfang, obwohl zu diesem Zeitpunkt nicht absehbar ist, wie lange sie zusammenbleiben werden. Sie wissen noch wenig voneinander, erst allmählich entdecken sie ihre gegenseitigen Schwierigkeiten. Der Hauptunterschied zwischen ihnen wird schnell klar: Bruno hat sich an sein Alleinsein gewöhnt, für ihn scheint eine Beziehung weder nötig noch eigentlich mehr möglich. Robert dagegen schafft es nicht, die Trennung von seiner Frau zu verwinden, dauernd versucht er, sie anzurufen, legt aber immer wieder auf, bevor sie den Hörer abnehmen kann – ihm ist es unmöglich, so scheint es, allein zu sein. Die beiden so unterschiedlichen Männer pendeln zwischen Lüneburg und Hof hin und her, Bruno repariert Kinoprojektoren, Robert begleitet ihn mehr oder weniger untätig. Sie haben gemeinsame Erlebnisse: Einmal kaspern sie hinter einer angestrahlten Leinwand als Schattenspieler herum, vor der eine Schulklasse einen Film zu sehen erwartet, ein anderes Mal treffen sie einen Mann (Marquard Bohm), dessen Frau ganz bewußt mit ihrem Auto gegen einen Baum gefahren ist. Robert besucht seinen Vater, den er seit langer Zeit nicht mehr gesehen hat, und der irgendwo im Zonen-

In der Tankstelle eines Schulfreundes: Robert.

randgebiet eine kleine Zeitung herausgibt. Für Robert wird das zu einer Art Vergangenheitsbewältigung. Zur gleichen Zeit lernt Bruno eine Kinokassiererin (Lisa Kreuzer) kennen, mit der sich eine Beziehung andeutet. Dies ist der einzige Zeitpunkt im Hauptteil des Films, zu dem sich die beiden Männer trennen, um allein Erfahrungen zu machen. Diese Erfahrungen jedoch verlaufen eher traurig. Robert hat eine Auseinandersetzung mit seinem Vater (Rudolf Schündler), der sich gegen die wohl richtigen Vorwürfe seines Sohnes nicht zu wehren weiß. Am Ende setzt Robert auf den Maschinen seines Vaters eine Zeitungsseite mit der Schlagzeile »Wie Frauen achten können«. Ohne Fragezeichen.

Brunos kurze Beziehung zu der Frau in dem kleinen Kino, die mit ihrer Tochter allein lebt (»Und das soll auch so bleiben«), sieht anfangs nach einer möglichen Perspektive aus, doch obwohl sie die Nacht zusammen verbringen und lange miteinander reden, endet diese Begegnung doch nur in einem überaus sinnlichen Bild von Melancholie. Die Frau weint, Bruno, der das wohl nicht mehr kann, nimmt ihr mit dem Finger eine Träne aus dem Auge und führt sie an sein eigenes.

Danach treffen Bruno und Robert wieder zusammen, besorgen sich von einem alten Schulfreund Roberts ein Motorrad mit Beiwagen und fahren eine lange Strecke an den Rhein. Auf einer der Inseln darin ist Bruno einst aufgewachsen. Das Haus ist verfallen, aber er findet, versteckt unter einer Holztreppe, doch noch konkrete Erinnerungen an seine Kindheit: eine Blechbüchse mit Comic-Heften. (Diese Szene erinnert an Robert Mitchums Heimkehr nach langen Jahren in Nicholas Rays Film THE LUSTY MEN: Jene Sequenz wird in NICK'S FILM – LIGHTNING OVER WATER zu sehen sein.)

Am Ende, als die beiden Männer in einer nicht mehr benutzten Hütte der US-Army übernachten, kommt es zu einer Aussprache zwischen ihnen. Nach den gemeinsamen Erfahrungen im Lauf der Zeit sind sie nun in der Lage, ehrlich und offen über ihre Sehnsüchte und Phantasien zu reden. Als Robert Bruno vorwirft, der habe ja gar keine Sehnsüchte mehr, kommt es zu einer Schlägerei. Am Ende sind beide betrunken. Und doch ist klar, daß sie voneinander gelernt haben: Robert, daß es vielleicht doch möglich sein könnte, allein zu leben, Bruno, daß auch für ihn Beziehungen wieder vorstellbar geworden sind. Am nächsten Morgen verläßt Robert seinen Freund. Er hinterläßt ihm aber auf einer herausgerissenen Buchseite eine Botschaft: »Es muß alles anders werden. So long. R.« Dann geht er zu einem Bahnhof, wo er einen kleinen Jungen trifft, dessen Schulhefte er gegen seinen leeren Koffer und eine Sonnenbrille eintauscht – er wird wieder in seinem Beruf als Kinder-Theapeut arbeiten.

Hinter der Kinokasse: Lisa Kreuzer.

Nach einer mit Gesprächen verbrachten Nacht mit Bruno ist Lisa Kreuzer traurig.

Durch eine weite
Landschaft rast
ein VW auf die
Elbe zu.

Robert auf Ent-
deckungsreise in
einer stillgelegten
Fabrik im Zonen-
randgebiet.

In der Abenddäm-
merung schaut
Robert Lander
(Hanns Zischler)
einem in der Fer-
ne fahrenden Zug
nach.

Bruno und Robert begegnen sich ein letztes Mal an einem Bahnüber-
gang, der eine in seinem Lastwagen, der andere im vorbeifahrenden
Zug. Es wird alles anders werden.

Der Film endet, wo er begann: Im Vorführraum eines Kinos. Bruno
repariert einen Projektor, während die Kinobesitzerin, die nicht mehr
spielt, erzählt: »Der Film ist die Kunst des Sehens, hat mir mein Vater
gesagt. Und deshalb kann ich diese Filme nicht zeigen, die nur noch
Ausbeutung sind von allem was man in den Augen und Köpfen der
Menschen überhaupt noch ausbeuten kann! Aber ich laß' mich nicht
zwingen, Filme zu zeigen, wo die Menschen wie erstarrt und betäubt
von Dummheit herausstolpern, wo ihnen jede Lust am Leben vernich-
tet wird. Wo ihnen jedes Gefühl von sich und der Welt absterben muß.
Wir sind hier auf dem Land von den großen Verleihern abhängig. Und
außer Constantin und vielleicht noch den Amerikanern kommt doch
keiner hier her. Mein Vater wollte, daß es hier am Ort weiter ein Kino
gibt. Ich auch. Aber so wie es jetzt ist, ist es besser, es gibt kein Kino
mehr, als daß es ein Kino gibt, so wie es jetzt ist.«

Dann sieht man – es ist dunkel geworden – Bruno in seinem Lastwagen, im Hintergrund das traurige Bild eines Kinoschaukastens, in dem
unter der Rubrik »Demnächst« keine Bilder mehr hängen. Die Kamera
schwenkt hoch. »Weisse Wand« heißt das Kino, doch von der Leucht-
schrift funktionieren nur noch die Buchstaben E und ND – und WW.
END.

Der Film ist Fritz Lang gewidmet. »In IM LAUF DER ZEIT ist er anwesend, es wird von den NIBELUNGEN geredet, man sieht zwei Fotos
von ihm, eines davon aus LE MÉPRIS. Ich hatte das nicht im Sinn. In
diesem Film über das Bewußtsein von Kino in Deutschland hat sich der
verlorene, nein der verpaßte Vater von selbst eingestellt, hat sich einge-
schlichen.« (W.W.)

Das Bewußtsein von Kino in Deutschland ist ebensosehr das Thema
dieses Films wie die Geschichte der beiden Männer, die ein paar
Wochen zusammen sind.

Nicht zufällig ist Bruno ein Kino-Reparierer, der einmal einem
tumben Filmvorführer erklärt, was ein Malteserkreuz ist, und wie
schlau diese Erfindung sei, die 24 mal in der Sekunde den Filmstreifen
transportiert. IM LAUF DER ZEIT ist beständig auch eine Reflexion
über den Zustand des Kinos in der Bundesrepublik heute – und vor
allem auf dem Land, wo nur noch der ganze Schrott der Verleihfirmen
zu sehen ist – in einem Ausmaß, daß die dort lebenden Menschen eben
diesen Schrott inzwischen für das Kino an sich halten.

In wenigen Sekunden beschreibt Wenders in seinem Film das ganze

Ausmaß der Dummheit dieser Filme: Vor seiner Nacht mit der Kinokassiererin klebt Bruno im Vorführraum des Kinos aus lauter Filmschnipseln eine Schleife zusammen, die dann eine Weile, sich ständig wiederholend, durch den Projektor läuft. Sex, Gewalt, Katastrophen sind für Sekundenbruchteile auf der Leinwand zu sehen. Dazu der Ton:»Härte, Action, Sinnlichkeit! 90 Minuten Film, wie sie kein Fernsehen...«

Dieser Zustand bleibt immer sichtbar in den verwahrlosten Lichtspielhäusern, die Bruno besucht. Das geht vom beim Sex-Film onanierenden Vorführer bis zu der zitierten Frau, die gar nichts mehr spielen mag, ihr Kino aber für vermeintlich bessere Tage in Ordnung hält.

Doch IM LAUF DER ZEIT ist auch ein Film über die beiden Männer. Die sanfte, gemächliche Bewegung in der Entstehung ihrer verhaltenen Freundschaft während der drei Stunden Laufzeit haben dieses Werk zu einem Kult-Film werden lassen. Schnell stellt sich für den geduldigen Betrachter das Gefühl ein, an der Reise, die die beiden absolvieren, teilzunehmen, sie zu begleiten, nicht nur über die leeren Straßen, sondern auch auf dem Weg durch ihre Macken und Verstocktheiten, die sich erst am Ende in einer fast befreienden Prügelei aufzulösen beginnen.

Es sind die kleinen Episoden am Rande, die die Situationen und Positionen von Bruno und Robert deutlich machen: Den Filmschluß, den Bruno einmal einfach ausfallen läßt, weil die beiden weiterwollen; der radfahrende Robert vor einem Kino; sein Versuch, sich den Kindern, die unter einer Brücke mit Papierschiffchen spielen, zu nähern; sein Versuch, Zeitungen zu lesen; wie er sich um den Mann kümmert, dessen Frau gegen den Baum gefahren ist und den er besser verstehen kann als Bruno, weil ihm seine Situation näher erscheint; die Bedeutung eines Satzes wie »Es gibt doch nur das Leben«; das plötzliche Umkippen der Anrede vom Sie ins Du, als sie über die Vorführung vor den Kindern reden und zum ersten Mal sich selbst in die Beziehung, die entsteht, einbringen.

Wenders ist bei der Produktion dieses Films ein erhebliches Wagnis eingegangen: Zwar stand die grundlegende Geschichte von Beginn an fest, doch der eigentliche Ablauf, die Bilder und Dialoge, wurden immer erst in den Nächten vor den eigentlichen Drehtagen festgelegt. Darum auch wurde der Film nahezu chronologisch gedreht, er entwickelte sich aus der Reise des kleinen Filmteams heraus. Ursprünglich war ein ganz anderer Schluß geplant. Bruno sollte sich in die Kinokassiererin verlieben und seßhaft werden, während Robert seinen Wagen und sein Gewerbe übernehmen sollte – ein Rollentausch. Das Ende des tatsächlichen Films erscheint weitaus optimistischer. Jetzt – obwohl äußerlich alles beim Alten bleibt – hat eine Veränderung des

Eine Motorradfahrt mit Beiwagen an den Rhein. Bruno Winter (Rüdiger Vogler) mit Sonnenbrille.

Erinnerungen: Robert und Bruno auf einer kleinen Rheininsel, vor dem verfallenen Haus, in dem Bruno aufgewachsen ist.

Bewußtseins stattgefunden, jeder hat vom anderen gelernt, es bleibt die Hoffnung, daß sie etwas aus dieser Erfahrung machen werden.

Die Schönheit und Ruhe dieses Films gründet sich vor allem auf einer formalen Perfektion, die schon beim ersten Zuschauen eine ungewöhnliche Team-Arbeit erkennbar werden läßt. Die Fotografie, der Originalton, das Spiel der Darsteller, die Dialoge, die sorgsame Auswahl der Schauplätze – all das fügt sich zu einer Einheit zusammen, die IM LAUF DER ZEIT zu einem hermetischen Film machen, dessen Sog sich der nicht entziehen kann, der die Geduld noch aufbringt: im Kino nichts anderes zu tun als das, was man dort immer mehr verlernt – Sehen.

Viele Kritiker haben sich mit recht spekulativen Interpretationen dem Film nähern wollen, doch dabei wurde allzuoft übersehen, daß es nur darauf ankommt, sich ihn anzuschauen, seine Geschichte zu begreifen und diese nachzuerzählen, um IM LAUF DER ZEIT gerecht zu werden. Selten gab es eine Kino-Story, die so direkt nur sich selbst ausstellt, in der es nichts, aber auch gar nichts »zwischen den Bildern« gibt, was nicht ganz offen in ihnen zu sehen wäre.

Im Gegensatz etwa zu FALSCHE BEWEGUNG, wo noch jeder Satz ein philosophisches Gerüst aufbaut, funktionieren hier selbst Aussagen wie »Ich bin meine Geschichte« als unverstellte Äußerungen aus einer bestimmten Situation heraus. Robert will damit sagen: So wie er jetzt erscheint, ist er ein Resultat seines bisherigen Er-Lebens. Nicht mehr und nicht weniger.

Das gilt auch für die Bilder. Keine einzige Einstellung in diesem Film ist als Metapher, als Symbol lesbar, sondern – ganz im Sinne von Kracauers These vom Film als dem Medium der Errettung der physischen Realität – die Bilder spiegeln immer nur real Gewesenes wider.

Nicht einmal die in anderen Filmen von Wenders so häufig symbolhaft wirkenden Züge erscheinen hier als etwas anderes als sie sind. Da fahren eben Züge durch die Nacht, ganz selbstverständlich, und Robert sieht ihnen zu oder auch Bruno.

Die Unfähigkeit der meisten Zuschauer, unmittelbar nach dem Sehen dieses Films über ihn reden zu können, reflektiert diese Unmittelbarkeit. Wenn man aus dem Fenster auf den Alltag blickt, ist man auch nicht in der Lage, darüber mehr zu sagen, als das *Gesehene* zu beschreiben.

Wieder spielt die Musik eine wichtige Rolle in diesem Film. Nicht nur die von den Improved Sound Limited komponierte und für den Film als OFF-Ton gespielte, sondern auch die originale, im Film selbst vorkommende, deren Quellen im Bild sichtbar sind. Bruno hat einen Single-Plattenspieler in seinem LKW-Führerhaus (heute hätte er wohl

– oder vielleicht auch nicht – einen Kassettenrecorder), und im Laderaum steht eine Musikbox. »Her life was saved by Rock'n'Roll« heißt eine Textstelle bei den Velvet Underground, die Wenders gerne zitiert. So sind diese beiden Geräte auch als »Lebensrettungsmaschinen« zu verstehen – denn nicht zuletzt über die Rock-Musik vermittelt sich auch ein Teil der Beziehung zwischen Bruno und Robert. Wenn sie – schon ziemlich gegen Schluß des Films – gemeinsam »Just like Eddy« mitsingen, das aus dem Plattenspieler ertönt, dann kommt so etwas wie ein Gefühl von Freiheit, gegründet auf der Freundschaft der beiden, nicht nur ins Bild, sondern auch auf die Tonspur; wenn ganz am Ende, als Robert schon fort ist, »King of the road« von Roger Miller erklingt, wird auf einmal der ganze Film über dieses eine Musikstück noch einmal musikalisch beschrieben. Und wenn zu Beginn Robert und Bruno in der verlassenen Bahnhofskneipe von Wolfsburg sitzen, ein Zug einfährt, und Bruno zu singen beginnt: »When the train comes in the station...«, und Robert weitersingt: »...with a suitcase in my hand«, dann zitieren die beiden nicht zufällig die Rolling Stones und ihr »Love in vain«, sondern diese Versatzstücke aus populären Musiktiteln bekommen eine programmatische Funktion. Sie ordnen die Protagonisten zeitlich genau ein und beschreiben sie als Mitglieder einer Generation, die mit dieser Musik groß geworden ist – Leute, so um die 30, die 68-er Generation, »die alle ihre Katastrophen schon hinter sich haben oder noch mitten drinstecken – and still ›2000 Lightyears from home‹« (Wim Wenders).

Musik als Teil des Bewußtseins der handelnden Personen, die sich über die Artikulation ihrer Sehnsüchte an dieser Musik freuen, obwohl die Sehnsüchte nicht eingelöst, sondern nur ausgesprochen werden – was auch wieder etwas Befreiendes hat.

1977 wurde IM LAUF DER ZEIT bei den Filmfestspielen von Cannes durch die *Fipresci-Jury* mit dem Internationalen Kritikerpreis ausgezeichnet, um danach (wohl nicht: deswegen) in den Kinos zu einem kaum erwarteten Erfolg zu werden. 1981 wurde der Film auch im Fernsehen gezeigt, weil die fünf Jahre abgelaufen sind, während denen er nach dem Vorabkauf durch den WDR nur in den Kinos gezeigt werden durfte.

Im 2001-Verlag erschien ein inzwischen leider vergriffenes Foto-Skript mit allen Einstellungen und der kompletten Textliste sowie den technischen Angaben und Aussagen von Mitarbeitern, in denen die abenteuerliche Entstehungsgeschichte dieses Films nachzulesen war. Eine Aussage von Wim Wenders daraus – weil hier deutlich wird, wie risikoreich das Drehen ohne festes Drehbuch in der Regel ist:

Kings of the road: Robert und Bruno im Führerhaus des LKW. Aus dem Singleplattenspieler hört man „Just like Eddy".

Robert hat Bruno verlassen. Er wartet auf einen Zug.

»Nachts, in irgendwelchen Dorfhotelzimmern, da hat mich manchmal das nackte Entsetzen gepackt. Wenn ich da um Mitternacht saß, oder um zwei, oder um vier, und wußte immer noch nicht, was wir am Morgen drehen sollten... und da sitzen 15 Leute, und die werden alle bezahlt! Es war dann auch ein paarmal so, daß ich am nächsten Tag einfach noch nichts wußte. Dann saßen wir alle an einem Motiv herum und sind nach zwei trübsinnigen Stunden wieder ins Hotel zurückgefahren. Ich hab' das aber manchmal gebraucht, um wieder zu spüren, was wir da überhaupt machen. Zum ersten Mal war für mich so eine Verbindung hergestellt beim Filmemachen zwischen Geld und Ideen. Meist merkt man beim Drehen ja gar nicht mehr, daß Ideen Geld kosten. In diesem Film war das einfach oft unmittelbar verknüpft: Wenn ich jetzt bis morgen diese Seite nicht fertiggeschrieben habe, dann kostet mich das gut und gerne 3.000 Mark. Dann hab' ich mir gesagt, die 3.000 Mark gehen heute drauf, ich muß schlafen, und dann muß ich nachdenken.«

Gekostet hat IM LAUF DER ZEIT schließlich 730.800 Mark – ein Mini-Budget für einen Drei-Stunden-Film in 35 mm und Breitwand. Jede TATORT-Folge im Fernsehen ist teurer... Heute freilich, 14 Jahre später, wäre diese Produktion auch kaum noch unter 3 Millionen zu realisieren.

»A little older, a little more confused«

DER AMERIKANISCHE FREUND

1977

Irgendwo in New York: Ein gelbes Taxi hält vor einem Haus, ein Mann verläßt das Auto und betritt das Gebäude. Tom Ripley (Dennis Hopper) besucht den alten Maler Derwatt (Nicholas Ray), der in der Öffentlichkeit schon seit Jahren als tot gilt. Die beiden sind über undurchsichtige Geschäfte miteinander verbunden: Derwatt malt weiterhin, und mit den Ergebnissen reist Ripley nach Europa, um sie als vermeintlich letzte Werke des Toten zu verkaufen – dadurch steigt ihr Wert und damit die Verkaufssumme beträchtlich.

Mit einem neuen Bild kehrt Ripley nach Hamburg zurück. Dort lebt er in einer riesigen Villa, die er offenbar gerade erst bezogen hat. Noch sind eine Musikbox, ein riesiger Pool-Billardtisch und andere Versatzstücke amerikanischer Kultur unausgepackt.

Bei einer Auktion, deren Höhepunkt das neue Derwatt-Gemälde bildet, lernt Ripley Jonathan Zimmermann (Bruno Ganz) kennen, einen harmlosen Handwerker. Er ist verheiratet, hat einen kleinen Sohn namens Daniel (Andreas Dedecke) und arbeitet als Bilderrahmer und Restaurateur. Ripley hört zufällig, daß Jonathan den Derwatt für eine Fälschung hält und einem Freund vom Kauf abrät. Der erwirbt es schließlich doch, nachdem Ripley und ein Komplize den Preis in schwindelnde Höhen getrieben haben. Nach der Auktion soll Jonathan Ripley vorgestellt werden, doch er weist den Amerikaner mit den Worten »Ich hab' von Ihnen gehört« zurück und wendet sich ab.

Ripley ist beleidigt. Von einem Mitarbeiter des Auktionshauses (Rudolf Schündler) erfährt er, daß Jonathan unter Druck stünde: Er leide an Leukämie und habe wohl nur noch wenige Jahre zu leben. Ripley nimmt das zur Kenntnis. Noch am gleichen Abend bekommt er Besuch in seiner Villa: Minot (Gérard Blain), ein Gangster. Der sucht jemanden, der für ihn und seine Organisation einen Mord begeht, und zwar einen möglichst unauffälligen, harmlosen Menschen, dem man

Jonathan (Bruno Ganz) nach dem ersten Mord unter einer Pariser Metro-Brücke.

Jonathan Zimmermann auf dem Weg zu seinem Arzt durch den Hamburger Elbtunnel.

derlei nicht zutrauen würde. Ripley lehnt ab – er kenne keine Mörder. Doch Minot, ein Franzose, erinnert ihn an eine alte, bisher uneingelöste Schuld...

Am nächsten Tag taucht der Amerikaner in Jonathans Werkstatt auf und gibt einen Rahmen für einen alten Druck in Auftrag. Jonathan nimmt an und entschuldigt sich zugleich für sein unhöfliches Verhalten bei der Auktion.

Wenig später erhält er ein Telegramm, das angeblich von einem Freund stammt: Der habe erfahren, daß Jonathans Blutkrankheit schlimmer geworden sei. Der ist zutiefst erschrocken. Er sucht sofort seinen Arzt auf, doch der kann ihn zunächst beruhigen: Es habe sich keine beunruhigende Änderung der Werte erkennen lassen bei der letzten Untersuchung.

Am nächsten Morgen erleidet er einen Schwächeanfall, der jedoch gleich wieder vorbei ist. In seiner Werkstatt erhält er Besuch von Minot, der ihn um ein Gespräch bittet. Bei einer gemeinsamen Fahrt mit der U-Bahn erklärt der Franzose dem überraschten Handwerker rundheraus, daß er für 250 000 Mark einen Gangster von der Mafia umbringen soll. Jonathan ist entsetzt, um so mehr, als Minot offenbar von seiner Krankheit weiß und ihn darauf hinweist, nach seinem Tod könne seine Familie das Geld sicherlich gut gebrauchen.

Wieder sucht Jonathan seinen Arzt auf – er will sich sofort gründlich untersuchen lassen. Am Abend versucht ihn seine Frau Marianne (Lisa Kreuzer) zu beruhigen, doch am nächsten Tag findet er in seiner Post einen Brief mit einigen tausend Francs und einer Pariser Telefonnummer. Verwirrt ruft Jonathan dort an. Minot ist am Apparat und macht ihm ein »unverbindliches« Angebot: er habe für ihn einen Termin bei einem Pariser Spezialisten für Blutkrankheiten und das Geld soll er für den Flug verwenden.

Jonathan nimmt an, fliegt nach Paris, wird dort von den Gangstern abgeholt und ins »American Hospital« gebracht. Während der Untersuchung entwendet Minot ein unausgefülltes Krankenblatt aus der Patientenkartei der Klinik. Anschließend bringt er Jonathan in sein Hotel und verspricht, ihn sofort zu benachrichtigen, wenn die Ergebnisse angekommen sind. Das ist schon am gleichen Nachmittag der Fall. Jonathan sucht Minot auf und bekommt die niederschmetternden Ergebnisse präsentiert. Und fast im gleichen Atemzug beschreibt ihm Minot seinen Auftrag. Er gibt Jonathan das Foto des Mannes, der ermordet werden soll. Verzweifelt nimmt der Deutsche den Auftrag an...

Am nächsten Morgen führt ihn ein Komplize Minots (Lou Castel) in das Labyrinth der Pariser Metro und zeigt ihm sein Opfer. Jonathan folgt dem Mann, und obwohl er sich ziemlich dumm anstellt, gelingt ihm tatsächlich der Mord in der menschenleeren Metro-Station »La Défense«. Noch in der gleichen Nacht kehrt er nach Hamburg zurück. Seiner Frau erklärt er, die Ärzte in Paris wollten an ihm neue Behandlungsmethoden ausprobieren, und er müsse vielleicht noch einmal hinfahren.

Das Entsetzen über die Tat bricht sich in seiner Werkstatt Bahn – er zerstört einen eben erst fertig gestellten Rahmen. Ripley wird – nicht ganz zufällig – Zeuge davon. Er weiß nun Bescheid: Minot konnte Jonathan zu dem Mord überreden. Noch einmal kommt Minot nach Hamburg: Einmal, um Ripley zu besuchen und ihm von dem Erfolg zu berichten. Aber nicht nur deswegen: Jonathan müsse noch einen Mord begehen. Diesmal soll er einen Gangster von einer konkurrierenden Bande ermorden, damit beide Taten wie die gegenseitige Rache verfeindeter Gangs erscheinen. Ripley ist entsetzt, offenbar nämlich hat er inzwischen so etwas wie Sympathie für den Handwerker entwickelt. Und dann soll der Mord auch noch in dem TEE-Zug zwischen München und Hamburg stattfinden! Ripley versucht, Minot das Unternehmen auszureden, Zimmermann habe keine Chance.

Doch Minot sucht Jonathan auf und gibt ihm fast 100 000 Mark – als Anzahlung. Und er bietet ihm eine weitere Untersuchung in einer Münchner Klinik an. Daß auf der Rückfahrt in Jonathans Zug ein Mann sitzen wird, ein ganz bestimmter, überrascht ihn schon nicht mehr. Er akzeptiert auch den zweiten Auftrag.

Inzwischen war Ripley wieder in New York, um mit Derwatt zu sprechen. Der merkt ihm seine Verzweiflung an, doch Details will Ripley nicht erzählen – er weiß nicht mehr weiter: »A little older, a little more confused«, kommentiert Derwatt. In München händigt Minot Jonathan eine Drahtschlinge und einen Revolver als Mordwaffen aus und instruiert ihn genau, wie damit umzugehen ist. Auf dem Bahnsteig zeigt er ihm sein Opfer. Der Unterschied zu der Situation in Paris: Diesmal ist er nicht allein, es gibt noch andere Gangster.

Der Zug fährt. Jonathan wird auf der Toilette von seinem Opfer entdeckt, als er seine Waffen vorbereitet. Es kommt zu einem Handgemenge, als plötzlich Ripley auftaucht und Jonathan in letzter Sekunde rettet. Ohne lange Erläuterungen zu geben – dafür ist keine Zeit – bringen sie ihr Opfer und einen Leibwächter um, werfen beide aus dem fahrenden Zug und verstecken sich dann.

Inzwischen ist in Hamburg Marianne, Jonathans Frau, mißtrauisch geworden. Nach seiner Rückkehr sagt sie ihm ganz offen, daß sie nicht an seine Vorwände glaubt, die er als Gründe für die merkwürdigen

Reisen anführt. Die beiden haben eine heftige Auseinandersetzung. Am nächsten Tag treffen sich Jonathan und Ripley. Der erklärt dem Handwerker die eigentlichen Zusammenhänge. Doch viel zu tief schon steckt Jonathan bereits in dem ganzen Geschehen drin, als daß ihn das noch sonderlich überraschen könnte. Nur Ripley ist fast noch verstörter – eine Freundschaft zu Jonathan, die er sich gewünscht hätte, ist nun unmöglich geworden.

Inzwischen hat Marianne das Sparbuch mit dem ersten »Honorar« entdeckt. Weil er ihr nicht sagen will, was es damit auf sich hat, verläßt sie ihn. In seiner Wohnung bricht Jonathan vor Erschöpfung zusammen. Wenig später dringt ein ziemlich ramponierter Minot bei ihm ein, der offenbar in den Verdacht geraten ist, der Drahtzieher der geheimnisvollen Morde zu sein: Man hat seine Wohnung in die Luft gesprengt. Jonathan verrät ihm, daß Ripley bei der Geschichte im TEE beteiligt war – obwohl der das unbedingt geheimhalten wollte. Erschrocken zieht sich Minot zurück. »Salopard!«, ruft er noch.

Sofort ruft Jonathan seinen amerikanischen Freund an, der ihn gleich abholt, weil er ahnt, daß die rivalisierenden Gangster ihnen auf die Spur gekommen sind. Sie verbarrikadieren sich in der riesigen Villa. Tatsächlich tauchen irgendwann in der Nacht einige Männer auf – es sind die aus dem Zug. Tom und Jonathan gelingt es, sie zu töten. Sie verstauen die Leichen in einem Krankenwagen, den die Gangster zur Tarnung benutzt haben. Plötzlich erscheint Marianne und bittet Jonathan, mit ihr nach Hause zu kommen – man könne über alles reden. Aber Ripley kann sie überzeugen, ihnen – vor allem dem total erschöpften Jonathan – zu helfen, die Leichen zu beseitigen. In zwei Autos fahren sie ans Meer, wo Ripley den Krankenwagen mit den Toten in Brand setzt. Jonathan hat einen letzten lichten Moment: Er springt in sein Auto zu seiner Frau und fährt los, während Ripley zurückbleibt. Obwohl Jonathan von Marianne inzwischen erfahren hat, daß die Werte der Pariser Untersuchung gefälscht waren und er nicht so krank ist, wie er dachte, waren die Anstrengungen der letzten Tage zu viel für ihn: Er stirbt am Steuer seines Wagens. Marianne kann sich nur durch das Ziehen der Handbremse retten. Ripley ist am Strand zurückgeblieben, der Film endet mit dem Bild des alten Malers Derwatt in New York, der einen Highway überquert. DER AMERIKANISCHE FREUND ist Henri Langlois gewidmet.

Über keinen anderen Film von Wim Wenders ist bereits während der Entstehung so viel geschrieben worden. Die geschickte Arbeit der Berliner »Cinepromotion«-Agentur sicherte schon den Dreharbeiten eine ungewöhnliche Aufmerksamkeit. In nahezu jeder größeren deutschen

Zeitung erschienen lange vor der Premiere in Cannes 1977 ausführliche Vorausberichte, und danach ließ die Aufmerksamkeit auch nicht nach.

Kein Zweifel: Wenders' bis dahin aufwendigster und teuerster Film (rund 3 Millionen Mark) ist zugleich sein populärster geworden, gemessen an den üblichen Einspielergebnissen deutscher Filme war er sogar ein Publikumserfolg.

Dabei hatte sich Wenders nur einen langgehegten Wunsch erfüllen wollen: einen Roman von Patricia Highsmith zu verfilmen. Doch alle Filmrechte für ihre bisherigen Bücher waren bereits vergeben. In DIE ANGST DES TORMANNS BEIM ELFMETER geht der Tormann Bloch zum Beispiel in ein Kino, dessen Aushang einen Film mit dem Titel DAS ZITTERN DES FÄLSCHERS ankündigt. Diesen Film gibt es nicht, Wenders hätte ihn gerne gedreht, aber die Rechte waren längst verkauft.

Erwerben konnte er schließlich den neuesten Roman von Patricia Highsmith, der damals noch gar nicht erschienen war: »Ripley's Game«, die dritte Ripley-Geschichte der Autorin (inzwischen gibt es die vierte: »Der Junge, der Ripley folgte«).

Die Grundzüge des Romans – vor allem den kriminalistischen Hintergrund – hat Wenders beibehalten. Aber anders als bei seinen weitgehend werkgetreuen Handke-Verfilmungen hat er die Geschichte ganz anders gewichtet. Abgesehen von geographischen Verschiebungen – der Roman spielt in der Nähe von Paris – hat sich vor allem die Figur des Ripley gegenüber der Vorlage völlig verändert. Ist er dort ein Gentleman-Gauner, für den seine kriminellen Geschäfte Lebensunterhalt genauso sind wie ein Spiel, ist Ripley bei Wenders ein einsamer Wanderer zwischen den großen Städten, ein Heimatloser, der eigentlich nirgendwo hingehört. Bewohnt er bei Patricia Highsmith eine feudale, liebevoll eingerichtete Villa mit seiner Frau Heloise, ist er im AMERIKANISCHEN FREUND unverheiratet, und seine Villa wirkt eher provisorisch, auch die teuersten Einrichtungsgegenstände strahlen eine Stimmung von Kälte aus, alles wirkt steril: die rubinrote Bettwäsche ebenso wie der grün beleuchtete Billardtisch oder die technischen Geräte – eine Stereoanlage, die keine Töne produziert, Fernsehapparate, auf denen nur ein Flimmern zu sehen ist.

Dennis Hopper, Regisseur (und neben Peter Fonda Hauptdarsteller) von EASY RIDER, wirkt, als wäre er aus seiner damaligen Rolle direkt weiterentwickelt. Man könnte sich den einstigen Dealer acht Jahre später durchaus als dubiosen Kunsthändler mit Kontakten zur Mafia vorstellen. Es gibt eine direkte Anspielung auf EASY RIDER im AMERIKANISCHEN FREUND. Zu Beginn verläßt Ripley sein Schlafzimmer

Sechsmal Tom
Ripley. Er wehrt
sich gegen das
Mordkomplott
von Minot.

Ripley am
Billardtisch.

Ripley hat Angst
vor den Killern.

Ripley spricht in
seinen Kassetten-
recorder: ,,Vor
nichts muß man
sich fürchten —
außer vor der
Furcht.''

Ripley schaut
dem fliehenden
Jonathan nach

Sehr betrunken
fotografiert
Ripley sich selbst.

und geht auf den Balkon. Ein Blick auf die Elbe. »The River flows, it flows to the sea…«, singt er, jenes Lied, daß »Ballad of Easy Rider« heißt, und in seinem Film von Roger McGuinn gesungen wurde. Und er sagt: »Selbst dieser Fluß erinnert mich wieder nur an einen anderen Fluß.«

Wenders' Ripley ist verwandt mit Hanns aus SUMMER IN THE CITY, mit Philip Winter aus ALICE IN DEN STÄDTEN. Sie verbindet die gleiche Melancholie, sie irren durch die großen Städte, ohne heimisch werden zu können. Und wenn Philip zu Alice sagt, er habe Angst vor der Angst, dann spricht Ripley gleich zu Beginn in seinen Kassettenrecorder: »Vor nichts muß man sich fürchten außer vor der Furcht. Ich weiß immer weniger, wer ich bin oder wer überhaupt jemand ist.« Solche Sätze fielen dem Highsmith'schen Ripley niemals ein.

Auch das Ende des Romans wurde erheblich geändert: Gibt es dort am Schluß ein böses Gemetzel, währenddessen Jonathan schließlich erschossen wird, stirbt er im Film an den Folgen der Überanstrengung – er wird doch noch ein Opfer seiner Krankheit. Viele Kritiker sahen im AMERIKANISCHEN FREUND eine gänzliche Abkehr von Wenders' früheren Themen, eine Abkehr auch von der Ruhe und Geschlossenheit der drei Filme zuvor. Dabei lassen sich fast alle Motive aus diesen Filmen auch im AMERIKANISCHEN FREUND wieder entdecken. Es gibt die ziellosen Reisen von Jonathan und Ripley, deren Ausgangspunkte auch immer zugleich Endpunkte sind, es gibt die langsam erwachende Freundschaft zwischen den beiden Männern, die sich in dem Moment als unmöglich erweist, in dem sie richtig beginnen könnte.

Und wieder kommen die Städte vor als unwirtliche Orte – und nicht zuletzt hat Wenders wiederum eine Männergeschichte erzählt, in der Frauen keinen Platz haben. Zurecht hat er die Heloise, Ripleys Frau aus dem Roman, nicht übernommen. Und auch Jonathans Frau Marianne hat im Film eine gänzlich andere Funktion als im Buch. Sie ist für die Beziehung zwischen Ripley und Jonathan wirklich weniger wichtig, sie hat keine Chance, in diese geschlossene Beziehung einzudringen. Daß Lisa Kreuzer das nicht als Nebenrolle spielen muß, sondern Wenders »seine« Marianne trotzdem ernst genommen hat, wird nirgends deutlicher als in der Sequenz, in der Ripley Jonathan am Abend vor der Reise nach München in dessen Werkstatt besucht, um herauszubekommen, ob er auch den zweiten Auftrag angenommen hat. Es kommt ein Gespräch zustande – ohne viele Worte. Und auf einmal kommt Marianne dazwischen. Man merkt sofort: Sie stört. Und sie merkt das. Und Jonathan hat ein schlechtes Gewissen – als wäre er gerade bei einem Seitensprung ertappt worden. Und Ripley geht. Marianne sieht traurig aus.

Marianne kommt
in Jonathans
Werkstatt. . .

. . .und trifft dort
Tom Ripley

Jonathan hat
ein schlechtes
Gewissen.

Es ist nicht das erste Mal, daß es in einem von Wenders' Filmen eine Kriminalgeschichte gibt: DIE ANGST DES TORMANNS BEIM ELFMETER, SUMMER IN THE CITY und auch schon ALABAMA weisen solche Motive auf. Wenn DER AMERIKANISCHE FREUND sicherlich mehr als diese früheren Arbeiten ein Thriller ist (ohne Hitchcock'schen »Suspense« allerdings, den manche Kritiker auszumachen glaubten), kann man feststellen, daß sich Wenders genau der genrebedingten Ökonomie eines Thrillers bedient. Sein Interesse an dieser Geschichte hat er in den Bildern bewahren können, indem er ein Genre benutzt hat, um es der »Ballade einer Männerfreundschaft« (Hans C. Blumenberg), seiner Sicht moderner Stadtlandschaften und der Freude am Geschichtenerzählen unterzuordnen.

Eines hat sich gegenüber den früheren Filmen gewiß geändert: Erstmals hat Wenders hier »großes« Kino gemacht, sich von einer intimen Produktionsweise gelöst, um mit allen Mitteln, die bei einem 3-Millionen-Budget zur Verfügung stehen, professionell zu arbeiten. Darauf verweist die nun endgültig perfektionierte Kameraarbeit von Robby Müller (der bei diesem Film ausschließlich mit der komplizierten Methode des direktgerichteten Lichts gearbeitet hat) ebenso wie die rasante Montage (Peter Przygodda) der Metro-Sequenz, in der sich auch schon beim ersten Sehen erkennen läßt, welche Aufmerksamkeit im Detail Wenders entwickelt hat, um ein solches Ergebnis zu erhalten. Auch die üppige Ausstattung verweist auf diese Sorgfalt, aus der ganz und gar stimmige Dekors hervorgegangen sind, in denen sich kein Fehler mehr nachweisen läßt. Das alles trägt dazu bei, daß Wenders geschickt den scheinbar unerbittlichen Gesetzen des Genres ausweichen konnte. Zwar bestimmt das düstere Geschehen um die diversen Morde auch das Verhalten der Protagonisten, doch zugleich beläßt Wenders seinen Figuren in ihrer vorgeführten Rolle zumindest die Beziehungen zueinander.

So bewahrt dieser Film Momente von großer und genauer Zärtlichkeit. Beim Streit zwischen Jonathan und Marianne, wenn ihnen der kleine Daniel betroffen aus der Badewann zuschaut und nichts versteht, auch nichts verstehen kann; wenn Jonathan am Anfang seinem Sohn erlaubt, das Licht anzulassen; wenn sich Marianne am Ende wider besseres Wissen einläßt, bei der Beseitigung der Leichen zu helfen, obwohl sie von allem nichts weiß, dann merkt man an ihrem Verhalten, ihrem Gesicht die ganze Verstörtheit. Man spürt ihre Angst und ihre Liebe zu ihrem Mann, die sie die Fragen, was denn hinter dem Ganzen steckt, zunächst vergessen läßt.

Die Tonspur. Beim AMERIKANISCHEN FREUND hat Wenders erstmals mit einem neuen Aufnahmesystem experimentiert, das von Robert

Altman für NASHVILLE entwickelt worden ist. Statt dem üblichen einspurigen Originalton, dem später Musik und Ton-Atmo beigemischt werden, verwandten Wenders und Tonmeister Martin Müller ein System aus drei Stereo-Tonbandgeräten, die über eine Quarzsteuerung miteinander gekoppelt waren. Entsprechend viele Mikrofone konnten verwendet werden, und so war es bei der endgültigen Mischung möglich, einen Originalton zu produzieren, der den ganzen akustischen »Raum« einer beliebig angesiedelten Szene hörbar werden läßt. Ob es das weit entfernte Hundegebell vor Jonathans Werkstatt ist, das noch deutlich identifizierbar bleibt, oder ob im Zug trotz lärmender Fahrgeräusche die Dialoge verständlich bleiben – DER AMERIKANISCHE FREUND könnte der Film des Jahres 1977 gewesen sein, der die perfekteste Tonspur hatte.

Dazu kommt die Musik von Jürgen Knieper, die oft an Motive aus Hitchcock-Filmen erinnert. Tatsächlich setzt Wenders sie gelegentlich ähnlich ein wie Hitchcock – und doch gibt es wichtige Unterschiede. In dessen Filmen ist die Musik eigentlich nie richtig spürbar, man wird jedenfalls nicht bewußt auf sie aufmerksam. Das ist im AMERIKANISCHEN FREUND anders. Von Beginn an, als Ripley in New York sein Taxi verläßt, ist diese Musik präsent, sie schafft eine ständige Ebene der Irritation und Bedrohung – ihr häufiger Einsatz weist diesen Effekt als bewußt geplanten aus. Anders wäre nicht zu erklären, daß sie ausgerechnet in der atemberaubenden zehn Minuten langen U-Bahn-Sequenz in Paris gar nicht vorkommt – dort gibt es nur Originalton. Erst unmittelbar nach dem Mord setzt sie wieder ein. So kommt ihr keine untermalende Funktion zu, sondern eine interpretierende, sie wird nicht zum illustrierend verstärkenden Element, sondern die Musik formuliert die Ideen der Bilder nach oder kündigt Handlungs-Zäsuren an.

Wenders hat den Film ursprünglich in den verschiedenen Originalsprachen gedreht: Dennis Hopper spricht englisch, Gérard Blain französisch, Bruno Ganz deutsch und mühsam englisch.

Die Originalfassung ist weder in den deutschen Kinos besonders oft zu sehen gewesen noch war das Fernsehen bereit, sie bei der Erstausstrahlung 1980 zu senden. Wenders war aufgrund der Auflagen vom WDR, der Coproduzent war, gezwungen, eine deutsch synchronisierte Fassung herzustellen. Die Synchronisation ist zwar hervorragend, doch fehlt dem, der die ursprüngliche Version kennt, Dennis Hoppers US-Slang – und natürlich geht auch ein wenig von der Authentizität der Situation verloren, wenn Derwatt und Ripley in New York deutsch sprechen.

Für die Rollen der Gangster hat Wenders lauter befreundete Regisseure verpflichtet: Nicholas Ray spielt den Maler Derwatt (kein Gangster, aber doch ein wenig kriminell), Daniel Schmid ist Jonathans erstes Opfer, Samuel Fuller spielt einen Gangsterboß, Peter Lilienthal wird im TEE umgebracht, Jean Eustache hilft Jonathan in einer obskuren Pariser Kneipe mit einem Pflaster aus, Sandy Whitelaw spielt den behandelnden Arzt in Paris, und Lou Castel schließlich ist der Komplize und vermeintliche Medizinstudent, der Minot in Paris hilft, Jonathans Krankenblatt zu fälschen. Eine Hommage nicht nur an diese Regiekollegen, sondern an das Kino an sich, ist DER AMERIKANISCHE FREUND ohnehin. Die Widmung an Henri Langlois, den verstorbenen Leiter der Pariser Cinemathèque, in der Wenders bei einem einjährigen Aufenthalt in dieser Stadt einen Großteil seiner cineastischen Bildung erworben hat, findet im Film eine optische Entsprechung. Daniel Schmid liest kurz vor seiner Ermordung in der Metro deshalb die »Libération«, weil das die einzige französische Tageszeitung war, die nach Langlois' Tod ein Photo des großen alten Mannes des französischen Kinos veröffentlicht hat. Nur eine Anekdote, aber eine bezeichnende.

Darüberhinaus ist der Film voller weiterer Verweise auf die Geschichte des Kinos. Da gibt es nicht nur die vielen historischen Apparate wie das Zootrop, mit dem Jonathans Sohn einmal spielt, oder den großen Guckkasten zum dreidimensionalen Betrachten von Sterobildern. Da gibt es auch noch die Lampe an Daniels Bett mit einem Bild des »General«, jener Lokomotive, die in Buster Keatons gleichnamigem Film die zweite Hauptrolle spielt. Oder das Holzmodell des Malteserkreuzes, jenem Apparat, der den Filmtransport überhaupt erst möglich macht. Und es kommen die kleinen Geschenke vor, die sich Jonathan und Ripley machen – einmal das Schiebebildchen mit dem grinsenden Mann, auch eine frühe Form, Bilder in Bewegung zu versetzen. Oder das Guckröhrchen, in dem Fotos von Pinup-Girls präzise mit der Beschreibung der Beleuchtungsart zu sehen sind.

Mehr als seine anderen Filme ist Wenders' AMERIKANISCHER FREUND auch ein Spiel mit Kinozitaten. Aber in der Integration solcher Versatzstücke in die Geschichte liegen die Gründe, warum dem Regisseur mit diesem Film ein Meisterwerk gelungen ist, das eine Synthese vorführt zwischen einer neuen Variante seines beständigen Themas und einem immer mehr gewachsenen optischen Vokabular.

Wichtig war dieser Film wohl auch zugleich für den Schweizer Schauspieler Bruno Ganz, der damit seinen Durchbruch eher erzielte als mit Arbeiten wie Geissendörfers WILDENTE, Handkes LINKSHÄNDIGER FRAU, Rohmers MARQUISE VON O. oder Peter Steins Theater-Film SOMMERGÄSTE. Wenders erzählt über seine Zusammenarbeit mit Bruno Ganz, daß dieser für ihn erst während der Dreharbeiten zum AMERIKANISCHEN FREUND vom Theater- zum Filmschauspieler geworden ist. Das wurde inzwischen hinreichend gewürdigt, und seither zählt er zu den meistbeschäftigten Darstellern im deutschen und europäischen Film.

Bruno Ganz: »Ende Oktober 1976 fingen wir in Hamburg zu drehen an, in einer Wohnung am Fischmarkt (ich glaube, das Haus wird jetzt abgerissen). Der Anfang war schwierig. Nach den ersten Mustern sagte Wim: Genau so hab ich bis jetzt gearbeitet und genau so will ich nicht mehr arbeiten. Also suchen. Wir drehten Sachen vor und nach dem ersten Mord, vor und nach dem folgenden. Was heißt das fürs Spielen? Du hast Leukämie, vielleicht einen Tag, höchstens aber drei Jahre noch zu leben? Du bringst jemanden um. Für Geld. Ich habe damit keine Erfahrung – für mich sind es Fiktionen. Was passiert im Lauf der Zeit mit Jonathans Identität? Dunkel bei diesem sprunghaften Zusammensetzungsverfahren. Und doch: Als wir am 2. Februar 1977 in Paris, La Défense, endlich den ersten, entscheidenden Mord drehten (an meinem vorletzten Drehtag), Daniel Schmid, das ›Opfer‹ ganz nah vor mir auf der Rolltreppe, und ich abdrückte, wußte ich, daß ich nicht mehr würde sagen können: Nein, das werde ich nie tun.

Dennis Hopper. Neben der Arbeit mit Wim und Robby wurde Dennis die eigentliche Auseinandersetzung für mich. Ich habe viel von ihm gelernt. Dennis kam mit Cowboy-Hut und Tarnanzug direkt aus Manila von einem Film mit Coppola und Brando (APOCALYPSE NOW, Anm. d. V.). O man. Voll jokes, immer bereit, alle zu unterhalten, bei ›action‹ gerade noch die letzten Rauchschwaden seiner Zigarette mit beiden Händen wegfächelnd, die Kippe am Boden mit dem Fuß ausdrückend – fing er plötzlich ganz ruhig und konzentriert an zu spielen. Er liebte Wim sofort, dann das Team, schließlich alle, die mit diesem Film zu tun hatten. Er war fair und großzügig, starrköpfig und sehr verletzlich. Seine Vorstellung von Disziplin machte mich fassungslos, sie war mir abenteuerlich. O man.

Es war ein schönes Abenteuer. Das Team hat bis an die Grenzen, manchmal auch weit darüber, geschuftet (Hamburg kann sehr kalt sein). Alle wollten diesen Film und glaubten an ihn. Jonathan ist neugierig auf ein anderes Leben, wir auch.«

»Say Cut.« »Cut!« – »Don't cut – cut!«

NICKS'S FILM –
LIGHTNING
OVER WATER 1980

Nicholas Ray ist der Regisseur von Filmen wie THEY LIVE BY NIGHT (1947), IN A LONELY PLACE (1950), JOHNNY GUITAR (1954), REBEL WITHOUT A CAUSE (1955), BIGGER THAN LIFE (1956), zuletzt: WE CAN'T GO HOME AGAIN (1973), der als unabhängige Produktion entstanden ist. Sein letzter Hollywood-Film war 1961 55 DAYS AT PEKING. Das war das Ende der ofiziellen Karriere dieses Regisseurs in den großen Studios. Wim Wenders hat ihn 1976 während der Dreharbeiten zum AMERIKANISCHEN FREUND kennengelernt, worin Ray den alten Maler Derwatt spielt. Während dieser Zusammenarbeit entstand eine tiefe Freundschaft zwischen dem jungen und dem alten Filmemacher, die letztlich zu der Zusammenarbeit an NICK'S FILM – LIGHTNING OVER WATER führen sollte. Ray war zu dieser Zeit schon seit langem an Lungenkrebs erkrankt, er arbeitete dennoch weiter an einem Script, das ursprünglich zusammen mit Jon Jost (ANGEL CITY) realisiert werden sollte. Anfang 1979 übernahm dann Wim Wenders die Arbeit an dieser Produktion. Obwohl schon damals klar war, daß Ray nicht mehr lange leben würde, begannen er und der deutsche Regisseur, der parallel an HAMMETT arbeitete, die Arbeit an einem Drehbuch, das von Ray anfangs als so etwas wie die Fortsetzung seiner Rolle als »toter« Maler aus dem AMERIKANISCHEN FREUND konzipiert war.

Schnell stellte sich heraus, daß es der physische Zustand des alten Mannes nicht mehr zulassen würde, den geplanten Film zu realisieren. Die gemeinsame Arbeit wurde durch mehrere Klinikaufenthalte Rays unterbrochen. Schließlich kamen die beiden Regisseure überein, einen Film über Nicholas Rays Sterben zu drehen – nicht als Dokumentarfilm, sondern als gemeinsam inszeniertes Dokument. Ray stirbt am 16. Juni 1979 im Alter von 68 Jahren.

Aus dem gedrehten Material stellte der Cutter Peter Przygodda eine zwei Stunden lange Fassung von NICK'S FILM her, die bei den Filmfest-

141

Nicholas Ray als „;toter" Maler Derwatt

Nicholas Ray an der Kamera.

spielen in Cannes 1980 erstmals gezeigt wurde. Später hat Wenders, der damit nicht einverstanden war, eine andere Fassung, die nur noch 90 Minuten dauert, montiert. Die »Cannes-Version« erschien ihm zu dokumentarisch, sie existiert nicht mehr. Der endgültige Film erlebte seine Uraufführung bei den Hofer Filmtagen im November 1980.

Der Film beginnt mit einer Einstellung, die fast genau der Einleitung zum AMERIKANISCHEN FREUND entspricht: In einer New Yorker Straße kommt ein Taxi an. Aber nicht Dennis Hopper entsteigt ihm, sondern Wim Wenders, der seinen Freund Nicholas Ray besuchen will. Der schläft bereits, doch Wenders wird von Tom Farrell, einem anderen Freund Rays, begrüßt. Am nächsten Morgen wacht Ray auf. Dieses Aufwachen ist schon ganz bestimmt von seiner schweren Krankheit. Ein quälender Husten schüttelt seinen abgemagerten Körper, er hat Mühe, zu sich zu finden, greift dennoch gierig nach einer ersten Zigarette.

Wenders und Ray unterhalten sich, nachdem der alte Mann überrascht gefragt hat: »Oh, Wim, when did you come in?« Wenders berichtet von seinem HAMMETT-Projekt und von seinem 6-Millionen-Dollar-Budget. Mit einem Zehntel davon, sagt Ray, könne er LIGHTNING OVER WATER realisieren…

Dann folgt der Vorspann mit den alphabetisch geordneten Titeln der Namen der Mitarbeiter. Dieser Vorspann ist zugleich eine Vorwegnahme des Nachspanns: Zu den Bildern einer chinesischen Dschunke, die in der New Yorker Bucht kreuzt, hört man das von Wenders' damaliger Frau Ronee Blakley gesungene Lied »Lightning over water«. Einmal sieht man sie auch singen. Auf der Dschunke gibt es eine große Scope-Kamera, einen Schneidetisch – und die Urne mit der Asche Nicholas Rays. Diese Bilder wird es auch im Epilog wieder geben, ergänzt durch Aufnahmen von einer Art Gedenkfeier des Teams, das sich auch an Bord des Schiffes befindet. Die Dschunke war Teil der ursprünglichen Drehbuchidee, nach der Ray als krebskranker Maler mit einem Chinesen zusammenkommen sollte, der ihm von einer heilbringenden Wurzel berichtet hätte, die seine Krankheit lindern könnte und die nur in China wächst. Zum anderen ist der amerikanische Ausdruck »Slow boat to China« eine Bezeichnung für den Tod.

Was zwischen Vorspann und Epilog geschieht, ist schwer zu beschreiben, weil es keine Geschichte gibt. Man sieht Nicholas Ray, der von mal zu mal kränker aussieht. Man sieht ihn im Gespräch mit Wenders, man schaut dem Team, das immer wieder ins Bild kommt, bei der Arbeit, bei der Vorbereitung einzelner Einstellungen zu. Einmal schauen sich Wenders, Ray und dessen junge Frau Susan, die auch immer wieder ins Bild kommt, Rays letzten Film THEY CAN'T GO

Wim Wenders und Nicholas Ray besprechen ein gemeinsames Projekt.

HOME AGAIN an, der unvollendet geblieben ist. Ray hält eine Vorle-
sung an einem College über seinen Film THE LUSTY MEN, man sieht
auch die Fahrt von Ray und Susan im Auto dorthin.

Immer wieder kommt dabei ins Bild, daß dieser Film kein dokumen-
tarischer ist, sondern daß die real vorgefundenen Situationen für die
große Kino-Kamera nachgestellt wurden. Daß Wenders Rays Szenen
und Ray Wenders' Szenen inszeniert hat.

Diese Ebene der Fiktion wird gebrochen durch die Verwendung von
Videoaufnahmen, die im Gegensatz zum perfekt gesetzten Licht der
35-mm-Bilder grob und formlos erscheinen, dabei den physischen
Verfall Rays aber nur um so deutlicher widerspiegeln. Der Höhepunkt
des Films wird das Ende, das zugleich das nahe Ende von Nicholas Ray
deutlich macht. In einer gewagten Sequenz tauschen Ray und Wenders
gewissermaßen die Rollen: Wenders legt sich in Rays Totenbett und in
einer total künstlichen Inszenierung, in der auch die Aufnahmesitua-
tion, die Kameraleute und Techniker im Gegenschuß zu sehen sind,
findet eine Gratwanderung statt, die niemals peinlich wird, weil hier

eine Reflexion über das Thema Tod stattfindet, wie sie eindringlicher im Kino noch nicht zu sehen gewesen ist – weil sich noch kein Sterbender so bereitwillig auf die Inszenierung seines Todes eingelassen hat wie Nicholas Ray.

Seine letzte Einstellung – die letzte mit ihm im Film und die letzte seines Lebens – ist sehr lang, sehr bedrückend, schließlich kaum noch erträglich. Großaufnahme: das Gesicht des kranken Mannes. Er erzählt (nur noch schwer verständlich, er muß Schmerzen haben) von seinem schlechten Befinden. Sein Gesicht ist von Erschöpfung gezeichnet. Sein letzter Film wird sein anstrengendster. Er kann nicht mehr, aber es scheint, er will nicht aufhören mit dem Filmemachen. Im Off die Stimme von Wenders: »If you want, say Cut!« Ray: »Cut!« Wenders: »Don't cut.« Ray: »Don't cut... CUT!«

Der Film bricht ab, es folgen noch die etwa fünf Minuten des Epilogs, die Wenders und das Team auf der Dschunke zeigen. Ihnen ist zugleich Trauer und Erleichterung anzumerken. Etwas ist zu Ende... Man spürt die leicht alkoholisierte Stimmung, selbst der Vorschlag eines Mitarbeiters, doch das Schiff anzuzünden, wirkt nicht makaber, sondern befreiend. »To have a wake« – ein irischer Ausdruck, der die Tatsache bezeichnet, daß ein Toter seinen Freunden weniger Anlaß zur Trauer ist, sondern der Grund, zusammen zu kommen, zu trinken und Geschichten zu erzählen von dem, der nicht mehr dabei sein kann.

Entstehen konnte dieser Film nur, weil es eine tiefe Freundschaft zwischen Wenders und Nicholas Ray gab. Diese intensive Beziehung war es wohl, die NICK'S FILM vor jeglicher Larmoyanz und Rührseligkeit bewahrt hat. Vielmehr ist ein Dokument entstanden, daß sowohl von einem Verhältnis berichtet zwischen zwei Männern (kein Zufall im Blick auf Wenders' frühere Filme) wie auch von der gewagten Annäherung an ein tabuisiertes Thema, den Tod, wie sie mit den Mitteln des Films noch nicht unternommen worden ist.

Was sich der Analyse, sogar der bloßen Beschreibung von NICK'S FILM beständig in den Weg stellt, das ist die ganz persönliche direkte Betroffenheit, die dieses Werk wohl bei jedem auslösen muß, der es zu sehen bekommt. Nicht nur, daß man zum Mitleidenden wird mit dem todkranken Ray – man schöpft auch Hoffnung aus der bis zum Schluß schier ungebrochenen Kreativität dieses 68jährigen Mannes, weil sie soviele utopische Elemente enthält, die man sich für sich selber nur ebenso wünschen kann.

Wichtig ist, daß Wenders *und* Ray diesen Film zusammen gedreht haben. Niemals lief die Kamera, wenn Nick das nicht wollte, keine Situation, die zu sehen ist, wurde gegen den Willen des kranken Mannes

Nicholas Ray.

aufgezeichnet. Der in Cannes gezeigten ersten Version ist dennoch vorgeworfen worden, Wenders verharre in peinlichem Voyeurismus. Der
Regisseur zum Unterschied der beiden Fassungen:
    »LIGHTNING OVER WATER wurde in einer 2-Stunden-Version zum
ersten Mal öffentlich im Mai 1980 in Cannes gezeigt. Die erste Kopie
kam gerade noch rechtzeitig zum Festival aus dem Kopierwerk, wo ich
ihn zum ersten Mal mit einem Publikum sah. Ich war erschrocken. Ich
erkannte den Film nicht wieder. Ich kannte jedes Bild, aber es schien,
als ob sie sich veränderten und je nach Standort einen anderen Ausdruck reflektieren würden. Ein ziellos treibendes Schiff, das ich zu früh
sich selbst überlassen hatte und in zu gefährliches Wasser.
    Eine Sache war sicher, der Film war noch nicht fertig, war noch nicht
zur Ruhe gekommen, und er würde mich nicht zur Ruhe kommen lassen
oder wenigstens mich sein lassen, solange er in diesem Zustand bleiben
würde. Aber dafür war kein anderer verantwortlich, nur ich selbst.
    Der Schritt hatte schon beinahe ein Jahr gedauert. Ich hatte die
Arbeit die meiste Zeit meinem langjährigen Cutter Peter Przygodda

überlassen und besonders in der letzten Periode war ich wegen der Vorbereitung und dem Dreh für HAMMETT nicht in der Lage, daran teilzunehmen. Peter hatte das Material lange und sehr sorgfältig gesichtet, hatte es verstanden als Manifestation eines Ereignisses, das eine Zeitspanne von drei Monaten in Anspruch genommen hatte. Er sah seine Aufgabe darin, der ›Wahrheit‹ dieses Ereignisses so nah wie möglich zu kommen. Er hat den Film *als* und *wie* einen Dokumentarfilm geschnitten, mit der Haltung von einem, der der ›Wahrheit‹ hinter dem Image verpflichtet und verantwortlich ist.

Während der ersten öffentlichen Vorstellung realisierte ich, daß mit der Entdeckung der Wahrheit über den Film und seine Herstellung etwas anderes fast vollständig verloren gegangen und zugedeckt worden war: die Geschichte, in die Nick und ich verwickelt waren, und die Fiktion, in die wir fortwährend versucht hatten, unsere Realität zu transportieren. Wir hatten den Film nicht *als* und *wie* einen Dokumentarfilm gedreht. Der Film war gelenkt worden durch unsere Realität, sicherlich, aber wir waren ständig um eine Fiktion bemüht, oder wollten diese Realität wenigstens begreifbar *als* Fiktion machen.

Wie auch immer, diese Fiktion, diese Geschichte *über* das Sterben und eine Freundschaft zwischen einem alten und einem jungen Filmemacher, bockte und schüttelte und krümmte sich innerhalb des Films *durch* den Tod und diese beiden Männer.

Also mietete ich einen anderen Schneideraum, schloß mich mit allem gedrehten Material ein, betrachtete Nick und mich weitere drei Monate und kam mit einem Film wieder zum Vorschein, der sich bedeutend von dem vorigen unterschied.

Ich war so nah wie möglich an den Film herangegangen, den Nick und ich gedreht hatten, wie an die Realität, die uns vorwärtstrieb, uns freigemacht und gleichzeitig erbarmungslos eingegrenzt hat.

Ich wußte, daß dieser Film endlos weitergehen konnte. Das war meine Chance aufzuhören, die Anker zu lichten und freizukommen. Das ist alles.«

Obwohl in der vorliegenden Fassung ständig der Unterschied zwischen inszenierten Sequenzen und dokumentarischen deutlich ausgewiesen ist, fügen sich dennoch beide Ebenen zu einer nahtlosen Einheit, die auch durch die unterschiedliche Struktur der Videobilder und der Filmkamera-Aufnahmen nicht gestört wird. Obwohl dieses Verfahren an sich nicht neu ist – man denke an Kluge oder Godard – wurde es bislang nicht für geradliniges Erzählkino verwendet. Und mit seinen fragmentarischen Andeutungen von Geschichten ist NICK'S FILM diesem Bereich zuzuordnen.

Die chinesische Dschunke mit Nicholas Rays Asche an Bord verläßt die Hudson Bay.

Tatsächlich sind sämtliche Szenen vorher geschrieben und geprobt worden, außer dem langen Monolog am Ende, wenn Ray »Cut.« sagt und damit andeutet, daß der Film für ihn beendet ist.

Diese Form der Inszenierung war von Beginn an vorgegeben durch das eigentlich anders geplante Projekt zu einem »richtigen« Spielfilm, für den es viele Ideen gab: Der Plan einer Reise der beiden Regisseure, nur begleitet von einem Kamera- und einem Tonmann, die Geschichte eines Coups, mit dem das hochverschuldete Negativ von WE CAN'T GO HOME AGAIN aus dem Kopierwerk geklaut werden sollte und die erwähnte Derwatt-Geschichte als Fortsetzung der Episode im AMERIKANISCHEN FREUND.

Kein Wunder, daß Wenders NICK'S FILM zuerst in Frankreich herausgebracht hat und erst Monate später in Deutschland. Ist Nicholas Ray mit seinen Filmen hierzulande in den Kinos so gut wie nicht mehr präsent, spielt sein Werk für französische Cineasten eine wesentlich größere Rolle: Ihnen gilt der oft als Hollywood-Rebell bezeichnete Regisseur als Kultfigur, als »Poet der Nacht, die sich niedersenkt« (François Truffaut).

Die Geschichte von einem, der zwei Sachen macht...

HAMMETT 1978-1982

San Francisco, man schreibt das Jahr 1928. Der frühere Pinkerton-Detektiv Samuel Dashiell Hammett ist gerade 34 Jahre alt. Er leidet an Tuberkulose, deshalb hat er seinen früheren Beruf aufgegeben und versucht nun, sich als Schriftsteller durchzuschlagen. Er schreibt kurze Kriminalstories, die er an billige Magazine verkauft. Als Hintergrund verwendet er seine früheren Erfahrungen. Seinen Freund und Lehrmeister Jim Ryan stilisiert er in seinen Geschichten zum Helden – bis ihn die Wirklichkeit einholt.

Der Film beginnt, als Hammett gerade die letzten Zeilen seiner neuesten Story zu Papier bringt. Während er schreibt, sieht man diesen Schluß auch im Film: An einer nebligen Hafen-Mole trifft Ryan Sue Alabama, die eine Erpressungsgeschichte auf eigene Faust zu Ende bringen wollte, was mißlingt.

Währenddessen ist der wirkliche Jim Ryan in Hammetts Wohnung aufgetaucht. Die beiden Männer haben sich seit Jahren nicht gesehen, doch ihr Zusammentreffen ist alles andere als herzlich. Ryan wirft Hammett vor, daß der seine Arbeit für seine Geschichten ausbeute. Er erinnert ihn daran, daß er ihm einmal das Leben gerettet habe – deshalb sei ihm Hammett noch einen Gefallen schuldig. Hammett soll Ryan helfen, eine junge Chinesin namens Crystal Ling wiederzufinden, die unter mysteriösen Umständen verschwunden ist. Hammett muß widerwillig akzeptieren.

Ryan hatte eine Routineuntersuchung angekündigt, doch sofort tauchen die ersten Schwierigkeiten auf. Auf dem Weg nach Chinatown werden die beiden Detektive von einem jungen Gauner verfolgt, der offenbar auf Ryan angesetzt ist. In den engen Gassen Chinatowns verliert Hammett nicht nur sein fertiges Manuskript – plötzlich ist auch Ryan verschwunden. Dafür tauchen zwei Polizisten auf, O'Mara und Bradford, die Hammett unmißverständlich auffordern, mit seinen Nachforschungen aufzuhören und an seine Schreibmaschine zurückzukehren. Auf dem Heimweg trifft Hammett einen gewissen Gary Salt, der sich

Samuel Dashiell Hammett (Frederic Forrest) zwischen zwei Jobs:
Detektiv oder Schriftsteller

als Journalist ausgibt und ein Treffen mit Ryan sucht. Der Detektiv wimmelt ihn ab und kehrt nach Hause zurück. Er ist wütend, daß er sein Manuskript verloren hat. Seine Nachbarin, Kit Conger, eine junge Bibliothekarin, nach deren Bild er Sue Alabama geschaffen hat, versucht vergeblich, ihn zu trösten. Am nächsten Tag taucht Salt bei Hammett auf und behauptet, ebenfalls auf der Suche nach Crystal Ling zu sein. Er hat ein Foto von dem Mädchen. In einem Lexikon findet Hammett aufgrund eines Anrufs von Ryan einen Zeitungsartikel über den Selbstmord eines einflußreichen Geschäftsmannes namens C. F. Callahan. Hammett spürt den Umständen dieses vermeintlichen Selbstmords nach und erfährt von einem heruntergekommenen Arzt die Wahrheit: Callahan ist umgebracht worden. Der Doktor verweist Hammett an eine christliche Mission, in der junge Chinesen-Mädchen Zuflucht finden können. Als Hammett dort Erkundigungen einzieht, erfährt er von der alten Direktorin, daß Crystal Ling im Alter von neun Jahren an den Gangster Fong Wei Tau verkauft wurde. Das Mädchen hatte sich in die Mission geflüchtet, doch sie ist an dem Tag wieder verschwunden, als der Artikel über Callahans Tod in der Zeitung erschienen ist.

Als Hammett nach Hause zurückkehrt, erwartet ihn eine Überraschung: Crystal Ling ist in seiner Wohnung und bittet ihn um Hilfe – dafür wäre sie bereit, »alles« für ihn zu tun. Hammett geht darauf nicht ein, er will nur ehrliche Antworten auf seine Fragen haben. Crystal erklärt ihm, daß Fong sie an Callahan verkauft habe, sie sei bei ihm eingezogen, und schließlich habe ihn seine Frau aus Eifersucht umgebracht...

Der Detektiv sucht das Casino von Fong auf. Fong ist anfangs höflich, doch als Hammett nicht bereit ist, seine Nachforschungen einzustellen, wird er zusammengeschlagen und in ein Zimmer gesperrt. Eine junge Chinesin befreit ihn und führt ihn zu Jim Ryan, der in einem Kellerverlies voller Ratten festgehalten wird. Die beiden Männer fliehen, aber sie werden gleich von Bradford und O'Mara festgenommen, die durch Hammetts Nachbarin Kit alarmiert worden sind.

Die Polizisten zeigen Hammett einen Pornofilm mit Crystal in der »Hauptrolle«, und sie erzählen ihm, daß das Mädchen in der vergangenen Nacht in seinem Apartment ermordet worden sei. Beim Verlassen des Leichenschauhauses trifft Hammett wieder auf Salt: Der angebliche Journalist ist in Panik geraten, er flieht und läßt seine Jacke zurück. In seiner Brieftasche findet Hammett die Namen von sechs bedeutenden Milliardären aus San Francisco. Zusammen mit Kit und dem Taxifahrer Eli sucht der Detektiv Salts Wohnung auf. Dort findet er die Dekors aus dem Pornofilm und einen Scheck auf Ryans Namen sowie die Negative von pornographischen Bildern, auf denen neben Crystal auch die sechs Milliardäre zu sehen sind. Kit und Hammett verstecken sich, um die Rückkehr Salts zu erwarten. Der kommt mit dem geheimnisvollen Gauner zurück, der am Anfang Hammett und Ryan nach Chinatown gefolgt ist. Nach einer Auseinandersetzung wird Salt erschossen, der Mörder nimmt Kit als Geisel, flieht dann aber. Der Taxifahrer Eli, der vor dem Haus gewartet hat, identifiziert ihn als Mitarbeiter des Rechtsanwalts E. L. Hagedorn, dem Verteidiger von Mrs. Callahan. Hammett begibt sich zu dem Advokaten und erzählt ihm vom Tode Salts. Hagedorn erschießt seinen Leibwächter.

Bei seiner Rückkehr trifft Hammett auf Bradford, der ihn mitnimmt. Er führt ihn zu einem Treffen mit Hagedorn, Fong, O'Mara und den sechs Milliardären. Vor diesem Publikum deckt Hammett die komplizierte Erpressungsgeschichte auf, die von Callahan, Crystal und Ryan angezettelt worden ist. Daraufhin soll Hammett im Auftrag der Erpreßten eine Million Dollar Lösegeld für die Herausgabe der Negative überbringen. Der Detektiv willigt ein.

Schauplatz der Übergabe ist die neblige Hafen-Mole, die schon Schauplatz von Hammetts eigener Geschichte war. Er trifft dort auf Crystal Ling – nicht sie ist ermordet worden, sondern eine andere junge Chinesin. Plötzlich taucht auch Ryan auf. Crystal erschießt ihn, und Hammett kehrt desillusioniert und enttäuscht von seinem einstigen Lehrmeister nach Hause zurück. Am Ende sitzt er wieder an seiner Underwood-Schreibmaschine und tippt die ersten Seiten seines Romans »Der Malteser Falke«...

HAMMETT basiert auf dem gleichnamigen Roman des amerikanischen Schriftstellers Joe Gores (deutsch erschienen als Goldmann-Taschenbuch unter dem Titel »Dashiell Hammetts letzter Fall«). Hammett ist wohl nicht nur Krimifreunden ein Begriff. Mit Romanen wie »Die Rote Ernte«, »Der Fluch des Hauses Dain« und »Der Malteser Falke« (in neuen deutschen Übersetzungen erschienen im Diogenes Verlag) hat er in den zwanziger und dreißiger Jahren der damals als trivial eingeschätzten Kriminalliteratur neue Impulse gegeben, indem er vor allem aus dem Genre des Detektivromans präzise Beschreibungen der Zeit entwickelte. Hammett hatte, bevor er sich entschloß, Schriftsteller zu werden, als Privatdetektiv für die berühmte Pinkerton-Agentur in Los Angeles gearbeitet, bis ihn eine schwere Lungenkrankheit zwang, diesen Beruf aufzugeben. Diesen historisch belegten Hintergrund verwendet Joe Gores als Ausgangspunkt für seine Geschichte. Darin ist Hammett gerade an der Arbeit für seinen ersten Roman »Red Harvest«. Die Geschichte ist jedoch nicht biographisch, Gores' Story ist rein fiktiv.

Kit Conger (Marilu Henner), Bibliothekarin, wird in Hammetts Geschichten zur geheimnisvollen Sue Alabama.

Im Zeitungsarchiv findet Hammett ein entscheidendes Mosaiksteinchen für die Klärung des Falles

Was Wenders an diesem Stoff fasziniert haben mag, liegt eigentlich auf der Hand. Gleich mehrere Gründe gibt es, die HAMMETT für den Regisseur des AMERIKANISCHEN FREUNDES als Traumprojekt erscheinen lassen mußten. Zunächst natürlich die Möglichkeit, unter Hollywood-Bedingungen und mit relativ viel Geld einen Genre-Film herstellen zu können – Wenders sah sich da in einer direkten Linie zu den deutschen Kinoemigranten der dreißiger Jahre, die plötzlich, auf der anderen Seite des Atlantik angekommen, mit gänzlich neuen Produktionsformen konfrontiert waren. Ob Wenders freilich vor seiner Abreise in die USA schon ganz klar war, daß dies in jedem Fall kein Film »von Wim Wenders«, sondern ein Film »directed by Wim Wenders« werden würde, sei dahingestellt.

Ein zweiter Grund lag sicherlich im Gegenstand des Films begründet. Wenders sah wohl vor allem die Möglichkeit, einen Genrefilm im Stil der »Schwarzen Serie« herzustellen. Seine ursprüngliche Absicht, HAMMETT in Schwarzweiß zu drehen, scheiterte zwar am Widerstand der Produzenten, aber dennoch konnte er mit Hilfe der Meisterschaft von Joseph Biroc und Philip Lathrop einen der düstersten Farbfilme realisieren, die je entstanden sind.

Entscheidend aber erscheint, daß HAMMETT letztlich gleich zwei Grundmotive früherer Wenders-Filme aufnimmt: Einmal das der Männerfreundschaft (hier: zwischen Hammett und seinem Lehrmeister Jimmy Ryan), zum anderen die Suche eines Mannes nach seiner Identität. Hammett hat seinen Beruf als Detektiv aufgegeben, um Schriftsteller zu werden, doch zum Zeitpunkt der erzählten Geschichte ist er weder das eine noch das andere richtig. Bei seinen Ermittlungen macht er Fehler über Fehler, weil er zu lange nicht mehr als Ermittler gearbeitet hat, und als Schriftsteller ist er noch längst nicht erfolgreich genug, um seine Identität über diese Arbeit definieren zu können. Noch sind seine Stories, die er an billige »pulp magazines« verkauft, keine eigenständigen literarischen Werke, er idealisiert seine eigene Vergangenheit und vor allem die Tätigkeit seines Freundes, der ihm als unfreiwilliger Stofflieferant dient. Erst nach der tief empfundenen Enttäuschung über Ryans Verrat an seinem eigenen Ehrenkodex entwickelt Hammett eine autonome Detektivfigur, die ihren Ausdruck vor allem in Sam Spade, der Hauptperson im »Malteser Falken«, findet. Dieser »Continental Op« hat ganz eigene Wertvorstellungen, die schwer nachvollziehbar sind, von denen der Detektiv aber niemals abweicht. Was in früheren Geschichten Hammetts noch an der äußeren Handlung orientiert war, wird in Wenders' Film zum Ausgangspunkt für die Konstruktion der moralischen Integrität der handelnden Figuren: Was für Hammett als harmlose Untersuchung beginnt, endet in einem verworrenen Geflecht von Korruption, dessen Entwirrung den Detektiv ohne Illusionen zurückläßt.

So ist HAMMETT ein Film, in dem einer zwei Sachen macht – was nicht so recht funktionieren kann, wie sich bald herausstellt. Erst als Hammett am Ende wieder an seiner Schreibmaschine sitzt und ein neues Manuskript beginnt – das alte schwimmt im schmutzigen Wasser des Hafens –, hat er bei der einen Sache eine Erfahrung gemacht, die ihn nun die andere Sache richtig ausführen läßt.

Freilich macht der Film solche Motive nicht gerade überdeutlich. Die jahrelangen Querelen um die endgültige Fassung, die zahllosen Drehbuchentwürfe, haben – so paradox das klingt – nur insofern Spuren hinterlassen, als daß man dem fertigen Produkt diese Auseinandersetzungen nicht mehr ansieht. HAMMETT wirkt wie ein Film aus einem Guß, erzählt wird eine vergleichsweise einfache Geschichte, aber über die Story hinaus weckt das Werk kaum Interesse für die schillernde Figur des Samuel Dashiell Hammett.

Was vor allem in Erinnerung bleibt, sind die optischen Sensationen, die Wenders und seine Kameraleute den in den Zoetrope-Studios aufgebauten Dekors abgewonnen haben. Die Düsternis von Chinatown, die akribisch gestalteten Innenräume im Stil der späten zwanziger Jahre, die sorgsam ausgewählten Statisten – all dies wirkt wie eine späte Hommage an ein längst überaltertes Genre. Modern ist nichts an diesem Film, und allenfalls einige Manierismen – die immer wieder wechselnden Perspektiven auf Hammetts Schreibmaschine etwa – könnte man sich in einem »film noir« aus den vierziger Jahren nicht vorstellen. Handwerklich, keine Frage, ist HAMMETT ein perfekter Film – und doch merkt man ihm vor allem bei den Dialogen an, daß er in den achtziger Jahren entstanden ist. Den Figuren fehlt jener Zynismus, den ein Humphrey Bogart in Hustons THE MALTESE FALCON oder in Howard Hawks' THE BIG SLEEP verbreiten durfte. Einzig der heruntergekommene Arzt, bei dem Hammett den Hintergründen von Callahans vermeintlichem Selbstmord nachspürt, hat etwas von der hoffnungslosen Menschenverachtung, die als typisch für dieses Genre erscheint. Manches mag da auch die deutsche Synchronisation verdorben haben. Ein Beispiel, eben aus dem Gespräch zwischen Hammett und Doktor Fallon:

In der Originalfassung heißt es da:

Fallon: »What's your problem?«

Hammett: »Suicide.«

Fallon: »Don't hesitate!«

Dreimal Dashiell
Hammett: Vor der
Schreibmaschine,

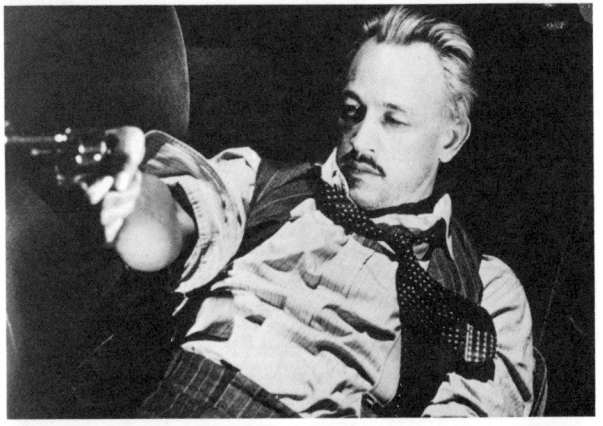

mit Revolver

und zwischen den
Fronten.

Hammett wird ver-
folgt. Den kleinen
Gangster Pops (Ro-
yal Dano) kann er
ebenso stellen

wie den vermeintli-
chen Reporter Gary
Salt (Jack Nance).

Doch alle Fäden
laufen bei Crystal
Ling (Lydia Lei)
zusammen.

Synchronisiert wurde das so:

Fallon: »Was haben Sie für Probleme?«

Hammett: »Selbstmord.«

Fallon: »So was soll man nicht überstürzen!«

Also schlichtweg das Gegenteil – und andere Dialoge sind ähnlich fragwürdig übersetzt worden.

War es Wenders beim AMERIKANISCHEN FREUND noch gelungen, eine kongeniale Synchronisation des ursprünglich dreisprachig gedrehten Films zu realisieren, gilt für HAMMETT, DER STAND DER DINGE und schließlich PARIS, TEXAS, daß die deutschen Fassungen allesamt nicht sonderlich überzeugend sind. Das fängt bei der Auswahl der Sprecher an und geht bis in die Diktion der deutschen Dialoge weiter. Doch das nur nebenbei, jedenfalls sollte man den jeweiligen Originalfassungen grundsätzlich den Vorzug geben (sofern man hierzulande überhaupt die Gelegenheit hat, sie zu sehen).

Natürlich war HAMMETT alles andere als der erhoffte kommerzielle Erfolg. Zu viele Anspielungen »zwischen den Bildern« erschwerten dem breiten Publikum den Zugang zu dieser Geschichte, und lediglich als geradliniger Krimi konnte der Film auch nicht recht funktionieren – dafür ist er zu spannungslos und zu verwirrend. Als Hommage an den Schriftsteller Hammett freilich erscheint er überzeugend, und das hat wohl auch Jean-Luc Godard gemeint, wenn er über HAMMETT sagt: »Es ist Wims schönster Film – die Story des Schriftstellers Dashiell Hammett, der für seine Geschichten Kopf und Kragen riskiert, der erst Schläge einsteckt und sich dann hinter seine Schreibmaschine klemmt: Jetzt schreib' mal schön, mein Freund! Das ist stärker als Gide und Pirandello – vollkommen unprätentiös, aber erfüllt von einer schier unglaublichen Kraft. Wie ein Saxophon-Solo von Coltrane.«

»There's never been a place people had it so good like Hollywood«

DER STAND
DER DINGE 1982

Aus der flimmernden Unschärfe einer gefilterten Schwarzweiß-Fotografie tritt eine in Schutzanzüge gekleidete Gruppe von Menschen hervor, die sich durch eine öde Wildnis vorwärtsbewegt. Aus ihren spärlichen Gesprächen erfährt man, daß eine Katastrophe vorausgegangen sein muß: Die Rede ist von gefährlicher Strahlung, und davon, daß die Überlebenden vom Zerschmelzen bedroht sind. Eines der Kinder, die dabei sind, stirbt unterwegs, ein anderes kleines Mädchen dagegen scheint immun gegen die gefährlichen Strahlen zu sein. Die Gruppe gelangt zu den Trümmern eines offenbar ausgebombten Hotels an der Küste. Ein Kameraschwenk enthüllt das Geheimnis: Man sieht, daß man bisher einer fiktiven Episode beigewohnt hat – ein Filmteam kommt ins Bild. Dazu der Vorspann: » Der Stand der Dinge«.

Nun ist man mitten in Portugal, bei den Dreharbeiten zu einem Film, der – wie man erst später erfährt – ein Remake des Science-Fiction-Klassikers THE MOST DANGEROUS MAN ALIVE von Alan Dwann aus den fünfziger Jahren werden soll. Doch es gibt Schwierigkeiten. Als der Regisseur Friedrich dem alten Kameramann Joe die nächste Einstellung – einen langen Kameraschwenk entlang dem Hotelpanorama – erklärt hat, teilt dieser ihm lapidar mit, daß kein Filmmaterial mehr vorhanden sei, man drehe schon seit Tagen auf Resten.

Friedrich (oder Fritz, wie er von seinen Mitarbeitern auch genannt wird) nimmt diese Hiobsbotschaft recht gelassen auf. Er spricht davon, daß neues Rohmaterial aus Los Angeles unterwegs sein müsse, und überhaupt hätten wohl alle eine Ruhepause verdient...

Am Abend trifft sich das Team im improvisiert wieder hergestellten Hotelrestaurant. Die Bauruine dient nicht nur als Kulisse, sondern auch als Unterkunft für die Schauspieler und den technischen Stab. Alle trinken ziemlich viel, und niemand scheint so recht an der Erklärung interessiert zu sein, die Friedrich zum Fortgang der Arbeit abgibt – of-

Regisseur Friedrich (Patrick Bauchau) erklärt dem Kameramann Joe (Samuel Fuller) eine Einstellung, die dann nicht gedreht werden kann.

Drehbuchautor Dennis (Paul Getty III) hat keine Ideen mehr.

fenbar ist er der Einzige, der noch unverbrüchliches Vertrauen in den Produzenten Gordon setzt, der im fernen Los Angeles sitzt.

In ihren Zimmern isoliert, geben sich die Teammitglieder nun unterschiedlichen Beschäftigungen hin. Der Drehbuchautor Dennis, der offenbar Schwierigkeiten mit dem Fortschreiben der Story hat, läßt sich systematisch vollaufen; Kameramann Joe wartet eigentlich nur noch auf die Nachricht, daß seine Frau in einem Hospital in den USA gestorben ist; die Schauspielerin Jane telefoniert mit ihrem Freund in Amerika: Der Film zeigt all dies als Rituale der Selbstbezogenheit. Ein paar Tage geht das so weiter, nichts geschieht. Einzig den beiden kleinen Mädchen, den Darstellerinnen der Kinder in dem Science-Fiction-Remake, scheint die unfreiwillige Pause nichts auszumachen. Schließlich entscheidet sich Friedrich für einen Flug übers Wochenende nach Los Angeles. Dort will er Nachforschungen über den Verbleib von Gordon anstellen – telefonisch ist der nicht zu erreichen. Joe, der Kameramann, hat inzwischen vom Tod seiner Frau erfahren. Auch er fliegt zurück nach Amerika, verspricht Friedrich aber vorher, daß er nach der Beerdigung jederzeit wieder zur Verfügung stehe. Vor seinem Abflug hat Friedrich ein seltsames Erlebnis. Gordon hat sich eine Villa in der Nähe des portugiesischen Drehorts gekauft. Als Friedrich dem unbewohnten Gebäude einen Besuch abstattet, trifft er dort auf Drehbuchautor Dennis. Der zeigt ihm einen Personal Computer, in dessen Speicher der geplante Film Einstellung für Einstellung abgespeichert ist. Dennis erklärt ihm noch, daß er bei diesen Dreharbeiten am meisten zu verlieren habe. Friedrich versteht nicht, was er damit meint.

In Los Angeles angekommen, begibt sich der Regisseur in Gordons Büro, doch dort will man ihm keine Auskunft über den Verbleib des Produzenten geben. Ebensowenig ist dessen Rechtsanwalt bereit, Friedrich weiterzuhelfen – doch er spricht eine unverhohlene Warnung aus: Es gäbe noch andere, die auf der Suche nach Gordon wären, und Friedrich solle sich vorsehen – sonst könnten diese anderen noch glauben, er würde ihn womöglich finden.

Auf einem Parkplatz trifft er die Freundin von Dennis. Die erzählt ihm etwas, was er in der Tat noch nicht wußte: Der Drehbuchautor hat mit seinem privaten Geld einen großen Teil des geplanten Films vorfinanziert. Friedrich erinnert sich an dessen Worte in Gordons Villa...

Den findet er schließlich doch – in einem Wohnmobil, das vor einem Schnellimbiß-Restaurant geparkt ist. Gordon hält sich darin versteckt, chauffiert von einer Art Leibwächter. Gemeinsam fahren die drei durch das nächtliche Hollywood. Gordon erzählt Friedrich, was geschehen ist: Die Geldgeber, darunter offenbar auch einige Gangster, sind mit den Mustern, die sie von dem in Portugal bisher gedrehten Material gesehen haben, nicht zufrieden. Sie fordern ihr Geld zurück. Gordon jedoch ist pleite. An diese bittere Erkenntnis schließt sich ein Gespräch über die alte und die neue Philosophie der Traumfabrik an, was zusehends dazu führt, daß Friedrich und Gordon Monologe halten, denen der jeweils andere nicht mehr zuhört. Der eine erzählt von seinen vorangegangenen Versuchen, im Kino Geschichten zu erzählen, der andere träumt: »Hollywood, Hollywood – there's never been a place people had it so good like Hollywood.«

Der Morgen graut, eine lange Nacht ist zuende. Das Wohnmobil ist zu seinem Ausgangspunkt zurückgekehrt. Friedrich und Gordon steigen aus und verabschieden sich voneinander. Ein Auto fährt an dem Parkplatz vorbei, es fällt ein Schuß, Gordon bricht zusammen. Mit einer Super-8-Kamera, die Friedrich stets bei sich führt, zielt er auf das Auto der Mörder, dann wird auch er von einer Kugel getroffen. Das Bild wackelt. The End.

Ein Schlußbild der Hilflosigkeit: Die Kamera schießt vergeblich zurück. Und – zumindest auf den ersten Blick – ein Film der Hilflosigkeit: Ein in Hollywood glückloser deutscher Regisseur reflektiert in einer fiktiven Geschichte seine traurigen Erlebnisse in den Labyrinthen der Traumfabrik. Der Stand der Dinge – das ist für Wim Wenders zu diesem Zeitpunkt die Situation nach HAMMETT. Er wird nicht müde zu beteuern, daß er trotz aller Querelen auf dieses Werk stolz sei, was man ihm zugestehen mag. Doch die jahrelangen Auseinandersetzungen um diesen Film haben Spuren hinterlassen. Eine bleibende Spur ist DER STAND DER DINGE. Freilich: Den Film rein autobiographisch zu deuten, wäre eine Fehlinterpretation. Larmoyanz kann darin wohl nur ausmachen, wer beim Zusehen stets den Streit um HAMMETT im Kopf behält. Doch darum geht es nur am Rande, die reichlich vorhandenen Anspielungen auf die wirkliche Geschichte des Wim Wenders in Hollywood sind so geschickt mit der Geschichte des Regisseurs Friedrich Munro verwoben, daß ihr Bezug zur Realität nur Insidern auffallen wird. Niemals begibt sich Wenders auf das Niveau einer kleinlichen Abrechnung mit den allmächtigen Hollywood-Bossen, und so ist Gordon auch nicht einfach als alter ego von Francis Ford Coppola zu verstehen.

Wenders zielt viel tiefer. Ihm geht es um die Unterschiede zwischen dem europäischen Autorenkino und den industriell gefertigten Bildern aus der amerikanischen Traumfabrik. Als Betroffenem ist ihm klar geworden, daß beide Produktionsweisen nicht miteinander vereinbar sind. Als wesentlichen Unterschied nennt Wenders die Einstellung zum

Kameramann Joe betrachtet Filmmuster, die über seinem Hotelbett hängen.

Wim Wenders (Regisseur) erklärt Patrick Bauchau (Darsteller), wie man einen Regisseur darstellt.

Drehbuch: »In der europäischen Tradition, die ich kenne, ist das Drehbuch etwas, das von dem nach ihm gedrehten Film in Frage gestellt werden kann. Ein Film kann als Abenteuer gesehen werden oder als eine Art Suche nach sich selbst. Ich habe diese Tradition sehr weit geführt bei IM LAUF DER ZEIT und jetzt bei DER STAND DER DINGE, wo es keine Drehbücher gab, nur Anfangssituationen. Die Filme suchten nach ihrer eigenen Geschichte, oder das Drehen selbst war der Prozeß des Drehbuchschreibens.

In Hollywood fließt der größte Teil der kreativen Energie in das Drehbuch, so daß man beinahe sagen kann, der Film existiert bereits vollständig vor dem ersten Drehtag. Die Dreharbeiten erscheinen dann oft nur als die Ausführung der Ideen, Gedanken, Charaktere und Vorstellungen, die lange vorher konzipiert waren. Im Drehbuch und in der Vorbereitungsphase wird so vieles manipuliert, damit alles funktioniert und erfolgreich ist, daß beim Drehen dann kaum mehr Änderungsmöglichkeiten vorhanden sind. Auf diese Weise behält man die Kontrolle, verliert aber die Spontaneität. Natürlich ist das vereinfacht dargestellt, aber ich glaube, es ist eine gültige Klassifizierung, und natürlich kommen noch weitere Faktoren hinzu. Filmemachen in Amerika ist teuer. Deshalb müssen Filme mehr einspielen, um die Investitionen zurückzubringen. Man betrachtet Film in erster Linie als Industrie, während in Europa noch immer die Anschauung vorherrscht, Film sei eine Kunstform. Zumindest hoffe ich, daß diese Idee noch nicht ausgestorben ist. Aber vielleicht ist sie auch schon tot und niemand hat es mir gesagt...« (W.W., 1981)

Genau davon handelt nicht nur die lange Sequenz in Gordons Wohnmobil, sondern auch schon alles, was man vorher zu sehen bekommt: Bereits die fiktive Eingangssequenz macht den Unterschied zu der Gigantomanie der Science-Fiction à la Hollywood deutlich. Die kärgliche Ausstattung, das eigentümlich spannungslose Geschehen – all dies hat nichts zu tun mit den heute genreüblichen Materialschlachten. Obendrein ist auch noch von der Apokalypse die Rede – auch nicht gerade ein Punkt, der dem Trend amerikanischer Sternenkriegs-Euphorie entspricht. Auch der Umgang der Teammitglieder am portugiesischen Drehort untereinander unterscheidet sich wohl drastisch von der Art und Weise, wie man in den großen Studios arbeitet. Obwohl Wenders seine Protagonisten in einer Situation der Paralyse vorführt, bleibt dennoch eine kreative Eigenständigkeit spürbar, die die industrielle Fertigung von Filmbildern nicht zuließe.

Der Computer in Gordons Villa schließlich verweist wie selbstverständlich auf eine künftige Art der Filmherstellung, die sich gänzlich

In der verfallenen Villa des Produzenten Gordon erfährt Friedrich etwas über seinen Film, was er noch nicht wußte.

vom »Handwerk« gelöst hat. Filme werden »entworfen«, sie werden gleichsam am Reißbrett konstruiert, bevor sie auf der Leinwand erscheinen. Was längst keine Zukunftsmusik mehr ist: Die Elektronik hat Eingang gefunden an den Fließbändern der Bilder. Beispiel HAMMETT: Noch bevor der Film gedreht wurde, gab es eine Hörspielfassung, der Standbilder unterlegt wurden. So konnte man den Entwurf eines Film lange vor dessen Fertigstellung betrachten...

Wenders zieht also Bilanz: DER STAND DER DINGE ist Abschluß und Ankündigung von etwas Neuem zugleich. Über PARIS; TEXAS wird er später sagen, das sei eigentlich sein zweiter Film, während alle vorangegangenen sein erster gewesen wären. Eine Bilanz, die zwiespältig ausgefallen ist: Auf der Ebene der erzählten Geschichte erscheint sie resignativ, voll verhaltener Trauer über das Verschwinden einer bestimmten Produktionsweise, der alle bisherigen Wenders-Filme ihre Unverwechselbarkeit verdankten. Auf der anderen Seite jedoch bleibt eine positive Bilanz, die befreiend wirkt und den Weg vorwärts weist. Denn handwerklich hat Wim Wenders inzwischen selbst erreicht, was er an seinem großen Vorbild Yasujiro Ozu so bewundert: »Vor allem habe ich von ihm gelernt, daß die einzige Sensation in Filmen das Leben selbst ist. Dann habe ich gelernt, daß ›Geschichten‹ niemals Personen widerfahren, sondern im Gegenteil, daß manches Mal – und keineswegs notwendigerweise – sich eine Geschichte aus einem Charakter heraus entwickelt. Meistens aber findet die Geschichte gar nicht statt. Und dann habe ich noch gelernt, daß man in einem Film nichts erzählen kann, wenn man nicht eine starke Überzeugung oder großes Vertrauen in die Sprache besitzt, derer man sich bedient – und die heißt: *Film*. Man muß besessen sein von Form und Stil, damit man sich darum nicht mehr kümmern muß, sondern allein um das, was man eigentlich erzählen will.«

Daß er im STAND DER DINGE ausgerechnet davon erzählt, wie schwierig es ist, Geschichten zu erzählen, wenn man abhängig von Leuten ist, die daran gar nicht interessiert sind, führt beständig zu der Gefahr einer selbstgefälligen Nabelschau. In seinem Buch »Film im Film« charakterisiert etwa Horst Schäfer dieses Werk als »vielschichtig«, aber eben auch als »teils wehleidig, teils lakonisch«. Gewiß erzählt Wenders aus einem völlig anderen Blickwinkel als ein François Truffaut, dessen LA NUIT AMERICAINE eine einzige Liebeserklärung an das Kino darstellt. (Übrigens: Auch Truffaut hatte das Angebot erhalten, HAMMETT zu verfilmen. Er jedoch, der nie einen Film in den USA gedreht hat, lehnte dankend ab. Über die Gründe kann man nur spekulieren.)

Dennoch erscheint ein Vergleich zwischen dem STAND DER DINGE und Truffauts Film reizvoll. In der AMERIKANISCHEN NACHT ist ebenfalls die Rede vom Ende einer bestimmten Form des Kinos – dort geht es um das Kino der großen Stars, die den Erfolg an der Kasse weit mehr bestimmten als eine bestimmte Geschichte. Wenders' Film hingegen handelt vom Verschwinden des Autorenfilms europäischen Zuschnitts, einem Phänomen, das längst auch nicht mehr vor hierzulande gedrehten Lichtspielen haltmacht. Die Schere zwischen einer stark von der Individualität des jeweiligen Regisseurs bestimmten Aussage und der auf Gewinn ausgerichteten Herstellung aufwendiger aber beliebiger Schauwerte wird immer größer. Der schweizerische Regisseur Alain Tanner, einer der letzten auch international erfolgreichen Autorenfilmer, hat das Dilemma heutiger junger Autoren so zusammengefaßt: »Ich kann noch arbeiten, ich habe mir einen Namen gemacht, und wenn ich kein riesengroßes Budget fordere, finde ich immer einen Produzenten. Junge Autoren dagegen haben nur zwei Möglichkeiten: Entweder sie machen große, teure Filme, oder sie arbeiten wie ein Maler im Atelier, unter Ausschluß der Öffentlichkeit und mit ganz wenig Geld.

Jene, die den ersten Weg wählen, scheitern meist – denn sie werden paralysiert von der Angst, erfolglos zu sein. Ein Flop genügt, und sie werden nie mehr einen Film drehen dürfen.«

Die Liebe zum Medium, die intime Kenntnis seiner Geschichte, nützt da wenig, und die zahllosen Anspielungen auf Kinotraditionen, mit denen DER STAND DER DINGE nur so vollgestopft ist, gehen am heutigen Publikum weitgehend vorbei. Wer kennt schon noch John Fords Film THE SEARCHERS (in der BRD unter dem Titel DER SCHWARZE FALKE im Verleih), den Wenders ausführlich zitiert? Wer macht sich noch einen Reim auf das Nummernschild des Autos, das Regisseur Friedrich in Hollywood fährt? Darauf steht zu lesen »SAM SP-8« – nur aufmerksame Zuschauer entziffern das als »Sam Spade«, und auch dann wissen nicht alle, daß dies der Name des Detektivs ist, der den rätselhaften Fall in Dashiell Hammetts Roman »Der Malteser Falke« löst. Gut, das muß man auch nicht wissen, doch derlei Zitate richten sich an ein kundiges Publikum, das immer mehr im Verschwinden begriffen ist. Wo Truffaut in seinem Film dem Zuschauer eine sanft-ironische Hymne auf den Zauber des Kinos singt, geht Wenders sehr viel weiter: Er zeigt die Agonie einer Kunstform, die in die Fänge jener geraten ist, die sich einzig für Bilanzen interessieren. Anders gesagt: Auch das europäische Kino ist mehr und mehr einem neuen Typus von Produzenten ausgesetzt. Waren diese früher aus Liebe zum Kino bereit, auch Risiken einzugehen, sind sie heute stolz darauf, mit Geld zu tun zu haben.

Einen »beinahe dokumentarischen Film über eine fiktive Situation« hat Wenders den STAND DER DINGE genannt, und er sagt:

»DER STAND DER DINGE ist wahrscheinlich der düsterste Film, den ich bislang gemacht habe. Ein ›schwarzer Film‹, nicht nur optisch (der Film ist schwarzweiß gedreht, von dem französischen Kameramann Henri Alekan, der bereits mit Abel Gance, Jean Cocteau und Marcel Carné gearbeitet hat), sondern auch in seiner Stimmung, die wohl zu der Zeit sehr meiner eigenen entsprach.«

1982 gewinnt Wim Wenders mit diesem Film bei den Filmfestspielen von Venedig den »Goldenen Löwen«, was man getrost so verstehen kann, daß die Internationale Jury den STAND DER DINGE durchaus auch als historischen Film würdigen wollte. An der Kinokasse erwies sich das Werk jedoch als Mißerfolg. Ein großes Publikum zeigte kein Interesse an den Erfahrungen eines Regisseurs, der in Hollywood neue Erkenntnisse über seine Arbeit gewonnen hat: »Eine amerikanische Produktion, in Hollywood gedreht, in einem Studio, mit einem Produzenten, der sich selbst als Mittelpunkt des Films sieht – das sind genau die Bedingungen, die die Geschichte des amerikanischen Films ausmachen; all jene Filme, die ich so bewundert habe und die meine Ausbildung ausgemacht haben. Es ist eine so andere Art, einen Film zu produzieren, fast das Gegenteil von dem, was ich vorher gemacht habe, in dieser europäischen ›Autoren‹-Tradition, wo ich mein eigener Produzent war, bei sieben Filmen nacheinander. HAMMETT steht meiner Ansicht nach in einer langen Filmtradition europäischer Regisseure (viele von ihnen waren Deutsche), die nach Hollywood kamen, um dort zu arbeiten. Und ich wollte genau dieser Tradition folgen. Einmal einen Film mit dem Titel-Text ›directed by Wim Wenders‹ machen, nicht ›einen Film von Wim Wenders‹. Diese Tradition war ein solcher Mythos für mich, das amerikanische Kino hat mich über so lange Zeit hinweg verfolgt, daß es eine enorme Herausforderung für mich war, als Francis Coppola mir das Angebot machte, herüberzukommen und HAMMETT für ihn zu realisieren.«

»Alles verschwindet...«

LETTER FROM NEW YORK
CHAMBRE 666   1982

Während der Dreharbeiten zu HAMMETT dreht Wenders für das
französische Fernsehen einen kurzen Film, der die Entstehung dieses
Projekts reflektiert. Daraus entwickelt sich die Idee für eine Folge von
filmischen Tagebüchern. In CHAMBRE 666 hat er zahlreiche berühmte
Regiekollegen zu den Zukunftsaussichten des Kinos befragt. Der Titel
bezieht sich auf den Schauplatz: 1982 wohnte Wenders während der
Filmfestspiele von Cannes, wo HAMMETT endlich uraufgeführt wurde,
im Zimmer 666 des Hotel Martinez, wo er auch die Gespräche mit den
anderen Regisseuren aufzeichnete.

Dazu hatte er den Kollegen folgenden Fragebogen vorgelegt:

»Immer mehr Filme sehen aus, als seien sie von vornherein schon
für das Fernsehen gemacht, was das Licht, die Kadrierung und den
Rhythmus betrifft. Eine Fernsehästhetik hat, so will es scheinen, die
Filmästhetik ersetzt.

Eine große Zahl neuer Filme beziehen sich nicht mehr auf irgendei-
ne ›Realität‹ außerhalb des Kinos, sondern nur noch auf Erlebnisse in
anderen Filmen, so als ob ›Das Leben‹ keinen Stoff für Geschichten
mehr hergäbe.

Es werden immer weniger Filme gemacht. Die Tendenz: immer
großartigere Superproduktionen auf Kosten der ›kleinen‹ Filme. Und
dann kommen viele Filme auch sogleich auf Videocassetten heraus.
Dieser Markt wächst rasend schnell. Viele Leute sehen sich schon lieber Filme zuhause an als im Kino.

Die Frage deshalb: Ist das Kino eine Sprache, die uns verlorengeht,
eine Kunst, die schon im Untergang begriffen ist?«

Befragt wurden Jean-Luc Godard, Paul Morrissey, Mike de Leone,
Monte Hellman, Romain Goupil, Susan Seidelman, Noël Simsolo, Rainer Werner Fassbinder, Werner Herzog, Robert Kramer, Anna Caroli-
na, Mahroun Bagdadi, Steven Spielberg, Michelangelo Antonioni und
schließlich – in einem Versteck, weil er von der Auslieferung an die tür-
kische Regierung bedroht war – Yilmaz Güney. Die Antworten kann

An der Kamera: Wim Wenders.

Isabelle Weingarten und Wim Wenders in New York.

man in dem Band »Die Logik der Bilder« (Wim Wenders, Verlag der Autoren) nachlesen.

LETTER FROM NEW YORK dagegen ist so etwas wie ein filmischer Brief geworden. Der folgende Text ist als Kommentar Bildern von New York und Aufnahmen von den Dreharbeiten zu HAMMETT unterlegt:

»Wieder eine Nacht, wieder ein anderer Flughafen, Ankunft aus wieder einer anderen Stadt... ›Er war müde, und zum ersten Mal in seinem Leben war er des Reisens müde geworden. Ihm waren alle Städte zu einer einzigen zusammengeschrumpft, und er erinnerte sich an ein Buch, das er als Kind gelesen hatte.‹

So könnte manche Geschichte anfangen – oder mancher Film. Dieser hier hat keine Geschichte. Wovon erzählt er also?

Ich zögere, von mir selbst zu erzählen. Ich mache Filme, na gut, ich mache auch Filme, die persönlich sind – aber wirklich privat sind sie nie. Einem Fernsehpublikum von mir zu erzählen, das kann ich nicht. Trotzdem hat es mich gereizt, eine Art Tagebuch in Bildern für diese Sendung zu machen. Es ist lange her, zwölf Jahre oder noch länger, daß ich selbst eine Kamera in die Hand genommen habe, um Bilder ohne den Zusammenhang einer Geschichte herzustellen. Ich habe seither zehn Spielfilme gedreht, also auch zehn Geschichten erzählt, die meisten davon in Deutschland. In ›Europa‹, wie man hier meistens sagt. ›Hier‹, das sind die USA, wo ich seit vier Jahren lebe.

Obwohl meine Arbeit seit langem darin besteht, Geschichten in Bildern zu erzählen, ist mir das nie wie ein Beruf vorgekommen. Vielleicht deshalb, weil mir die Bilder wichtiger erschienen sind als die Geschichten. Weil ja die Geschichten im Grunde nie mehr sind als Vorwände, um Bilder zu machen. Und vielleicht auch, weil mir von Zeit zu Zeit die Bilder abhanden kamen – über Wochen und Monate. Dann sehe ich überhaupt nichts mehr, kein Bild erscheint mir bemerkenswert, ich habe keine Lust, eines zu bewahren, und wenn ich es trotzdem versuche, dann erscheint es mir plötzlich willkürlich. Beliebige Bilder, weil man ihnen keine eigene Blickrichtung geben kann. Und das Schlimmste, was einem geschehen könnte: den touristischen Blickwinkel zu wählen.

Erzählen ohne Geschichte: Nicht nur, daß die Bilder austauschbar erscheinen, wie der Beliebigkeit ausgesetzt, verloren auf der Suche nach einer vergangenen Form. Vielmehr schauen mich die Gegenstände darin vorwurfsvoll an: Laß' uns in Ruhe. Es scheint, als sei ein Zeitabschnitt der widerspenstigen Bilder für mich angebrochen. Kino hilft dabei gar nicht, im Gegenteil: Die amerikanischen Filme ähneln immer mehr ihrer eigenen Plakatwerbung. Alles hat hier diese Tendenz, für sich selbst Reklame zu machen. Die Invasion und Inflation der Bilder. Das Fernsehen wird – wie immer – zum Gift für die Augen.

Schließlich, nach Tagen des Umherirrens, ist es ein Buch, das mir die Lust an den Bildern zurückgibt – indem es mich auf den Sinn des Erzählens verweist. Diese schlichte und doch exemplarische Geschichte, die voller Respekt für Einzelheiten ist, erinnert mich daran, daß auch das Kino auf genau diese Art zu erzählen vermag – nämlich die Dinge so erscheinen zu lassen, wie sie sind. Und sofort fällt mir eine neue Geschichte ein.

›Sie saß am Fenster. Sie wartete, während sie den Himmel und den Park betrachtete.‹

Zum gleichen Zeitpunkt gibt es eine weitere Arbeit, die in diesen Tagen zuende gehen wird: Der Schnitt von HAMMETT, meinem ersten amerikanischen Film, der in Hollywood gedreht wurde. Hier gibt es drei Schnittmeister, sie arbeiten in drei verschiedenen Räumen, so schnell wie möglich. Diese Art der Montage unterscheidet sich von der, die ich bisher kennengelernt habe. Die Geschichte des Films und seine Bilder sind meiner Verfügung entzogen. Ich kann beides nicht überprüfen wie bei meinen vorherigen Filmen. An einem Abend gab es eine Talkshow im Fernsehen mit Tony Richardson und Louis Malle (der im letzten Moment abgesagt hat). Man redete (oder auch nicht) von den Unterschieden zwischen dem amerikanischen und dem europäischen Kino.

Der Film, den ich im letzten Jahr gemacht habe, während einer Drehpause von HAMMETT, heißt DER STAND DER DINGE. Er spricht genau von diesem Gegensatz. Der Film endet in Hollywood – mit einem langen Zusammentreffen zwischen dem Regisseur und seinem Produzenten.

Der Produzent von HAMMETT, Coppola, kommt in New York an. Es sind die allerletzten Tage des Schnitts. Es gibt viele Vorpremieren in Kinos am Broadway. Mit einem zufälligen Publikum. Danach: Lange Diskussionen mit Coppola und den Cuttern. Noch einmal wird man den Film kürzen. Das ist das amerikanische System. Der Film gehört dem Produzenten. Vor dem Haus, in dem ich in New York wohne, sieht man die Basalt-Felsen, auf denen sich die Stadt erhebt. Mein nächster Film die nächste Geschichte, geschrieben nach vier Büchern von Peter Handke, wird davon erzählen, auch davon. Ich habe angefangen, das Drehbuch zu schreiben. Ich bin dabei über einen Satz von Cézanne gestolpert:

›Es steht schlecht. Man muß sich beeilen, wenn man noch etwas sehen will. Alles verschwindet.‹«

Von des Berges Spitze
kündet der Dichter

ÜBER DIE DÖRFER 1982
(THEATERINSZENIERUNG)

Sonntagmorgen. Zur Gottesdienstzeit wallten die Eineinhalbtausend
zu Salzburg in die Felsenreitschule, Peter Handkes ÜBER DIE DÖRFER
zu sehen. Drei Schlag war es über das Mittagsläuten, als die große Ur-
aufführungsgemeinde, selig ermattet, nach vieren und einer halben
Stund' gesammelter Andacht, wieder hinauszog über die Stadt, den
Garküchen und Imbißstuben entgegen, innigst betäubt noch vom drei-
viertelstündigen Prophetenschlußwort der Libgart Schwarz, die da
heißet Nova, in ernster Ergriffenheit dieser neu geheiligten Welt ins
lärmend-bunte Sonntagsnachmittagsangesicht schauend...
    Ein Besinnlichkeitsmarathon. Ein Bühnenweihfestspiel von Peter
Handke, in Szene gesetzt auf der weiten Salzburger Felsenbühne von
Wim Wenders, dem guten Freund des Autors seit achtzehn Jahren.
Wenders, der, hollywood-müde, erschöpft vom großen Kino, sich hier
zum ersten Mal dem Theater verschrieben hat.
    Ein Theatererfolg? Ein Mißerfolg? So schnöde wird man hier nicht
fragen dürfen. Zum Schluß gab es kräftige Buhs, die zur Hauptsache
dem Autor galten, aber auch den trotzigen Beifall derer, die durchgehalten hatten. Zur Pause schon und später waren viele still von dannen
geeilt. Ein Anlaß überhaupt für eine Kritik?
    In Handkes Augen gewiß nicht. Denn nichts kann ihm wohl küm-
merlicher erscheinen als das Gestammel der professionellen »Mei-
nungsplünderer«. Heilsbotschaften, Seherworte bedürfen nicht der Re-
zension, der Absegnung durch das Feuilleton. »Und verachtet die
unernsten Spötter«: Der Dichter hat sich in den zehnmal zehn Geboten
einer Nova gleich gegen alle bösen Ironiker, gegen alle, die den Schau-
der seiner Verkündigung vom Wahren, Guten, Schönen nicht ehrfürch-
tig auf sich wirken lassen wollen, versichert. Sternenweiterhaben ist
Handkes neuer Mensch, einer dieser wenigen »Wirklichen«, Erprobten,
Daseinsfrommen, über das Gebell der Skeptiker, jener, die den alten
Geist der kritischen Aufklärung nicht lassen wollen.

173

»Ja«, befielt Nova hoch oben auf der Leiter am Friedhof den bunten lauschenden Menschlein, »überliefert form-sehnsuchts-durchdrungen die heile Welt – das Hohnlachen darüber ist ohne Bewußtsein. Es hat den falschen Namen: es sind die Krepierlaute der Seelenkadaver.«

»LANGSAME HEIMKEHR«: So nennt Handke, zusammenfassend, den vierteiligen Werkzyklus, als dessen Endstück er sein »dramatisches Gedicht« versteht. Vorausgegangen waren die Erzählungen »Langsame Heimkehr« (1979), das poetische Manifest »Die Lehre der Sainte-Victoire« (1980) und die »Kindergeschichte« (1981). Ein Werkzusammenhang, der einen Weg des Autors Handke zurück aus der »großen Welt« in die »Heimat«, in eine wiedergewonnene Daseinsfrömmigkeit, in eine Lebens- und Weltzuversicht, die sich die Natur zum Maße nimmt; in ein neues starkes Überlieferungsbewußtsein führt. Ein Weg, der den Autor auch ganz nah in die große österreichische Literaturtradition von Stifter bis Hofmannsthal zurückführt – das destruktive, hektische Begriffsgeplapper der »falschen Schriftgelehrten«, der End- und Spätzeit-Pessimismus, das Gerede von der unheilen Welt.

Um Menschlichkeitstheater geht es, entfaltet an der archaischen Konstellation eines Familienkonflikts. Die Geschwister Gregor, der »Intellektuelle«, der zurückkehrt in die Heimat, Hans, der Arbeiter, der immer im Tal blieb, und Sophie, die Angestellte, die im gemeinsam ererbten Haus der Eltern nun ein eigenes Ladengeschäft aufmachen will, begegnen sich auf dem Boden ihrer Vorfahren. Die Begegnung, auf höchster rhetorischer Stilisierungsebene ausgetragen, mündet in dem furchtbaren, lebensbedrohenden Streit ums Erbe der Eltern, um seine Bewahrung – doch Nova, Göttin des »neuen Zeitalters«, tritt als Schlichterin dazwischen, verheißt Trost, Versöhnung, neues Heil und eine Zukunft, die von der Unschuld des Kindes getragen wird: »Ich sehe vor uns ein großes Reich, das noch leer ist... Der Himmel ist groß. Das Dorf ist groß. Der ewige Friede ist möglich. Abmessend wissend, seid himmelwärts. Seht den Pulstanz der Sonne und traut euerm kochenden Herz. Das Zittern eurer Lider ist das Zittern der Wahrheit...«

Kein geringes Ziel hat der Dichter vor Augen. Das ganz und gar andere will er; die Abkehr von einem wie immer gearteten und begründeten psychologisch-kritischen, sozialrealistischen Theater, wie es die vergangenen Jahrzehnte die Bühnen beherrschte, ist vollkommen. Zusammenschau statt Analyse, hymnisch gestimmte Wechselrede statt Schlagabtausch im Dialog, Kunst-Bewußtsein statt Milieuangaben.

Jahrtausendealte abendländische Tradition soll sich auch im technisch-zivilisatorischen Alltag von heute wiederfinden, Formen der attischen Tragödie, des Preislieds sollen sich auch an unserer Arbeitswelt

"Über die Dörfer": Das Bühnenbild von Jean-Claude Chambas und Philippe Boudin.

bewähren. Die Verwalterin der Bauhütte (Karin Baal) ruft emphatisch nach dem neuen Künstler, dem »unbekannten Meister der Großbaustellen«, der mit seinen Farben und Formen den Ort verherrliche.

Gesucht, versucht, wird ein neuer Mythos, Vergangenheit und Gegenwart verschmelzend. Der Text, stellenweise, vor allem in den Singsangpartien des Festes der Arbeiter bis ins ganz und gar Rätselhafte verschlüsselt, verknüpft literarische Assoziationen aus allen Jahrhunderten (und ist so auch rasch zu einer bevorzugten Ausgrabungsstätte für die Literaturwissenschaft geworden). Das antikisierende Bild vom »Fremden aus Übersee«, mit dem Gregor gleich anfangs beschrieben wird, verbindet sich mit einer Metapher aus dem »Parzival« (»blind für die Tropfen Blut im Schnee«), mit dem Nietzsche-Wort von »Wanderer ohne Schatten« und einem Bob-Dylan-Zitat (Gregor war ohne Ohr für den »unterirdischen Heimwehchor«). Nova ihrerseits, die zu Beginn Gregor so feierlich vorstellt, ist Dantes Werk »La vita nuova« entsprungen: Künderin des neuen Lebens, des neuen Menschen.

Wer so hoch ausgreift, tut leicht einen tiefen Fall. Nur ein Schritt vom Erhabenen ins Lächerliche, vom großen Pathos in die altkluge, bedeutungsraunende Banalität. »Und entwertet nicht den euch endlich gelingenden Ernst mit Witzen. Es gibt keine guten Witze...«, sagt Nova – und selbst Libgart Schwarz, die große Schauspielerin, die dieses Stundengebet der Nova mit ihrer eigenartig intonierenden, nachdenklich stockenden Stimme gerade noch eben vor dem furchtbaren Absturz ins feierlich-phrasenhafte Nichts bewahrt, kann an solchen penetranten Stellen ein leises Gekicher im Publikum nicht verhindern.

Wie immer man die Botschaft des Autors inhaltlich beurteilt (es ist, in den von Handke so verachteten Begriffen, der reinste Neokonservatismus) – von Satz zu Satz, von Bild zu Bild, von Stund' zu Stund', die das dramatische Gedicht andauert, ist der weihevoll-priesterliche Gestus, die einschüchternd orakelnde Attitüde des Autors Handke schwerer zu ertragen. Hier ist er wieder, lange totgeglaubt, seit Stefan Georges Zeiten, in der idealistischen Verstiegenheit und Selbstüberschätzung der eigenen Rolle längst erkannt und vom Podest geholt: Mehr Dichterprophet, auf des Berges Spitzen den öffentlichen Händen dieser Gesellschaft entrückt, der Heilskünder, Weg-Weiser, dem nur zu glauben und zu folgen ist.

Dies vielleicht ist das Verräterische an Handkes Stück; daß die Hoffnung, die es verheißt, die Zuversicht, die es predigt, nirgends aus diesen Menschen selbst erwächst, sich aus ihnen, ihren Handlungen und Begegnungen erklärt, an ihrem Leben zu Sprache wird: Die Botschaft ist einfach von außen aufgesetzt, dem dramatischen Personal in den Mund gelegt, ein Halleluja aus dem Irgendwo. Das Maß aller Dinge setzt der Dichter – und nur er.

Nur einmal in diesen viereinhalb langen, langsamen Stunden der Salzburger Uraufführung, nur einmal stockt der Atem. Als Else Quecke, die Alte Frau, mit dringlicher, unerbittlicher Stimme den Fluch über die neuen Dörfler ausspricht:

»Die nur noch auf das Läuten der elektrischen Kegelbahn hören, ich möchte ihre Mäuler verfluchen, die wie Sparbüchsenschlitze sind, in die nur hineingesteckt wird, wo aber nicht mehr herauskommt. Ich möchte ihre falschen Trachten verfluchen, mit den gipsweißen Strümpfen, den ledernen Sturmriemen vor der Brust und den Hirschhornknöpfen, groß und löchrig wie Totenschädel.«

Das ist die Kraft und Genauigkeit der Sprache, die sonst in der blutleeren Abstraktion, im Gleichnishaften ganz und gar unterzugehen drohen. Paradox, aber bezeichnend: gerade da, wo der Autor Handke kurzzeitig die Kanzel verläßt und sich, als Zeitgenosse und skeptischer Beobachter, unter die Menschen begibt.

Nur wenig sonst ist, über Else Queckes Auftritt hinaus, von der Aufführung zu berichten. Eine ganze Zeitlang steht man anfangs unter dem

Eindruck des weiten, wunderbaren Natur-Kunst-Raums der Felsenbühne. Jean-Paul Chambas hat eine helle marmorne Riesenplatte als Spielfläche leicht schräg gelegt, läßt über die Felswand mit den Säulengängen eine wattig zerfaserte, milchig weiße Wolke segeln. Wim Wenders hat, mit Martin Schwab (Gregor), mit Rüdiger Vogler (Hans), mit Elisabeth Schwarz (Sophie) und den anderen, schon genannten Schauspielern, ein ganz großes Aufgebot parat – diesem Stück kann auch das nichts anhaben. Über lange gemessene Gänge, feierliche Statuarik, über symmetrische Arrangements geht nichts hinaus. »Effekte« aller Art sind ohnehin verpönt.

Und so hat Wenders sich auch vor allem strikt an das gehalten, was Peter Handke, wieder durch den Mund seiner Nova, dem Menschen aufträgt: »Geht langsam... bewegt euch in unauffälliger Langsamkeit.«

Gerhard Jörder

Vater und Sohn (Harry Dean Stanton und Hunter Carson).

Sohn und Mutter (Hunter Carson und Nastassja Kinski).

»Together we will make it happen«

PARIS, TEXAS 1984

Aus der Totale einer mit Felsen durchsetzten Wüstenlandschaft
taucht ein Mann auf. Er hat nichts weiter bei sich als eine Feldflasche
aus Plastik, aus der er einen letzten Schluck nimmt, bevor er sie weg-
wirft. Er ist unrasiert, trägt schäbige Kleidung und sein geradliniges
Fortschreiten macht nicht den Eindruck, als habe er ein festes Ziel.
Schließlich erreicht er eine Service-Station am Rande der Wüste. Er betritt das heruntergekommene Gebäude, eilt zielstrebig zum Kühlschrank
und stopft sich Eiswürfel in den Mund. Dann bricht er zusammen.

Er erwacht auf dem Untersuchungstisch eines herbeigerufenen Land-
arztes, der ihn nach seinem Namen fragt. Doch der Unbekannte bleibt
stumm. In der Jacke des Stummen hat der Arzt eine Visitenkarte gefunden. Er ruft die dort verzeichnete Telefonnummer in Los Angeles an.
Dort meldet sich ein Walt Henderson, der gleich vermutet, es handle
sich um seinen Bruder Travis. Walt ist überrascht, denn Travis gilt seit
vier Jahren als verschollen. Auch seine Frau Anne scheint verblüfft und
etwas verängstigt, doch Walt macht sich gleich auf den Weg, um seinen
Bruder im fernen Texas abzuholen.

Dort angekommen, muß er erfahren, daß sich Travis schon wieder
abgesetzt hat. Er begleicht die Arztrechnung und fährt seinem Bruder
nach. Schließlich findet er ihn auch auf einer staubigen Landstraße und
kann ihn überreden, zu ihm ins Auto zu steigen. Doch Travis bleibt
stumm, auch auf mehrfaches Fragen gibt er keine Antworten. Walt
macht zunächst Station in einem Motel, von wo aus er in einen nahegelegenen Ort fährt, um neue Sachen für Travis zu besorgen. Als er von
seinem Einkauf zurückkehrt, ist der schon wieder verschwunden.

Erneut spürt Walt ihn auf, er nimmt ihn wieder mit, denn er will ihn
nach Los Angeles bringen. Endlich, ganz langsam und zurückhaltend,
bricht Travis sein Schweigen, doch er erzählt nicht, wo er die letzten
vier Jahre verbracht hat. Stattdessen zeigt er seinem Bruder ein zer-
knicktes Foto von einem kahlen Grundstück. Darauf sei Paris, gelegen
in Texas, zu sehen. Er habe dieses Stück Land gekauft, um dort für
seine Familie ein Haus zu bauen. Walt erfährt auch, warum ausgerechnet dort: Beider Vater habe dort zum ersten Mal mit der Mutter geschla-

fen – Travis nimmt an, daß er dort gezeugt worden sein könnte...
Langsam erfährt man, daß er selbst eine Familie hatte. Sein Bruder
fragt ihn, ob er in den Jahren seiner Abwesenheit etwas von Jane, seiner
Frau, gehört habe. Travis verneint. Und Walt erzählt von dem kleinen
Hunter, dem Sohn von Travis und Jane, den er und seine Frau Anne
eines Tages vor ihrem Haus gefunden hätten. Sie haben ihn adoptiert,
weil sie die richtigen Eltern nicht ausfindig machen konnten.

Am Flughafen von El Paso weigert sich Travis, das Flugzeug nach
Los Angeles zu besteigen – er will weiter mit dem Auto fahren. Walt
kann ihn zwar überreden, doch noch vor dem Start verläßt Travis die
Maschine wieder. Walt gibt nach, doch böse wird er, als Travis auch
noch verlangt, wieder den gleichen Leihwagen zu bekommen, mit dem
die beiden bisher gereist sind.

Schließlich kommen sie in Los Angeles an. Anne begrüßt ihren
Schwager mit ehrlicher Herzlichkeit, doch Hunter, der sich kaum noch
an seinen richtigen Vater erinnert, bleibt scheu und zurückhaltend, der
erste gemeinsame Abend der beiden verläuft eher frostig. Am nächsten
Tag versucht Travis, Hunter von der Schule abzuholen. Doch der kleine
Junge läßt sich lieber von der Mutter eines Freundes nach Hause
fahren. Travis ist sichtlich enttäuscht. An diesem Abend schlägt Walt
vor, einen alten Urlaubsfilm vorzuführen, den er vor Travis' Verschwinden aufgenommen hat. Darin sieht man die beiden Familien mit dem
kleinen Hunter, und während der Film läuft, tauschen Travis und
Hunter erste scheue Blicke. Danach geht der Junge ins Bett, doch
diesmal sagt er sowohl zu Walt als auch zu Travis: »Good night, dad!«

Auch am nächsten Tag holt Travis seinen Sohn von der Schule ab.
Doch diesmal ist er besser vorbereitet: Mit der freundlichen Hilfe eines
mexikanischen Dienstmädchens hat er sich aus dem Kleiderschrank
seines Bruders herausgeputzt – angetan mit einem adretten Anzug ist
der einsame Wanderer aus der Wüste kaum wiederzuerkennen. Und
diesmal akzeptiert Hunter – anfangs versucht er noch, einem Freund
mühsam zu erklären, daß er nun zwei Väter habe, doch dann folgt er
Travis, allerdings zunächst auf der anderen Straßenseite, doch im Bun-
galow von Walt und Anne kommen beide zusammen an. Am Abend
blättern sie in einem alten Familienalbum und Travis erzählt von seinen
Eltern. Hunter fragt ihn nach Jane, doch Travis weiß keine Antwort.

Am gleichen Abend erzählt ihm Anne, daß Jane jeden Monat von
einer Bank in Houston aus Geld für Hunter überweise. Nun hat Travis
eine Spur, am nächsten Tag kauft er sich ein Auto und er teilt seinem
Bruder mit, daß er sich auf die Suche nach seiner Frau begeben
wolle. Wieder holt er Hunter von der Schule ab, und als er ihm von

seinem Plan erzählt, will der Junge ihn begleiten. Die beiden machen sich auf den Weg nach Texas. Von einer Telefonzelle aus ruft Hunter noch einmal seine Pflegeeltern in Los Angeles an, die entsetzt und verzweifelt sind. Für Anne ist genau das eingetreten, was sie befürchten mußte: Sie hat das Kind an seinen richtigen Vater verloren.

Travis und Hunter legen sich vor dem Bankgebäude in Houston auf die Lauer. Tatsächlich entdecken sie Jane in einem roten Chevy beim Verlassen der Drive-in-Bank. Eine kurze Verfolgungsjagd führt die beiden zu ihrem Arbeitsplatz, zu einem heruntergekommenen Gebäude in einer nicht eben feinen Gegend. Hunter bleibt im Auto, und Travis geht hinein. Er entdeckt, daß Jane in einer Art Peepshow arbeitet, in der die Kunden durch halbdurchlässige Glasscheiben von den Mädchen getrennt sind. Am Abend betrinkt sich Travis, und am nächsten Morgen will er wieder fortfahren. Doch an der entscheidenden Kreuzung weist ihm Hunter erneut den Weg zurück. Erneut in der Peepshow angekommen, bestellt sich Travis wiederum Jane in seine Kabine – am Tag zuvor hat er sie nur kurz gesehen, er hat den unwirtlichen Ort voller Verzweiflung gleich wieder verlassen.

Nun hat er mehr Mut mitgebracht: Er beginnt, Jane eine Geschichte zu erzählen. Die Geschichte handelt von einem Mann, der sich in eine viel jüngere Frau verliebt hat. Er hat sie geheiratet, doch mit seiner Eifersucht hat er die Beziehung langsam aber sicher zerstört. Erst als das Mädchen ein Kind bekommen habe, habe sich kurzfristig eine Verbesserung ergeben, doch ein Zusammenleben auf Dauer schien nicht möglich. Der Mann habe seine Frau nur noch gequält, und eines Tages habe sie ihn zusammen mit dem gemeinsamen Sohn verlassen.

Während dieser Erzählung sieht man Jane an, daß sie ganz langsam erkennt, daß Travis seine und damit ihre Geschichte erzählt. Sie erkennt ihn wieder und erzählt nun ihrerseits von ihrer Traurigkeit und vor allem davon, warum sie Hunter bei Walt und Anne abgeliefert habe – sie glaubte, ihm keine gute Mutter sein zu können.

Travis gibt ihr die Adresse des Hotels, wo er Hunter zurückgelassen hat. Er bittet sie, dorthin zu gehen. Sie sagt zu. Jane hält ihr Versprechen: Während sie in einem der oberen Stockwerke eines Hotelpalastes mit Hunter zusammentrifft, besteigt auf dem Parkplatz darunter Travis sein Auto und fährt wieder weg. In der Schlußtotale verschwindet er in der Ferne eines langen Highways, der von einem Reklameschild gesäumt wird, auf dem zu lesen steht: »Together we will make it happen«.

Ein Mann kehrt heim: Längst haben ihn seine Freunde abgeschrieben, und nicht einmal er selbst glaubt noch daran, daß er am Leben ist. Travis kommt direkt aus der Wüste, und man erfährt bis zum Schluß

Die Eröffnungssequenz in der texanischen Wüste wird gedreht.
Harry Dean Stanton und Wim Wenders.

nicht, was er in den vier Jahren zuvor getan hat. Daß er überhaupt zurückkommt, erscheint schon erstaunlich genug. Frau und Kind hat er im Stich gelassen, oder war es umgekehrt? Viele Gründe dafür sind möglich, doch der einzig wichtige war wohl – das deutet der Film in der ganzen ersten Hälfte an – in Travis selbst zu suchen, in seiner Unfähigkeit, überhaupt irgendwo heimisch werden zu können. Eine alltägliche Geschichte: Da geht einer weg, weil er die Mühsal des Alltags nicht mehr erträgt, da folgt einer einem Ruf, der ihn letztlich nirgendwohin führt. Bindungen werden so schnell aufgelöst wie sie zustandekommen – Katastrophen am laufenden Band. Wunden, die nur langsam heilen. Unendliche Mühe hat Walt, der einfühlsame Bruder, dem in seiner eigenen Welt Verlorengegangenen den Weg zurück in die Gemeinschaft zu ebnen, und am Ende bleibt die Frage, ob Travis' kurzer Aufenthalt in der durch und durch bürgerlichen Umgebung der heimeligen Familie in Los Angeles nicht bloß eine folgenlose Episode war. Der Schluß des Films ließe sich auch als Beginn einer neuen Katastrophe deuten: Travis geht wieder weg, und was soll nun werden mit dem kleinen Hunter und seiner Mutter, bei denen er schon einmal »versagt«

hat? Und war die lange Lebensbeichte, vollzogen in der tristen Umgebung einer Peepshow, tatsächlich Katharsis genug, um als Ausgangspunkt für einen Neubeginn aller Beteiligten hinzureichen? Daß die Scherben, die Travis einst hinterlassen hat, nicht mehr zu kitten sind, das weiß er selbst am besten. Doch hat er mit seinem kurzen Auftritt nicht eine neue Wahnsinnstat begangen, als er Hunter den Pflegeeltern entrissen hat, um ihn seiner biologischen Mutter zurückzugeben?

PARIS, TEXAS stellt all diese Fragen, doch er gibt eigentlich nur eine einzige Antwort: Auch an jenem Ort, der dem Film den Titel gegeben hat, würde sich der Traum des Travis nicht erfüllen. Auch dort würde er wohl nur Trümmer hinterlassen.

Der zweite Film von Wim Wenders. Alle früheren Werke seien sein erster gewesen – so hat er es selbst mit einer gewissen Koketterie formuliert. Und tatsächlich: Thematisch verbindet die Geschichte von PARIS, TEXAS nichts mehr mit den »Männererfahrungen«, die die früheren Protagonisten von Filmen wie IM LAUF DER ZEIT, FALSCHE BEWEGUNG und DER AMERIKANISCHE FREUND gemacht haben. Einzig zu ALICE IN DEN STÄDTEN drängt sich manche Parallele auf: Hier wie dort wird ein einsamer, verzweifelter Mann durch die Beziehung zu einem Kind »sozialisiert«, gleichsam »wiedereingegliedert« in eine Gesellschaft, deren Konventionen und Banalitäten er nicht mehr ertragen zu können glaubte. Doch der Weg des Travis nimmt einen anderen Verlauf als jener des Journalisten Philip: Hat dieser nur für kurze Zeit die Verantwortung für die kleine Alice übernommen, um dabei wie zufällig zu entdecken, daß er zu so etwas überhaupt noch in der Lage ist, sehnt sich Travis nach Verantwortung für seinen Sohn – doch als er sie dann tragen muß, gibt er sie schnell weiter. Anders als für Philip scheint es für ihn keine Alternative zu seinem verkorksten Leben zu geben.

Wer eine so geradlinige und dennoch gefühlsbetonte Geschichte ebenso geradlinig und ohne Schnörkel erzählt, muß mit Mißverständnissen rechnen. Nach seinem Triumph in Cannes und den dort verfaßten hymnischen Kritiken trat ein, was kommen mußte. Nicht zuletzt angesichts des nicht endenwollenden Jubels über einen Film, der in der Bundesrepublik erst mit acht Monaten Verspätung in die Kinos kam, den also folglich kaum ein deutscher Zuschauer kannte, konnten Polemiken gegen dieses Werk nicht ausbleiben. Der Kitsch-Vorwurf, der häufig geäußert wurde, ließ sich noch am leichtesten widerlegen. Wenn man Kitsch als etwas definiert, was aus seinem Blickwinkel alles ausschließt, was an der menschlichen Existenz im Wesentlichen unannehmbar ist, dann trifft dies für PARIS, TEXAS gewiß nicht zu – auch

Die beiden Brüder:
Travis,

Walt
(Dean Stockwell)

und beide zusam-
men.

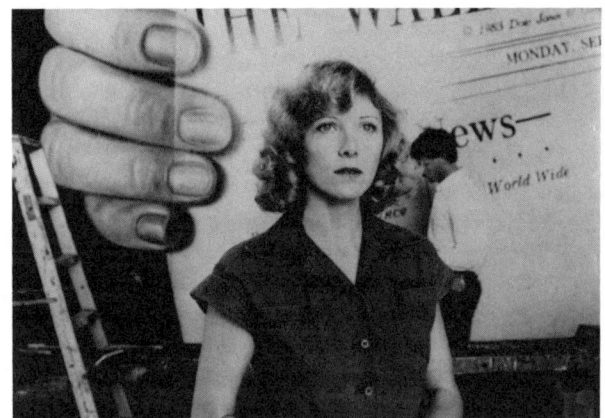

Hunters Pflegemut-
ter Anne (Aurore
Clément), Walts
Frau.

Hunters richtige
Mutter Jane, Tra-
vis' Frau.

Lebensbeichte in
der Peepshow: Tra-
vis und Jane bleiben
durch eine Glas-
scheibe getrennt.

nicht unter dem Vorbehalt, daß die Personen keinen ausgewiesenen sozialen Hintergrund haben. Es ist nicht sonderlich wichtig, warum die Beziehung zwischen Jane und Travis nicht funktioniert hat, und es ist ebenso irrelevant, was Travis in den vier Jahren seiner Abwesenheit getrieben hat. Im Vordergrund steht vielmehr das Moment der Hoffnung auf Wiedergutmachung – auch wenn die sich am Ende als trügerisch erweist.

Einen tiefergehenden Widerspruch hat Dieter Wellershoff in der »Zeit« formuliert: »Der eigentliche Skandal des Films ist seine zentrale Aussage, daß Kinder zu ihren biologischen Müttern gehören, egal wie unmütterlich sich diese verhalten haben.« Nun ist dies gewiß nicht die zentrale Aussage des Films, doch natürlich war es der risikoreiche Schluß – vom Gespräch zwischen Travis und Jane bis zum möglichen Happy-End im Hotel –, auf den viele Kritiker und Zuschauer wahrlich allergisch reagiert haben.

Wenders selbst räumt ein, daß ihm dieser Teil des Films die meisten Schwierigkeiten bereitet habe:

»Jane war für mich am Ende kein Opfer mehr. Sie war ein Opfer der Vergangenheit. Ohne diese Geschichte mit Travis, die dazu führte, daß sie das Kind nicht länger akzeptieren konnte, gäbe es für sie keine Veranlassung, in diesem Job zu arbeiten. Und das wurde dann zu Travis' Geschichte: Er begriff, daß er nicht länger mit ihr und dem Kind als Familie würde leben können, daß es seine Pflicht war, jeden für den anderen freizumachen... das Kind für die Mutter und die Mutter für das Kind. Und zur gleichen Zeit selbst auf sie zu verzichten, auf beide. Das war das Konzept, wie ich es Sam zugeschickt hatte.

Und diese Vorstellung von jemandem, der anfangs nicht reden kann, und von zwei Leuten, die sich dadurch befreien, daß sie reden... Das hat das Ende des Films wirklich gerettet, diese Idee, einen Ort zu finden, der zum Reden da ist, aber innerhalb der Anonymität einer Peepshow... Und die Vorstellung, wie dieser Mann, der zuerst praktisch taubstumm war, an diesen Ort kommt. Die Tatsache, daß dieser Film, in dem am Anfang ja nicht gerade viel geredet wird, mit einer sehr langen Rede aufhört, bedeutete praktisch den Durchbruch. Es war sogar ein ziemlich entscheidender Durchbruch. Nicht nur auf diesen Film bezogen, sondern auch innerhalb meiner Arbeit und in der Tradition meiner anderen Filme gesehen, ist diese Lösung für mich ein wichtiger Schritt.«
(Wim Wenders, im Presseheft)

Ursprünglich war ein anderes Ende vorgesehen, ein »mythologischer Schluß«, in dem Vater und Sohn zusammen in die Wüste gehen. Dazu Sam Shepard, der Drehbuchautor.

»Ich weiß nicht mehr genau, wer sich das ausgedacht hat, aber ich glaube, Wim war es, der sich am meisten dafür begeisterte. Und lange Zeit haben wir gedacht, egal was kommt, egal welche Richtung der Film nimmt, auf jeden Fall wird es diesen mythologischen Marsch der beiden nach Paris, Texas, geben, der Vater mit dem Kind auf den Schultern, wie er ihm Geschichten erzählt und all diese Legenden. Und das fiel auch raus. Aber das ist nicht schlimm. Denn ich glaube, das jetzige Ende ist viel wahrhaftiger. Die Tatsache, daß da noch etwas bleibt, was er ganz allein bewältigen muß. Für mich geht es da um die Erkenntnis, daß allein das Kitten von etwas, was eigentlich zerbrochen war, vielleicht noch nicht genug ist. Das, was eigentlich zerbrochen ist, steckt in ihm selbst. Und um das wieder zu kitten und überhaupt erst einmal das Wesen dieser Sache zu erkennen, muß er sich ihr alleine stellen. Wenn er einfach nur alles wieder zusammenklebt und zufrieden danebensteht, dann schafft er sich im Grunde nur die gleiche Situation wie früher. Selbst wenn er die Scherben der Vergangenheit aufsammelt, ist das noch nicht genug; wozu er schließlich kommen muß, ist, das zusammenzukehren, was in ihm selbst zerbrochen ist. Und das muß er alleine tun. Das ist also etwa der Punkt, den er zum Schluß erreicht: Er hat Jane und das Kind zusammengebracht, aber jetzt muß er noch mit sich selbst klarkommen.

Im Grunde ist das nicht die Geschichte einer Familie, sondern von Leuten, die von einer Familie träumen. Ich hoffe, es gelingt dem Film, das herüberzubringen, diesen Gedanken, daß es da die Vorstellung von einem Partner und die Vorstellung von einem Leben gibt, die die Wirklichkeit immer überlagert. Ich glaube, das ist wirklich wichtig, nicht nur als Gedanke, sondern auch für den emotionalen Kontext des ganzen Films. Das ist in der Beziehung zwischen Mann und Frau ein Riesenproblem: das Bild, das sich jeder vom anderen macht, die idealisierte Vorstellung voneinander, mit der man auch im nüchternen, alltäglichen Zusammenhang noch spielt. Diese beiden Aspekte stehen immer nebeneinander: die Idee der Person, mit der ich zusammen bin, und der Mensch, mit dem ich wirklich zusammen bin.«

Nur auf den ersten Blick hebt sich das Ende von PARIS, TEXAS vom Rest des Films ab – und auch dann nur, wenn man Mühe hat, Travis in die Enge der Peepshow zu folgen. Während die ersten beiden Teile des Geschehens – Travis' langsame Heimkehr und seine Suche nach Jane – nur Fragen aufwerfen, mag einem der plötzliche Versuch einer Antwort als Stilbruch erscheinen. Letztlich jedoch löst Wenders hier nur das ein, was er vorher versprochen hat: Er versucht zumindest in Ansätzen zu erklären, was der Auslöser für Travis' seltsame Odyssee war. Und eigentlich ist der Film ja nicht zuende: An diesem Punkt könnten gleich drei neue Geschichten ihren Anfang nehmen. Einmal die Geschichte von Anne und Walt, die nun ohne ihr angenommenes Kind weiterleben müssen, die Geschichte von Jane und Hunter – und schließlich jene von der Zukunft des Travis, dessen Weg ihn nun wohl nicht mehr in die Wüste führen wird.

Nicht nur durch dieses eigentlich offene Ende erscheint PARIS, TEXAS als möglicher Ausgangspunkt für eine ganz neue Phase in Wenders' Werk. War DER STAND DER DINGE so etwas wie ein Abgesang auf eine ganz bestimmte Art des Filmemachens, so wirkt dieser Film wie die Hinwendung zum klassischen Erzählkino, das freilich geprägt ist vom nach wie vor unverwechselbaren Stilwillen eines Regisseurs, der noch in seinem letzten Werk seine Hauptfigur Friedrich Munro formulieren ließ: »Stories only exist in stories. Whereas life goes by without the need to turn into stories.«

Zum ersten Mal stellt sich auch Wenders' optisches Vokabular vollkommen in den Dienst der Geschichte, die sonst immer vorhandenen Anspielungen auf die Kinogeschichte, die kleinen Spielereien am Rande, ohnehin nur für Insider gedacht, sind dem disziplinierten Umgang mit einer rein handlungsorientierten Dramaturgie gewichen. Was ganz und gar nicht heißt, daß Wenders mit seinen Bildern nur noch das Geschehen transportiert. Im Gegenteil: Vergleicht man den optischen Stil des Beginns von PARIS, TEXAS mit dem Mittelteil und dem Schluß, wird man deutlich sehen, wie die Sprache der Kamera jedesmal mit der Sprache der Protagonisten korrespondiert. Die Weite der Landschaften zu Beginn, die Geborgenheit in den mit sanften Farben gezeichneten Räumen des Bungalows von Anne und Walt, schließlich die Kälte in der Peepshow, gegen die sich die Wärme der Annäherung zwischen Travis und Jane zur Wehr setzen muß: All dies verweist auf ein durchdachtes Konzept, das nicht an der Formulierung einer Botschaft hängt, sondern am schlüssigen Nachempfinden des Zusammenhangs von Innen- und Außenwelt.

Und handwerklich kann es sich Wenders inzwischen leisten, beim Drehen auch Risiken einzugehen. Er beschreibt dies in einem Interview sehr anschaulich am Beispiel der Szene in der Peepshow:

»Ich bin hauptsächlich in der zweiten Szene dort Risiken eingegangen, aber da auch ohne Vorbehalte; ich war mir bei dieser Szene absolut sicher, ich hatte nicht den geringsten Zweifel. Normalerweise geht man solche Risiken natürlich nicht ein, man dreht so, daß man notfalls im Schneideraum noch die Möglichkeit hat zu manipulieren. Die Schauspieler haben diese Szene genau wie auf der Bühne gespielt, ganz wortgetreu – wenn einer der beiden auch nur ein einziges Wort geändert hat, haben wir sofort abgebrochen. Wir haben also die Kamera laufen lassen, solange der Text stimmte, und da gab es keine Möglichkeit, sich abzusichern. Und ich wollte, daß der Zuschauer das spürt; deshalb besitzt diese Szene auch einen völlig anderen Rhythmus. Die zweite Hälfte der Szene bestand aus einer einzigen Einstellung, die wir mehrmals hintereinander gefilmt haben. Sie dauerte acht Minuten, und das bedeutete, daß wir die Kamera jedesmal wieder mit einer frischen Kassette laden mußten. Und das an unserem letzten Tag in der Peepshow, wir mußten am nächsten Morgen zurück nach Houston! Als wir anfingen, diesen letzten Teil zu drehen, hatten wir noch vier Kassetten übrig, und es gab keine andere Möglichkeit, als die Szene in einer Einstellung zu drehen. Und außerdem eben noch diese Besessenheit, kein einziges Wort zu verändern, nur aus Zeit- oder Geldgründen. Es ist ja auch eine äußerst schwierige und heikle Szene, vor allem für Nastassja. Dreimal mußten wir die Aufnahme abbrechen, und wir hatten nur noch eine Filmkassette übrig. Und die ist jetzt im Film, die Einstellung, in der sie die ganze Szene fehlerfrei spielt. Ich bin fast ohnmächtig geworden...

Und dann war da noch der Spiegel, den es natürlich schon im Drehbuch gab, als Teil des Peepshow-Konzepts. Aber die Tatsache, daß wir einen Doppelspiegel benutzt haben, geht auf Robby Müllers Vorschlag zurück. Ich hatte geglaubt, wir hätten auch einen einfachen Spiegel mit Fensterglas benutzen können. Aber er meinte: »Nein, laß es uns mit einem richtigen Doppelspiegel versuchen.« Einige Effekte konnten wir jetzt in einer Einstellung ohne Schnitt erzielen: Travis kommt herein und sieht sich im Spiegel. Und dann geht das Licht in der Kabine an, und der Spiegel wird zum Fenster. Und dann noch am Schluß, wenn er den Spiegel umdreht, das war natürlich auch nur mit einem richtigen Doppelspiegel möglich. Es war schwierig, denn dieser Spiegel verlangte auf der einen Seite zwei oder drei Blenden mehr als auf der anderen. Wir mußten eine Menge Licht einsetzen, was zu einer höllischen Hitze in der Kabine führte. Außerdem gab es für uns keine Möglichkeit, vor Abschluß der Dreharbeiten an dieser Szene irgendwelche Muster zu sehen, aber Robby hat das riskiert. Für die Schauspieler war das schon aufregend: Nastassja konnte die Kamera von innen nicht sehen. Sie sah sich selbst, genau wie in einer Peepshow.«

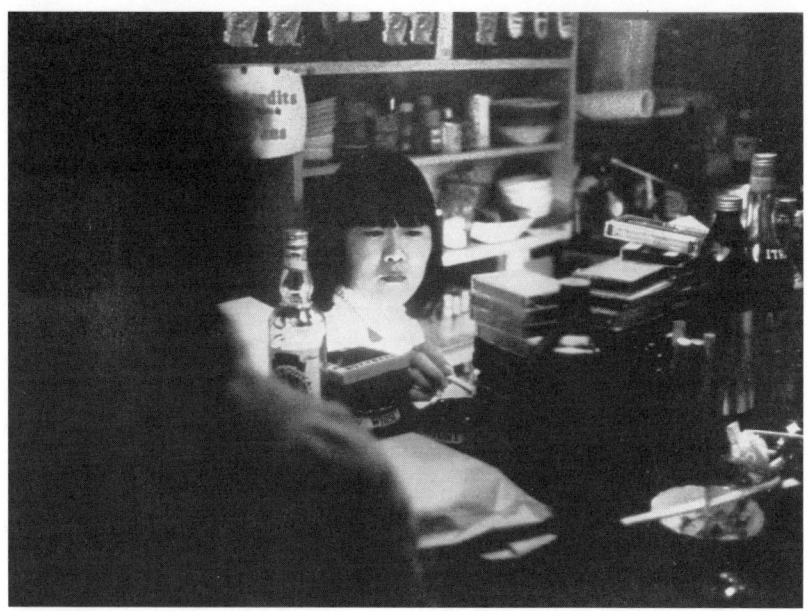

Irritierende Bilder einer fremden Welt: Eine düstere Bar...

...und Piktogramme als Wegweiser im nächtlichen Tokio

Schüler und Lehrer

TOKYO-GA   1985

»Wenn es in unserem Jahrhundert noch Heiligtümer gäbe…, wenn
es so etwas gäbe wie das Heiligtum des Kinos, müßte das für mich das
Werk des japanischen Regisseurs Yasujiro Ozu sein.« Mit diesen vom
Regisseur selbst gesprochenen Sätzen, die einer Sequenz aus Ozus
Spätwerk TOKYO MONOGATARI (»Die Reise nach Tokio«) unterlegt
sind, fängt der – nach LETTER FROM NEW YORK und CHAMBRE 666
– dritte Tagebuchfilm von Wim Wenders an. Der Titel TOKYO-GA
läßt sich ebenfalls mit »Reise nach Tokio« übersetzen, und eine Reise
in die japanische Metropole war auch der Ausgangspunkt für diesen
Film. Wim Wenders auf den Spuren seines großen Vorbilds und, wie er
sagt, des einzigen Filmemachers, von dem er gelernt habe. Hat sich, so
Wenders' Frage, seit Ozus Zeiten, der 1963 gestorben ist, etwas geändert in Japan, oder ließen sich jene Bilder, die Ozu in seinen Filmen
zeigt, auch heute noch herstellen?
    Wie zu erwarten, fällt der Befund eher düster aus: Die eine Hälfte
von TOKYO-GA zeigt faszinierende Bilder von einer riesigen, ja mon-
strösen Stadt, in der sich zwar noch alle möglichen Eigenarten ihrer
Einwohner ausmachen lassen, in der allerdings der Einfluß einer ganz
anderen Kultur unübersehbar alle Bereiche des täglichen Lebens dominiert. Auch das kulturelle Unterbewußtsein der Japaner, so scheint es,
ist längst von Amerika, von amerikanischen Bildern und Lebenshaltungen, geprägt und kolonialisiert – womit Wenders eine Feststellung
macht, die er Jahre zuvor schon für die Bundesrepublik, wenn nicht für
Europa schlechthin, getroffen hat.
    Der Film TOKYO-GA beginnt – dem Titel gemäß – mit einer Reise
nach Tokio: Wim Wenders sitzt im Flugzeug und philosophiert über
jene Bilder, die ihm immer und immer wieder auf der kleinen Leinwand (der Begriff »Kino« wäre hier fehl am Platz) an Bord eines
Übersee-Jets begegnen: »Im Flugzeug gibt es irgendeinen Film, und
wie immer habe ich versucht, nicht hinzuschauen, und wie immer habe

ich doch hinschauen müssen. Ohne den Ton erschienen mir die Bilder dort vorne auf der kleinen Leinwand nur um so leerer. Wenn man doch nur so filmen könnte, dachte ich mir, wie man manchmal die Augen zumacht. Nur schauen, ohne irgendetwas beweisen zu wollen.«

Es gibt nichts zu beweisen, und bewiesen wird auch durch die dann nachfolgenden Bilder des Films nichts. Aber was der Betrachter zu sehen bekommt, ist umso eindrucksvoller. In eine Station der Untergrundbahn von Tokio führen die Bilder des Kameramanns Ed Lachmann (der bereits bei NICK'S FILM mitgearbeitet hat) zunächst, und dort treffen die Filmer auf chaotisch-katastrophale Bilder, die alles in den Schatten stellen, was in europäischen Metropolen in vergleichbaren Zusammenhängen zu sehen wäre – bis ein kleines Kind gleichsam den Zugang zur »Handlung« bereitet: In all dem hektischen Treiben in den von zahllosen Neon-Lampen beleuchteten Gängen der Metro gibt es einen Knaben, der sich plötzlich dagegen sperrt, daß ihn seine Muttter weiter, hinab in dieses Labyrinth, zerren will:

»Erst dieser kleine Junge in der U-Bahn, der einfach nicht mehr weiter wollte, hat mir wieder vor Augen geführt, weshalb meine Bilder aus Tokio mir wie eine traumwandlerische Wahrnehmung erschienen; wie von keiner anderen Stadt hatte ich ja von Tokio und seinen Bewohnern ein Bild und eine Vorstellung, lange bevor ich je dorthin gelangt bin: aus den Filmen Ozus nämlich.«

Es geht so weiter – Assoziationen, manchmal zufällig anmutende Aufnahmen (daß viele dieser Bilder eher beiläufig entstanden sind, räumt Wenders ein), die Lachman und sein Regisseur (der bei diesem Film auch den Ton aufgenommen hat; mit einem quarzgesteuerten Professionell-Walkman und Richtmikrofon) gefunden haben, vervollständigen sich nach und nach zu einem Labyrinth des Sehens.

Der Zuschauer sieht anonyme Japaner beim Pachinko, einem seltsamen Kugelspiel, das entfernt Ähnlichkeit mit Flippern hat; bei einer für den westlichen Betrachter völlig absurden Abart des Golf-Spiels; ernsthafte Handwerker bei der Herstellung jener unglaublich echt wirkenden Speiseimitationen aus Wachs, die stets die Schaufenster japanischer Restaurants zieren, um möglichen Kunden die Vielfalt des Angebots zu demonstrieren; Jugendliche, die im strömenden Regen zu amerikanischer Rockmusik aus dem Kassettenrecorder tanzen: Bilder von völliger Künstlichkeit, Bilder, die bei aller Genauigkeit, mit der Wenders auch hier hinschaut, den westlichen Betrachter doch nie die Distanz zu dieser ihm fremden Kultur vergessen lassen.

Und dann plötzlich wirkliche Nähe: Zwei alte Männer erzählen aus ihrem Leben – Chishu Ryu, Schauspieler in unzähligen Filmen Ozus, und Yuharu Atsuta, zunächst Assistent, später ständiger Kameramann des Regisseurs, berichten von ihrer Arbeit und von der engen Beziehung zu ihrem Meister, dem sie noch jetzt, zwanzig Jahre nach seinem Tod, mit einer Mischung aus tiefer Verehrung und familiärer Anhänglichkeit nachtrauern:

»Für Ryu sei das Verhältnis zu Ozu stets das von einem Schüler zu seinem Lehrer gewesen, oder das von Sohn zu Vater. Obwohl Ozu nur ein Jahr älter gewesen sei als er, habe es doch einen riesigen Abstand zwischen ihnen beiden gegeben, was den Intellekt betroffen habe, und Ozu sei immer der Lehrer gewesen, der Meister, von dem er, Ryu, immer nur gelernt habe, von Anfang bis zu Ende.«

In solchen Momenten hat man auch aus den Bildern heraus den Eindruck, daß Wenders mit diesem Film tatsächlich so etwas wie eine Wallfahrt zu seinem Idol unternommen hat. Während der alt gewordene Chishu Ryu all dies (und noch weit mehr; wenn man nicht die Gelegenheit hat, den Film selbst zu sehen, kann man den ganzen Text in einem kleinen Büchlein aus dem Berliner Gabrev-Verlag nachlesen) erzählt, unterbrechen nur wenige Schnitte den Ablauf der Bilder, Ed Lachmans Kamera hat jene tiefe Position eingenommen, die man auch in allen Ozu-Filmen wiederfindet und die der traditionellen japanischen Sitzhaltung nahe am Boden entspricht.

Nichts mehr von der Hektik der nahen Großstadt ist hier zu verspüren, sowohl Ryu als auch Atsuta leben offenbar in idyllisch-grünen Vororten, sie haben sich dem Trubel, der die andere Hälfte von TOKYO-GA ausmacht, erfolgreich entzogen.

Gemeinsam mit Ryu besucht Wenders anschließend an das Gespräch das Grab Ozus, auf dem nur das chinesische Schriftzeichen für den Begriff »Leere« oder »Nichts« zu lesen ist. Ein Augenblick der Kontemplation, der freilich keinen langen Bestand hat. Schon die nächste Sequenz führt in die hektische Stadt zurück und relativiert die ruhige Begegnung mit einer Vergangenheit, die sich hier tatsächlich nur noch durch Ozus alte Filme und deren tiefe Ruhe heraufbeschwören läßt.

Eine irritierende Zäsur im Ablauf von TOKYO-GA bildet eine kurze Szene, in der Wenders seinen Regisseurskollegen Werner Herzog auf dem Tokyo Tower, hoch über der Stadt also, trifft, der gerade auf der Durchreise in Japan weilt. Sein kurzes Statement sei hier zitiert, weil es deutlich macht, wo die Unterschiede zwischen den Bilderwelten dieser so oft in einem Atemzug genannten deutschen Filmemacher liegen. Herzog sagt:

»Es ist ganz einfach so, daß es Bilder nur noch wenig gibt. Also, wenn ich hier so rausschaue, da ist ja alles zugebaut, da sind ja fast

Erzählungen aus vergangenen Zeiten: Der Schauspieler Chishu Ryu...

...und der Kameramann Yuharu Atsuta berichten vor Ed Lachmans Kamera von ihrer Arbeit mit dem Regisseur Yasujiro Ozu.

nicht mehr Bilder möglich. Man muß fast wie ein Archäologe mit dem Spaten graben, und man muß eben schauen, daß man aus dieser beleidigten Landschaft heraus noch irgendetwas finden kann. Sehr oft natürlich ist das verbunden mit Risiken, und die würde ich also nie scheuen. Und ich sehe eben: Es sind so wenige Leute auf der Welt, die sich wirklich etwas trauen würden für die Not, die wir haben, nämlich zu wenig adäquate Bilder zu haben. Wir brauchen ganz unbedingt Bilder, die mit unserem Zivilisationsstand und mit unserem Inneren, Allertiefsten übereinstimmen.

Da muß man eben dann notfalls auch mitten in einen Krieg hineingehen, oder wo auch immer es notwendig sein sollte. Ich würde mich nie beklagen, daß das zum Beispiel manchmal schwierig ist, daß man auch mal 8000 Meter hoch auf einen Berg steigen muß, um noch Bilder zu bekommen, die noch rein und klar und durchsichtig sind. Hier geht doch kaum mehr was. Man muß also richtig suchen...«

Abgesehen einmal von dem Zynismus, den diese Äußerung auch ausstrahlt (»...mitten in einen Krieg hineingehen...«) und den Herzog von Film zu Film, zuletzt in COBRA VERDE, mit beispielloser Überheblichkeit immer wieder demonstriert – einen größeren Gegensatz zwischen seinen Bildern und jenen von Ozu (und damit eben auch denen von Wenders) läßt sich kaum denken. Auf der einen Seite die Suche nach vermeintlichen Sensationen jenseits der alltäglichen Erfahrung, auf der anderen die Einsicht und deren optische Umsetzung, daß nichts uns näher gehen kann als die Erfahrungen, die die meisten Menschen in ihrer unmittelbaren Umgebung machen. Nichts anderes wohl meint Wenders, wenn er Herzogs Sätze kommentiert:

»So sehr ich Werners Wunsch nach durchsichtigen und reinen Bildern verstand, so sehr gab es die Bilder, die ich suchte, nur hier unten, in dem Gewühl der Stadt. Ich konnte nicht umhin, von Tokio, trotz allem, sehr beeindruckt zu sein.«

Wie Yasujiro Ozu seine Bilder »gemacht« hat, wie sehr die technische Herstellung ihre Ästhetik bestimmt hat, davon handelt jener Teil von TOKYO-GA, in dem Yuharu Atsuta von seinen Erfahrungen mit dem Regisseur berichtet. 20 Jahre lang war er Chefkameramann, nachdem er schon lange Zeit, seit den frühen Stummfilmen, als Assistent für Ozu gearbeitet hatte.

Er berichtet zunächst, was sich im Prinzip in jeder Filmgeschichte nachlesen läßt: Daß Ozu die Mittel seiner Filmsprache im Lauf der Zeit immer mehr reduziert hat, daß Schwenks und Fahrten bald gänzlich durch starre Einstellungen ersetzt worden sind, daß die Kamera stets in Augenhöhe eines auf dem Boden Sitzenden postiert war, daß der Regisseur einzig und allein die 50-mm-Brennweite an der Kamera akzeptiert hat, die beim 35-mm-Normalformat einem leichten Teleobjektiv entspricht.

In Atsutas Erzählungen jedoch wird aus diesen zunächst rein technischen Details ein Stück lebendiger Anschauungsunterricht über den Zusammenhang von inhaltlichem Ausdruck und dem absoluten Formwillen eines von seinem Thema und dessen adäquater Umsetzung besessenen Regisseurs:

»Seit der Zeit, wo er mit dem Kameramann Mohara drehte, hatte er keine anderen Objektive als das 50er mehr benutzt. Ich erinnere mich noch, wie er sagte: Mohara, warum schlagen Sie mir denn immer wieder das 40er-Objektiv vor, Sie wissen doch, ich mag das 50er lieber. Ich habe ihn dann später auch einmal, ein einziges Mal gebeten, sich eine Szene durch ein anderes Objektiv anzuschauen, er hat durch den Sucher geschaut und gesagt: Ich hab's mir doch gedacht: das ist nicht so gut wie das 50er. Also habe ich doch wieder, ein wenig zähneknirschend, das gute alte 50er in die Kamera getan und es von da an auch nie mehr in Frage gestellt.

Bei einer weitwinkligeren Linse hat man mehr Platz auf beiden Bildseiten und auch nach oben hin. Aber das war einfach nicht Ozus Geschmack. In der Stummfilmzeit, d.h. bei dem Wechsel zum Tonfilm, wurde das Bildfeld ein wenig enger, durch die Tonspur. Vorher konnte man ja die gesamte Breite des Negativs benutzen, später nicht mehr. Ich glaube, daß das einen Einfluß auf sein Bildgefühl hatte.«

Ausführlich erzählt Atsuta noch von seiner Art, das Licht zu setzen, von den physischen Problemen, die es ihm bereitet habe, die Kamera wegen deren tiefem Standpunkt meist auf dem Bauch liegend bedienen zu müssen, und er berichtet schließlich von dem nahezu hypnotischen Einfluß, den Ozu auf alle seine Mitarbeiter ausgeübt hat. Einen Einfluß, dem sich offenbar alle bereitwillig unterworfen haben – nichts macht dies deutlicher, als das Beispiel Atsutas selbst, der das Gespräch mit Wenders zu Tränen gerührt beendet:

»Ozu hat aus mir das Beste herausgeholt, und ich habe ihm mein Bestes gegeben, mit anderen war mein Bestes nicht mehr da. Ich bin Ozu dankbar. Manchmal fühlt man sich einsam... Lassen Sie mich jetzt. Ich danke Ihnen.

Ja, man wird einsam. Was die Kraft ausmacht, oder den Geist, das kann man nicht erklären...

Die Leute, mit denen er gearbeitet hat, er hat sich um sie gekümmert. Er war mehr als ein Regisseur. Er war wie ein König.

Ich bin sicher, daß er zufrieden ist, in diesem Moment.

Irgendwas stimmt heute mit mir nicht... Lassen Sie mich jetzt bitte allein. Es tut mir leid, aber...
Yasujiro Ozu war ein guter Mensch.«

Die fast demütige Haltung, die der alte Kameramann hier einnimmt, erscheint auf der Leinwand ohne jede Peinlichkeit, Wenders hat diese Bilder mit der größtmöglichen Zurückhaltung gefilmt und montiert. Umso mehr vermitteln sie eine Ahnung davon, was es mit Ozu und seinen Filmen auf sich gehabt haben muß, und warum sie dem deutschen Regisseur so viel bedeuten. Keine äußerlichen Sensationen werden dem Betrachter hier vor Augen geführt, sondern ganz intime und dabei doch nie indiskrete Blicke in die Innenwelt eines Menschen – liebevolle Blicke, wenn man so will, und das wiederum schafft den Bezug zum Film DER HIMMEL ÜBER BERLIN und den Blick der Engel darin, über den Wenders gesagt hat, daß sein Hauptproblem dabei die Frage gewesen sei, wie er diese Sichtweise auf der Leinwand zeigen könne. Geholfen habe ihm dabei stets die Erinnerung an die Filme Ozus – und eben deren liebevolle Art des Blicks, die die Zuwendung des Filmemachers zu den Menschen, auf die er seine Kamera gerichtet hat, spürbar werden läßt.

Einen ungewöhnlicheren Dokumentarfilm hat es im Kino selten gegeben. Die Mischung aus Reisebericht und fragmentarischer Biographie, ungeordnet erscheinende Eindrücke zunächst, die sich im Verlauf von 90 Minuten allein durch die Montage zu einem subjektiven Bild einer Stadt wie ihrer Menschen fügen: Das besitzt die Ruhe und die Geduld, die auch allen Spielfilmen des Wim Wenders eigen ist.

Dabei sind die Bilder bereits 1983 entstanden, zwei Jahre, bevor der Film dann tatsächlich montiert wurde also. Gedreht hat Wenders TOKYO-GA, während er darauf wartete, daß die Finanzierung von PARIS, TEXAS unter Dach und Fach sein würde. Die kam dann relativ schnell zustande, und so begannen die Dreharbeiten zu diesem Film. Das Material aus Japan blieb zunächst in der Filmdose. Wim Wenders:

»Ich habe die Muster von TOKYO-GA erst sehr viel später gesehen, nach dem Ende der Dreharbeiten von PARIS, TEXAS. Ich versuchte, beide Filme gleichzeitig zu schneiden, was mir aber nicht gelang. So kam es, daß ich TOKYO-GA später geschnitten habe, zwei Jahre nach den Dreharbeiten. Der Schnitt für einen Dokumentarfilm, das ist mir dabei bewußt geworden, ist viel komplexer als bei einem Spielfilm. Die Logik der Bilder wiederfinden, ihnen eine Form geben, die eine zusammenhängende Einheit ergibt, das ist viel schwerer als beim Spielfilm.

Der Schnitt dauerte mehrere Monate, alles geriet außer Proportion im Verhältnis zu den Dreharbeiten. Ich hatte die Beziehung zu den

Japaner beim Pachinko-Spiel, einer fernöstlichen Flipper-Variante.

Bildern verloren. Es war, als ob sie jemand anderer gedreht hätte. Außerdem hatte ich mich beim Drehen um den Ton gekümmert; ich hatte immer Kopfhörer auf den Ohren, ein Mikrofon in der Hand. Folglich hatte ich nicht die Kontrolle über die Einstellungen, ich war zu sehr beschäftigt mit dem Ton. Ich habe dabei gelernt, die Toningenieure besser zu verstehen: Manchmal sind sie, sobald sie den Kopfhörer abnehmen, ganz erstaunt darüber, was um sie herum geschieht. Ich habe damals auch begriffen, was die Arbeit eines Cutters bedeutet; sie erfordert ein Abstandnehmen, fast eine Zweiteilung des Blicks. Beim Montieren der Bilder, die ich nicht selbst gedreht hatte, hatte ich große Schwierigkeiten: Ich fand in ihnen nicht meine eigene subjektive Sicht wieder. Ich zog daraus den Schluß, daß ich beim nächsten Tagebuch-Film selbst hinter der Kamera stehen muß.«

Wissen, was kein Engel weiß...

DER HIMMEL
ÜBER BERLIN 1987

Am Anfang öffnet sich ein Auge: Es blickt von weit oben auf eine
Straße herab, auf der scheinbar ziellos Menschen umherlaufen. Das
Auge gehört, die Kamera enthüllt es gleich darauf, einem Engel, der auf
der Ruine der Berliner Gedächtniskirche steht und herunterschaut. Daß
es sich um einen Engel handelt, erkennt man an seinen Flügeln, die
jedoch sofort in einer Überblendung wieder unsichtbar werden. Denn
eigentlich können nur die Kinder Engel sehen, Erwachsenen bleiben sie
grundsätzlich verborgen. Wer sich den Film DER HIMMEL ÜBER BER-
LIN ansieht, genießt das Privileg, wenigstens für zwei Stunden dem ge-
heimen Treiben der Himmelsboten zuschauen zu dürfen. Der Betrachter
– seine grundsätzliche Bereitschaft, sich auf diese Geschichte einzulas-
sen, einmal vorausgesetzt – kann hier wieder zum Kind zu werden, ohne
dabei sein »erwachsenes« Wissen zu verlieren.

»Als das Kind Kind war, wußte es nicht, daß es Kind war.« Diesen
Satz notiert zu Beginn des Films der Engel Damiel (Bruno Ganz), und
am Ende wird er schreiben: »Ich weiß jetzt, was kein Engel weiß.«
Zwischen diesen beiden Aufzeichnungen liegt die Geschichte seines
»Falls«, denn am Ende ist Damiel kein Engel mehr. Aus Liebe zu einer
schönen Trapezkünstlerin (Solveig Dommartin), auch sie auf ihre Art
ein Engel, wenn auch nur ein verkleideter, der kunstfertig über der Zirkusarena schwebt – hat er den Weg der Sterblichkeit gewählt und ist
Mensch geworden, hat er seine Privilegien aufgegeben, um etwas Grö-
ßeres zu gewinnen: die Möglichkeit, sinnliche Erfahrungen zu machen.
Zum Beispiel Farben zu sehen, denn die Welt der Engel ist grau in grau.
Dabei ist es nicht eigentlich eine triste Welt, die Wim Wenders und sein
großartiger Kameramann Henri Alekan da vorführen, indem sie ihre
Engel durch ein schwarzweißes Berlin geistern lassen. Die ersten
neunzig Minuten des Films zeigen in Grautönen mit verblüffender
Wirkung den Alltag aus der Sicht von Außenstehenden, die nur bedingt
auf das Geschehen Einfluß nehmen können. Überall sind sie dabei, die
unsichtbaren Engel – in der U-Bahn, im Bus, im Flugzeug, auf der

199

Der »gefallene« Engel Damiel (Bruno Ganz) küßt seine »Menschenfrau« Marion (Solveig Dommartin) im HIMMEL ÜBER BERLIN. Ein Bild, das so im Film nicht zu sehen
ist.

Straße. Überall lauschen sie den innersten Gedanken der Menschen und hören so von ihrer Verzweiflung, ihrem Kummer und ihren Sorgen. Und manchmal, selten genug, können sie durch ihre unmerkliche Anwesenheit sogar helfen. Einer Schwangeren im Rettungswagen steht Damiel auf dem Weg ins Krankenhaus bei, einem Unfallopfer hilft ein anderer – doch den entschlossenen Selbstmörder, der sich vom Europa-Center stürzen will, kann auch Damiels Freund, der Engel Cassiel (Otto Sander) nicht mehr retten.

So wirken die stets in düsteres Grau gewandeten Gestalten wie hilf- und ziellose Flaneure. Da ist keine allmächtige Schutztruppe am Werk, sondern eher ein Häuflein resignierter Weiser, die alles über die Menschen wissen und ihnen doch nicht beistehen können, weil sie das Leben selbst aus Mangel an eigener Erfahrung nicht zu verstehen in der Lage sind.

Er selbst glaube nicht an Engel, sagt Wim Wenders, und obwohl manchmal Flügel zu sehen sind, wird doch gleich klar, daß er mit seinen Figuren gewiß auch nicht Engel im biblischen Sinne nachzeichnen wollte. Der Engel sei für ihn eine Metapher für jemanden, der sehr weise ist und trotzdem ein Kind geblieben sei. Eine Metapher, die für den aufmerksamen Zuschauer im Verlauf des Films immer mehr an Überzeugungskraft gewinnt, denn Wenders belegt seine Einschätzung mit unzähligen kleinen Geschichten, die scheinbar unverbunden nebeneinander stehen und den Film zu einem schwerelosen Schweifen durch endlose Assoziationsketten werden lassen.

Gerne etwa besuchen die Engel die Berliner Staatsbibliothek und blicken den dort Lesenden und Lernenden über die Schulter. Hier, wo sich gleichsam das gesammelte Wissen der Menschheit konzentriert, verkehrt auch ein alter Professor (Curt Bois), der sich als Chronist einer vergangenen Epoche sieht. Doch keiner will ihm mehr zuhören, seine Erfahrungen, die er doch so gerne weitergeben möchte, treffen auf taube Ohren. Er, der Greis, ist darum den Engeln sehr nahe, und ebensowenig wie sie begreift er, warum es zum Beispiel noch keinem gelungen sei, ein großes Epos über den Frieden zu schreiben. So begibt sich der alte Mann, dem keiner lauschen will, noch einmal auf die Suche nach der Vergangenheit, und als er über das Trümmergelände irrt, das einmal der Potsdamer Platz gewesen ist, werden Erinnerungen an die Geschichte der letzten sechzig Jahre wach, aus denen doch niemand etwas gelernt hat. In der abgeklärten Weisheit dieses Alten, der gern den Beginn von Homers »Odyssee« zitiert und doch keine Bewunderung für Helden mehr hegt, liegt genau der tiefere Grund für jene Resignation, die die unsterblichen Engel noch verstärkt empfinden müssen.

Peter Falk probiert diverse Kopfbedeckungen für seine Rolle als Detektiv aus.

Engel Damiel im menschlichen »Outfit«.

Das erklärt – immer im Rahmen der Metapher, die dem ganzen Film zugrundeliegt –, daß es unter ihnen »Abtrünnige« gibt. Einer, inzwischen Mensch und damit sterblich geworden, kommt aus Amerika nach Berlin, um sich auf andere Art als der Professor mit der Geschichte der Stadt zu befassen. Er ist Schauspieler (Peter Falk spielt hier gleich auf zwei Ebenen sich selbst) und soll in einem Film mitwirken, der in der Nazi-Zeit angesiedelt ist. Als einstiger Engel kann er die Anwesenheit »richtiger« Engel noch spüren, obwohl auch er sie nicht mehr sehen kann – und so entwickelt sich eine kuriose Kameradschaft zwischen ihm und Damiel, nachdem sich beide einmal an einem Imbiß-Stand getroffen haben.

Denn Damiel bedarf dringend einer Entscheidungshilfe: Durch die Begegnung mit dem schönen Mädchen aus dem Zirkus hat er neue Gefühle kennengelernt, die ein Engel eigentlich gar nicht haben dürfte. Er beginnt zu ahnen, daß ihm in seinem buchstäblich abgehobenen Dasein bislang etwas verborgen geblieben ist, was für Sterbliche selbstverständlich scheint. Die Begegnung mit Peter Falk bestärkt ihn in seinem Entschluß, Mensch zu werden.

Von dem Moment an, als er es dann geworden ist, wird DER HIMMEL ÜBER BERLIN bunt: Die künstlich-kunstvollen Grautöne weichen einer Farbfotografie, die nicht minder stilisiert scheint. Nur für Augenblicke zeigt Henri Alekan naturalistische Bilder von der Berliner Mauer, dem Ort, wo Damiels Metamorphose stattgefunden hat, um gleich darauf Farben so zu zeigen, wie sie jemand zum allerersten Mal wahrnehmen mag.

An dieser Stelle, die zum entscheidenden Moment des ganzen Films wird, findet sich noch auf andere Weise ein deutlicher Bruch: Hatten die Engel zuvor in einer Kunstsprache (geschrieben von Peter Handke) miteinander geredet, wandelt sich jetzt auch die Art der Diktion. Damiel spricht nun ganz »normal«, nicht mehr »abgehoben« von den anderen Menschen. Hier wird der Film für kurze Zeit richtig lustig, wobei vor allem der Schauspieler Bruno Ganz seine erstaunlichen komödiantischen Talente vorführen darf. Ganz unbeholfen stolpert er in einer kunterbunten Welt umher, deren Regeln er bislang nur aus einer sehr fernen Distanz kannte und folglich nicht richtig lernen mußte. Mit sehr sanfter Ironie karikiert Wenders etwa Damiels Unvermögen beim Verhalten im Straßenverkehr oder im Umgang mit Geld, und in einer besonders fein beobachteten Szene läßt er Damiel einem Kind den Weg zu einer bestimmten Strasse so perfekt erklären, daß der Kleine vor lauter Details nicht mehr folgen kann – das Wissen der Engel, das wird hier deutlich, ist den Menschen im Alltag wenig dienlich.

Erst am Schluß, bei der Begegnung zwischen Damiel und dem Mädchen, das er liebt, dann doch wieder die reine Poesie. Zustande kommt das Treffen zwischen ihnen nur, weil Peter Falk und ein anderer Engel helfend eingreifen. Doch dann treffen sich die Liebenden während eines Rockkonzerts (Musik: Nick Cave) im Berliner Hotel Esplanade, und wer nun eine rührende Begegnung im Hollywood-Stil erwartet hätte, sieht sich in seinen Erwartungen einmal mehr getäuscht. Der einstige Engel und die Artistin begegnen sich an der Bar, und sie erklärt ihm in einem langen Monolog den Unterschied zwischen Einsamkeit und Alleinsein. Auch in diesem Moment erfährt Damiel etwas über die Menschenwelt, was er noch nicht wußte. Schließlich dann das Schlußbild: Das Mädchen turnt hoch über dem Boden an einem Seil, das von Damiel, der unten steht, gesichert wird – aus den beiden ist ein Paar geworden. Hier deutet sich in einem wunderbaren optischen Einfall so etwas wie die Synthese zwischen den antipodischen Welten der Engel und der Menschen an.

Es sind dabei vor allem die von Handke verfaßten Dialoge, die vielen Zuschauern Schwierigkeiten zu bereiten scheinen. Tatsächlich balanciert Wenders mit Sätzen wie dem eingangs zitierten (»Als das Kind Kind war…«) einmal mehr haarscharf am Abgrund zum mit Bedeutung überladenen Kunstgewerbe. Das ging ihm, wenn auch auf andere Weise, schon bei PARIS, TEXAS so, doch einmal mehr bewahrt ihn seine Meisterschaft als Regisseur nie gesehener Bilder davor, bei dieser Gratwanderung auszugleiten. Wem Handkes Dialoge gar zu erlesen vorkommen, der mag sich die Frage stellen, ob es nicht absolut notwendig gewesen ist, die Engel in einer ganz eigenen und unverwechselbaren Sprache reden zu lassen. Einzig diese Künstlichkeit bewahrt sie letztlich davor, zu Karikaturen, ja zu Clowns zu werden. Das grundsätzliche Wagnis eines Films, in dem Engel die Hauptrolle spielen, erforderte zwingend das weitere Wagnis, sie mit Dialogen auszustatten, die buchstäblich kein Mensch sprechen würde.

Er wisse, hat Wenders in einem Gespräch erklärt, daß Peter Handke nicht von allen Leuten gleichermaßen geschätzt werde, aber er habe für die Engel eine »überhöhte, schöne Sprache« haben wollen, denn »der Peter schreibt für mich die schönste Sprache, die heute jemand schreibt in Deutschland«. Und: Diese Sprache sei für ihn mit Musik vergleichbar. Wenn man das akzeptiert, kann man sie im Film, losgelöst von ihrer Semantik, auch so hören. Zumal Wenders die ganze Tonspur gleichsam durchkomponiert hat – von Beginn an überlagern sich zahlreiche Geräusch- und Sprachebenen, die durch die Macht der Engel hörbar gewordenen Gedanken der Menschen erklingen als kaum noch

Zwei Engel
plaudern über ihre
Erlebnisse: Cassiel
(Otto Sander) liest
Damiel aus seinem
Tagebuch vor.

Marion, Damiels
Sehnsucht,
schwebt einem
Engel gleich über
der Zirkusarena.

In Damiel reift
der Entschluß,
Mensch zu wer-
den: Seine Liebe
zu der Artistin
Marion wächst.

entwirrbare Kakophonie aus den Kinolautsprechern und vermitteln so eine permanente Reizüberflutung, unter der jene leiden müssen, die ihr als Engel ein ewiges Leben lang ausgeliefert sind. Ähnliches hat in der Bundesrepublik – wenn auch aus inhaltlich ganz anderen Gründen – vorher nur Rainer Werner Fassbinder in Filmen wie DIE DRITTE GENERATION und IN EINEM JAHR MIT DREIZEHN MONDEN versucht. Da entsteht ohne die Zuhilfenahme von aufwendigen Stereo-Effekten scheinbar mühelos eine bis ins Detail durchdachte Tonkulisse, die zusammen mit den Bildern einen komplexeren Sinngehalt produziert als dies jede Ebene für sich allein vermocht hätte.

Auch in diesem Sinne ist DER HIMMEL ÜBER BERLIN ein avantgardistischer Film, und dies ist wohl auch der Grund dafür, daß man Wenders' eigentlicher Leistung mit sprachlichen Mitteln kaum beikommt. Unter den zahllosen, zum Teil wahrlich hymnischen Kritiken, die nach der Uraufführung beim Festival von Cannes 1987 verfaßt wurden, gab es keine einzige, die den Zuschauer auch nur halbwegs auf das vorbereitet hätte, was er dann später im Kino zu sehen bekam. Daß der Film von Engeln handelt, hatte sich wohl bald herumgesprochen, doch wie Wenders seine Geschichte erzählt, das wurde – allen Vorschußlorbeeren zum Trotz – für viele eine völlig unerwartete Überraschung. Der erste Film, den Wim Wenders nach zehn Jahren in Amerika wieder in seiner Heimat gedreht hat, bricht radikal mit all jenen Erzählstrukturen, deren sich der Regisseur in seinen früheren Arbeiten bediente. Sieht man einmal von dem durchaus narrativen »plot« (Engel verliebt sich in Menschenfrau und beschließt, sterblich zu werden; im übrigen ein uraltes Märchenmotiv) ab, dann ist DER HIMMEL ÜBER BERLIN tatsächlich nicht nacherzählbar. Der sinnliche Gehalt des Geschehens vermittelt sich ausschließlich im Moment des Betrachtens der Bilder und aus ihrem unmittelbaren Zusammenwirken.

Zwar läßt sich etwa die Eingangssequenz recht mühelos so beschreiben: Der Regisseur reiht kurze Episoden aus dem Berliner Alltag aneinander. Immer wieder sieht man Bewohner der Stadt, die aus dem Blickwinkel der unsichtbaren Engel aufgenommen sind, und während sie vorbeifahren oder -laufen, werden für Sekunden ihre Gedanken hörbar. Dabei entsteht ein optisches und akustisches Mosaik des Alltags.

Doch so eine Beschreibung greift schon deshalb zu kurz und wird dem Film nicht gerecht, weil sich die Wirksamkeit dieser ersten zehn Minuten erst aus den vielen kleinen Details ergibt, die in den Bildern sichtbar und auf der Tonspur hörbar werden. Und weil Wenders sein Publikum hier ständig sinnlich überfordert, wird sich jeder Betrachter andere Wahrnehmungspartikel auswählen und folglich einen anderen

Ein Engel, der Mensch geworden ist, trifft einen anderen, der diesen Weg noch vor sich hat: Bruno Ganz und Peter Falk begegnen sich an einer Imbißstube und verwirren mit ihrem stummen Zwiegespräch deren Inhaber.

Film sehen als bereits jener, der im Kino neben ihm sitzt. Der Zusammenhang des Films entsteht im Kopf – so würde es womöglich ein Alexander Kluge formulieren, der freilich mit den in seinen eigenen Filmen festgefügten Assoziationen dem Zuschauer weit weniger Raum für das unordentliche Flanieren durch die Bilder läßt als Wenders dies tut.

Insofern ist DER HIMMEL ÜBER BERLIN ein Experimentalfilm, und dies erklärt vielleicht ein wenig, warum manche Zuschauer die Vorführungen dieses Films zunächst eher verwirrt verlassen, um im Nachhinein allerdings umso beeindruckter zu sein, weil das Gesehene unausbleiblich nachwirkt. Sicher scheint, daß dieser Film seiner Zeit eigentlich formal voraus war, wobei es umso erstaunlicher ist, daß er nach seinem Kinostart im Herbst 1987 wochenlang in ausverkauften Vorstellungen lief und damit auch einer der größten kommerziellen Erfolge seines Regisseurs geworden ist – und dies nicht nur in der Bundesrepublik, sondern vor allem in Frankreich und inzwischen auch in England und den USA, wo es europäische »Kunstfilme« bekanntlich nicht eben leicht haben. Daß DER HIMMEL ÜBER BERLIN zudem 1988

207

nicht nur mit einem »Filmband in Gold« ausgezeichnet wurde, daß Wenders, Curt Bois und Kameramann Henri Alekan schließlich auch noch den ersten »Europäischen Filmpreis« erhielten – all dies sind Indizien dafür, daß auch das breite Publikum sehr wohl zu würdigen wußte, daß sich Wenders jener formalen und inhaltlichen Glätte verweigert, die das Kino derzeit weltweit so langweilig und mutlos erscheinen läßt. Er setzt den tradierten und eigentlich längst verbrauchten Erzählstrukturen des Unterhaltungsfilms eine völlig neuartige Verknüpfung von optischen Einfällen entgegen, die sich schließlich doch zu einer Geschichte fügt. Zu einer Geschichte obendrein, die auch politisch weitaus brisantere Aspekte aufweist als so manches »gesellschaftskritische« Fernsehspiel. Über den Zusammenhang von mangelndem Geschichtsbewußtsein und der Unfähigkeit zum Frieden hat man in einem Film selten nachdenklichere Aussagen gehört als in diesem, der ja nicht zufällig in Berlin spielt. Oder: Wenn aus dem Engel Damiel ausgerechnet im sogenannten »Todesstreifen« hinter der Mauer zu Ostberlin ein Mensch wird, ist das nicht nur eine optische Pointe, sondern auch die sinnfällige Beschreibung jener Absurdität, die man gemeinhin Politik nennt und als solche nur allzu selbstverständlich akzeptiert.

In einem nämlich wird der Zuschauer im Lauf der Zeit dem Engel Damiel ähnlich: Wie dieser nach seiner Menschwerdung alles neu sieht – die Farben, die Menschen, die Stadt –, so kann auch der Betrachter scheinbar Vertrautes entdecken, als sähe er es zum ersten Mal. Dieser unbedingte Blick auf das vermeintlich Alltägliche verbindet den »HIMMEL ÜBER BERLIN« mit den früheren Werken seines Regisseurs. Immer mehr, so Wenders in einem Interview, käme es ihm vor, als würde die Arbeit eines Filmemachers der des Malers gleichen: Weniger das Herstellen der Bilder sei seine Aufgabe, sondern zunächst und zuallererst das *sehen* selbst. Diese Arbeit leistet Wim Wenders stellvertretend für den Zuschauer wie derzeit kaum ein anderer Regisseur.

Und für ihn selbst hat mit diesem Werk ganz offensichtlich eine neue Phase der Arbeit begonnen: Nach NICK'S FILM, DER STAND DER DINGE und PARIS, TEXAS, die komplett oder in Teilen in Amerika entstanden sind, ist Wenders nach zehn Jahren in seine Heimat zurückgekehrt. Hier schließt sich ein Kreis, und ein Neubeginn deutet sich an: Der erste Spielfilm, den Wenders 1970 gedreht hat, hieß SUMMER IN THE CITY und spielte ebenfalls in Berlin. WINTER IN THE CITY wäre ein möglicher Titel für den neuen Film, der in vielen Momenten an den alten anknüpft und doch – im Vergleich etwa zu PARIS, TEXAS – völlig neue Wege geht. Doch aus der erneuten Zusammenarbeit zwischen Wenders und Mitarbeitern, die er in seinen frühen Werken beschäftigt hat, deutet sich auch Kontinuität an: Wieder hat der Komponist Jürgen Knieper die Musik geschrieben (wie in fast allen deutschen Filmen des Regisseurs zuvor), erneut hat Peter Przygodda die Montage besorgt (er war auch schon bei SUMMER IN THE CITY dabei), zum zweiten Mal (nach DER STAND DER DINGE) arbeitet Wenders mit dem großen französischen Kameramann Henri Alekan (der schon für Jean Cocteau LA BELLE ET LA BÈTE fotografiert hat) zusammen, und schließlich hat auch der Schriftsteller Peter Handke schon an den Drehbüchern zu DIE ANGST DES TORMANNS BEIM ELFMETER und FALSCHE BEWEGUNG mitgeschrieben.

Bei einem derart eingespielten Team muß es um so mehr verblüffen, daß Wenders nicht den doch eigentlich noch gar nicht sonderlich ausgetretenen Pfaden seiner bisherigen Arbeiten gefolgt ist, wie das so viele andere Vertreter des Autoren-Films seit Jahren tun.

DER HIMMEL ÜBER BERLIN ist »allen Engel« gewidmet, und namentlich auch dreien, die an der Kinogeschichte mitgeschrieben haben. Im Nachspann steht: »Für Yasujiro, François und Andrej«.

Ein Flügelpaar,
drei »Engel«:
Wim Wenders,

Henri Alekan

und Bruno Ganz.

EIN GESPRÄCH MIT WIM WENDERS

Dein Film handelt von Engeln. Was war der Ausgangspunkt, warum ein Film mit Engeln?
Tja – womit sonst? Ich wollte einen Film in Berlin machen, das war der Ausgangspunkt überhaupt. Dann bin ich dort herumspaziert und wußte nicht recht, über wen ich diesen Film erzählen sollte. Bei mir gibt es eigentlich immer eine zentrale Figur, eine zentrale Blickweise, über die ich den jeweiligen Film erzähle. Und in Berlin ist mir keiner eingefallen. Ich wollte auch nicht von jemandem erzählen, der nach Berlin kommt, denn damit hätte ich meine eigene Situation nur verdoppelt. Ich hatte dann alle möglichen Ideen. Zum Beispiel steht Berlin ja noch unter der Vier-Mächte-Verwaltung, deshalb hatte ich dann an vier Figuren gedacht – einen Engländer, einen Amerikaner, eine Französin, einen Russen. Das blieb aber eine reichlich abstrakte Idee. Zur gleichen Zeit habe ich jedoch ziemlich viel Rilke gelesen – fast sieben Jahre lang hatte ich mich ausschließlich auf Englisch ausgedrückt und auch nur wenig Deutsch gelesen. Da hatte ich das Gefühl, daß ich in der deutschen Sprache wieder Fuß fassen muß, und da war der Rilke für mich immer das absolut Schönste. Die Gedichte von Rilke sind ja alle von diesen Engeln bewohnt. Und so habe ich eines Tages auf meiner Suche nach einem Helden für einen Berlin-Film »arbeitslose Schutzengel?« in mein Notizbuch geschrieben. Aber zuerst hat mir diese Idee viel Angst gemacht, doch sie ist ganz halsstarrig dageblieben und war nicht mehr aus der Welt zu schaffen. Eines Tages habe ich dann den Peter Handke angerufen und ihm erzählt, daß ich in Berlin einen Film mit Engeln machen will und daß er mir dabei helfen müsse.
Wieso denn »arbeitslose Schutzengel«? Schutzengel sind doch nie arbeitslos.
Doch, Schutzengel sind seit einiger Zeit arbeitslos. Die Arbeit ist vom Auftraggeber gestrichen worden, indem er sich mit unbekannter Adresse verzogen hat. Oder man kann natürlich auch sagen, daß die Auftraggeber der Engel die Menschen sind, das gibt es ja in allen Religionen, daß Engel die Boten zwischen Menschen und Göttern sind. Und meine Idee war, daß die Engel nun in einer Zeit leben, wo eigentlich keine Botschaften mehr ausgetauscht werden. Ich dachte, das sei eigentlich eine sehr schöne Metapher.
Aber die Engel tun doch etwas in Deinem Film. Der eine hilft einmal einer Schwangeren, der andere versucht, einen Selbstmörder zu retten,

der dann vom Europa-Center herunterspringt. Heißt das, daß die gerne wieder arbeiten würden?

Ja, sicher. Sie sind die ganze Zeit auf Arbeitssuche, doch ihr Anliegen wird selten erhört. Als ich den Schauspielern am Anfang erklärt habe, wie ich mir die Rolle wünsche, hatte ich die Theorie, daß sie gerne was tun würden, daß aber zuwenig Leute überhaupt noch bereit sind, ihnen zuzuhören. Denn natürlich ist der Engel eine Metapher, und unsere Metapher war eigentlich die, daß jeder seinen Engel in sich hat – ob man ihn nun hört oder nicht hört. Die meisten hören ihn nicht, und so sind die Engel recht frustriert auf ihrer Arbeitssuche. Der eine auf dem Europa-Center kann den jungen Mann nicht retten, weil der auf seinem Walkman eben nur die Laurie Anderson hört – da ist nichts zu machen. Womit ich nichts gegen Walkmen sagen will... Nur manchmal gibt es kleine Erfolgserlebnisse, in dem Krankenwagen etwa, wenn der Engel seine Hand auf den Bauch der schwangeren Frau legt – dann geht's ihr ein bißchen besser.

Warum sind die Engel – von wenigen Ausnahmen abgesehen – im Film eigentlich männlich?

Sonst wäre die Geschichte andersherum gewesen. Dann hätte ein weiblicher Engel Frau werden wollen, weil sie sich in einen Mann verliebt hat – und ich hatte das Gefühl, daß ich über die umgekehrte Variante mehr zu sagen habe.

Wie kam es zur Zusammenarbeit mit Peter Handke, der die Dialoge der Engel geschrieben hat?

Die Engel sind schon lange da, die waren schon da, bevor es die Menschen gab. Sie haben die ganze Menschheitsgeschichte mitgemacht, und in unserer Theorie von den Menschen das Sprechen gelernt. Bevor es die Menschen gab, gab es auch noch keine Notwendigkeit, zu sprechen. Die Engel haben das mit und von den Menschen gelernt. Deshalb habe ich mir gedacht: Wenn sie schon die Evolution der Sprache mitgemacht haben, warum sollen die Engel dann auch den Verfall der Sprache mitmachen? Warum sollen sie nicht Deutsch sprechen, als ob sie auf dem Höhepunkt der deutschen Sprache wären? Es ist ja ein Phänomen, das man auf der ganzen Welt beobachten kann. Wenn man in New York auf der Straße hört, wie die Leute reden – dann sind das vielleicht noch zwölf Wörter, von denen jedes zweite »Fuck« ist. In Frankreich wird das auch schon so, es schleift sich überall ab, und ich dachte mir, daß die Engel das nicht mitmachen, sondern eher weiterhin so schön sprechen wie Sprache eben sein kann.

Deswegen habe ich den Peter angerufen, weil seine Sprache für mich die schönste Sprache auf deutsch ist, die jemand heute schreibt.

Und wie verlief dann die Zusammenarbeit, wie wurde mit seinen Texten gearbeitet?

Es wurde gar nicht daran gearbeitet – außer von Peter selbst. Ich hatte ihn angerufen und habe ihn gefragt, wie sollen die Engel reden? Ich kann das nicht schreiben. Anfangs wollte er nicht so recht, aber dann hat ihm meine Geschichte so gut gefallen, daß er einen Katalog mit zehn Szenen gemacht und gesagt hat, dazu schreibe ich dir die Dialoge. Dann habe ich angefangen, das Drehbuch, also die Szenenauflösungen, zu konzipieren. Schließlich kamen nach und nach Dialoge von Peter, die dann aber gar nicht so richtig zusammengehen wollten mit dem, was ich bisher für den Film geschrieben hatte. Das waren eher monolithische Reden, die anfangs ganz starr da standen und mir Angst gemacht haben, weil mein szenisches Material in tausend Richtungen lief, während Peters Sachen eher streng durchdacht waren. Doch beim Drehen selbst fügte sich das zusammen, weil sich Peters Texte gleichsam als »Leuchttürme« erwiesen haben, auf die wir immer wieder zufahren konnten. Sie erwiesen sich am Ende als das Rückgrat des Films.

Der Film behauptet ja auch, daß Engel keine Farben sehen. Wie kommst Du zu diesem Wissen?

Durch Deduktion... Offensichtlich können Engel ja keine Dinge bewegen, also sie haben zur physischen Realität der Dinge keinen Bezug, sie kennen eher das Wesen der Dinge. Das Gewicht, der Geschmack oder die Beschaffenheit der Dinge ist ihnen fremd. Für mich gehören Farben eher zum physischen Aspekt der Dinge. Zwar sind Engel Experten in Sachen der Menschheitsgeschichte, weil sie ja alles mitgemacht haben, aber ihnen fehlt jede Erfahrung. Und eine Erfahrung sind sicher auch die Farben – genauso wie alles, vom Kaffeetrinken bis zum Zigarettenrauchen. Und es war auch in jeder Hinsicht eine wichtige Idee für den Film, die Engel in schwarzweiß darzustellen, weil einer von ihnen irgendwann als Mensch aufwacht und dann Farben sehen kann.

Wie bist Du auf die Idee gekommen, die Rolle eines ehemaligen Engels mit Peter Falk zu besetzen? Wie kommt Inspektor Columbo in diesen Film?

Ich brauchte einen ehemaligen Engel, um mit Kompetenz und Autorität auftreten zu können und dem Bruno Ganz klarzumachen: Hier, es lohnt sich, das Engelsein aufzugeben und Mensch zu werden. Und es war wichtig, daß dieser ehemalige Engel jemand ist, den man leicht wiedererkennen konnte – die Idee hätte sonst nicht funktioniert. Und wenn man sich überlegt, wen alle Welt kennt, dann kommt man sehr schnell auf die Politiker – und da gibt es dann keine Engel... Dann kommt man nur noch auf Schauspieler, und da besonders auf amerikanische Schauspieler. Und bei der Suche nach einem bin ich dann auf den einzigen gestoßen, den es gab – und der kam dann auch sofort.

Hattest Du da eher seine Rolle als Columbo im Kopf oder die Filme, die er mit John Cassavetes gemacht hat?

Ich hatte vor allem an den Cassavetes gedacht. Aber damit habe ich mich getäuscht, denn als er da war und als ich miterlebt habe, wie die Leute auf ihn reagiert haben, wenn wir abends essen oder spazieren gegangen sind – daß sie ihn ganz selbstverständlich als jemanden begrüßt haben, den sie gut kannten, daß sie ihn wie einen guten Freund behandelt haben, und mit welcher Selbstverständlichkeit Peter Falk das erwidert hat: Da wurde mir klar, daß er diese Columbo-Rolle auch schon als ehemaliger Engel gespielt hat. Und wenn man sich das recht überlegt: Es gibt ja auch überhaupt nichts vergleichbares im Fernsehen. Es gibt keine andere Figur, die so menschenfreundlich angelegt ist im Fernsehen.

Du hast die ersten beiden Drittel in einem Schwarzweiß gedreht, daß an die expressionistischen Filme der Stummfilmzeit erinnert. War Dir dieser Zusammenhang bewußt?

Der Zusammenhang hat sich von selbst hergestellt, vor allem auch durch die Zusammenarbeit mit dem französischen Kameramann Henri Alekan. Und natürlich durch den phantastischen Hintergrund des Films selbst wie auch durch Berlin, das ja wie keine andere Stadt ihre Vergangenheit noch herzeigt. Aus all diesen Gegebenheiten hat sich dann für mich – ungewollt, ich habe das nicht forciert – eine Verbindung hergestellt zu einem Kino, von dem ich dachte, daß dazu eigentlich jede Verbindung abgebrochen ist.

DER HIMMEL ÜBER BERLIN trägt im Nachspann eine Widmung. Kannst Du etwas dazu sagen?

Da steht: »Allen ehemaligen Engeln gewidmet, vor allem aber Yazujiro, François und Andrej.« Gemeint sind Ozu, Truffaut und Tarkowskij, und das waren eigentlich immer so meine drei Erzengel. Das sind auch die drei, wo ich mir bei diesem Film gedacht habe, daß ich mich auf ihrem Territorium bewegt habe. Bei Tarkowskij ist das klar – wegen der metaphysischen Ebene des Films. Bei Ozu – in dem Film hat sich immer wieder das Problem gestellt, daß ja eigentlich die Kamera der Blick des Engels war. Und da stellte sich dauernd die Frage, wie sieht ein Engel? Wir haben alles mögliche versucht, um das zu übersetzen, aber wir sind immer wieder darauf zurückgekommen, daß kein Kran der Welt und keine Schienenfahrt – obwohl wir viele Bewegungen gemacht haben – diesen Blick nachstellen kann, daß es auch

Bei den Dreharbeiten: Wim Wenders gibt Solveig Dommartin Regieanweisungen.

gar nicht darauf ankommt, ob sich die Kamera bewegt. Letzten Endes geht es nur darum, daß es eben ein liebevoller Blick ist – was das genau ist, kann man nicht definieren und nicht beschreiben und das kann man auch nicht einfach »herstellen«. Das einzige, was geholfen hat, war dann oft die Erinnerung an Ozu und seine Filme, weil die alle mit dem Blick eines Engels aufgenommen worden sind.

Und den Truffaut habe ich aus demselben Grund erwähnt, weil meine Idee von den Engeln die war, daß das sehr freundliche und liebevolle Wesen sind. Und dann gab es auch ein gewisses Klima in dem Film, wo man manchmal auf die abenteuerlichste Art auf das französische Kino gekommen ist. Das war der Grund, warum ich den Film diesen drei Erzengeln gewidmet habe.

Das Gespräch wurde im September 1987 in Zürich geführt; die Fragen stellten Hans M. Eichenlaub und Uwe Künzel

ANHANG

Filmographie

Die Filmographie wurde zusammengestellt nach den vorhandenen Quellen, im Wesentlichen aus der Filmographie, die Jan Dawson für ihren 1976 publizierten Interview-Band ausgearbeitet hat, aus diversen Presseheften und soweit möglich direkt aus den Stabangaben der einzelnen Kopien.

1967   SCHAUPLÄTZE

Produktion, Buch, Kamera, Schnitt: Wim Wenders. **Format:** 16 mm, schwarz/weiß. **Länge:** 10 min.

SAME PLAYER SHOOTS AGAIN

Produktion, Buch, Kamera, Schnitt: Wim Wenders. **Darsteller:** Hanns Zischler. **Format:** 16 mm, schwarz/weiß, eingefärbt. **Musik:** »mood music«. **Länge:** 12 min.

1968   SILVER CITY

Produktion, Buch, Kamera, Schnitt: Wim Wenders. **Musik:** »mood music«. **Format:** 16 mm, Eastman Color. **Länge:** 25 min.. **Verleih:** Freunde der Deutschen Kinemathek, Berlin

POLIZEIFILM

Produktion: Wim Wenders. **Buch:** Albrecht Gröschel, Wim Wenders. **Kamera, Schnitt:** Wim Wenders. **Darsteller:** Jimmy Vogler, Kasimir Esser. **Format:** 16 mm, schwarz/weiß. **Länge:** 10 min.

1969   ALABAMA

Produktion: Hochschule für Fernsehen und Film München. **Produktionsleitung, Buch:** Wim Wenders. **Kamera:** Wim Wenders, Robby Müller. **Schnitt:** Wim Wenders. **Musik:** The Rolling Stones, Jimi Hendrix, Bob Dylan. **Ton:** Wim Wenders. **Darsteller:** Paul Lys, Werner Schroeter, Muriel Schrat, Christian Friedel, King Ampaw, Peter Kaiser. **Format:** 35 mm, schwarz/weiß. **Länge:** 25 min.. **Verleih:** Hochschule für Film und Fernsehen, München

3 AMERIKANISCHE LP'S

Produktion: Hessischer Rundfunk. **Produktionsleitung, Kamera, Schnitt:** Wim Wenders. **Buch:** Peter Handke. **Musik:** Van Morrison, Harvey Mandel, Creedence Clearwater Revival. **Format:** 16 mm, Eastman Color. **Länge:** 12 min.

1970   SUMMER IN THE CITY

Produktion: Hochschule für Film und Fernsehen, München. **Produktionsleitung, Buch:** Wim Wenders. **Kamera:** Robby Müller. **Schnitt:** Peter Przygodda. **Musik:** Kinks, Lovin' Spoonful, Chuck Berry. **Ton:** Gerhard Conrad. **Darsteller:** Hanns Zischler, Edda Köchl, Libgart Schwarz, Gerd Stein, Helmut Färber, Wim Wenders. **Format:** 16 mm, schwarz/weiß. **Länge:** 125 min.

1971   DIE ANGST DES TORMANNS BEIM ELFMETER

Produktion: Filmverlag der Autoren (München), Österreichische Telefilm (Wien), WDR (Köln). **Buch:** Wim Wenders, nach einem Roman von Peter Handke. **Dialoge:** Wim Wenders, Peter Handke. **Kamera:** Robby Müller. **Kamera-Assistenz:** Martin Schäfer. **Schnitt:** Peter Przygodda. **Ausstattung:** R. Schneider, Manns-Au, Burkhard Schlicht. **Musik:** Jürgen Knieper. **Ton:** Rainer Lorenz, Martin Müller. ›**Darsteller:** Arthur Brauss (Josef Bloch), Kai Fischer (Hertha Gabler), Erika Pluhar (Gloria T.), Libgart Schwarz (Anna), Maria Bardischewski (Maria), Michael Toost (Händler), Bert Fortell (?), Edda Köchl (Mädchen an der Musikbox), Mario Kranz (Hausmeister), Ernst Meister (Zollbeamter), Rosi Dorena (Frau im Bus), Monika Pöschl, Sybille Danzer (Friseusen), Rüdiger Vogler (Dorftrottel), Karl Krittel, Maria Engelstorfer, Otto Hosch-Fischer, Gerhard Totschinger, Liane Gollé, Ernst Koppens, Brigitte Svoboda, Paul Hör, Ottilie Iwald, Achim Kaden, Alexandra Back, Ina Genée, Eberhard Maier, Ernst Essel, Josef Menschik, Norma Mayer, Ulli Stenzel, Hans Pemmer. **Format:** 35 mm, Eastman Color. **Länge:** 101 min.

1972   DER SCHARLACHROTE BUCHSTABE

Produktion: Filmverlag der Autoren (München), Westdeutscher Rundfunk (Köln), Elias Querejeta (Madrid). **Produktionsleitung:** Peter Genée, Primitivo Alvaro. **Buch:** Wim Wenders, Peter Handke. **Kamera:** Robby Müller. **Kamera-Assistenz:** Martin Schäfer. **Schnitt:** Peter Przygodda. **Ausstattung:** R. Schneider, Manns-Au, Burkhard Schlicht. **Musik:** Jürgen Knieper. **Ton:** Rainer Lorenz, Martin Müller. **Darsteller:** Senta Berger (Hester Prynne), Hans Christain Blech (Chillingworth), Lou Castel (Dimmesdale), Yelina Samarina (Hibbins), Yella Rottländer (Pearl), Rüdiger Vogler (Matrose). **Format:** 35 mm, Kodachrome. **Länge:** 90 min.

1974   ALICE IN DEN STÄDTEN

Produktion: Filmverlag der Autoren (München). **Produktionsleitung:** Joachim von Mengershausen. **Buch:** Wim Wenders, Veith von Fürstenberg. **Kamera:** Robby Müller. **Kamera-Assistenz:** Martin Schäfer. **Schnitt:** Peter Przygodda, Barbara von Weitershausen. **Ton:** Martin Müller, Paul Schöler. **Musik:**

Can. **Darsteller:** Rüdiger Vogler (Philip Winter), Yella Rottländer (Alice van Damm), Lisa Kreuzer (Lisa van Damm), Edda Köchl (Mädchen in New York), Didi Petrikat (Mädchen), Ernest Bohm (Polizist), Sam Presti (Gebrauchtwagenhändler), Lois Moran (Flughafen-Hostess). **Format:** 16 mm, schwarz/weiß, **Länge:** 110 min.

AUS DER FAMILIE DER PANZERECHSEN

Produktion: Bavaria/WWF (München). **Produktionsleitung:** Eva Mieke. **Buch:** Philippe Pilliod. **Kamera:** Michael Ballhaus. **Schnitt:** Lilian Seng. **Ton:** Armin Münch. **Darsteller:** Lisa Kreuzer (Sozialarbeiterin), Katja Wulff (Ute), Thomas Brant (Heimleiter). **Format:** 16 mm, Zwei-Band. **Länge:** 50 min.

1975   FALSCHE BEWEGUNG

Produktion: Solaris Film (München), Westdeutscher Rundfunk (Köln). **Produktionsleitung:** Peter Genée. **Buch:** Peter Handke, frei nach dem Roman »Wilhelm Meisters Lehr- und Wanderjahre« von Johann Wolfgang von Goethe. **Kamera:** Robby Müller. **Kamera-Assistenz:** Martin Schäfer. **Schnitt: Peter Przygodda.** **Musik:** Jürgen Knieper. **Ton:** Martin Müller. **Darsteller:** Rüdiger Vogler (Wilhelm Meister), Hanna Schygulla (Therese Farner), Hans Christian Blech (Laertes), Peter Kern (Bernhard Landau), Nastassja Nakszynski (Mignon), Ivan Desny (Industrieller), Marianne Hoppe (Wilhelms Mutter), Lisa Kreuzer (Janine). **Format:** 35 mm, Eastman Color. **Länge:** 103 min.

1976   IM LAUF DER ZEIT

Produktion: Wim Wenders Produktion (München). **Buch:** Wim Wenders. **Produktionsleitung:** Michael Wiedemann. **Kamera:** Robby Müller, Martin Schäfer. **Schnitt:** Peter Przygodda. **Kompositionen:** Axel Linstädt. **Musik:** Improved Sound Limited. **Originalton:** Martin Müller, Bruno Bollhalder. **Mischung:** Paul Schöler. **Ausstattung:** Heidi Lüdi, Bernd Hirskorn. **Regieassistenz:** Martin Hennig, **Aufnahmeleitung:** Heinz Badewitz. **Script:** Gretl Zeitlinger, Brigitte Thoms. **Lastwagen:** Michael Rabl. **Technik:** Hans Dreher, Volker von der Heydt. **Darsteller:** Rüdiger Vogler (Bruno), Hanns Zischler (Robert), Lisa Kreuzer (Kassiererin), Rudolf Schündler (Roberts Vater), Marquard Bohm (Mann der verunglückten Frau), Dieter Traier (Tankstellenbesitzer), Franziska Stommer (Kinobesitzerin), Patrick Kreuzer (der kleine Junge). **Format:** 35 mm, Orwo, schwarz/weiß. **Länge:** 176 min.

1977   DER AMERIKANISCHE FREUND

Produktion: Road Movies Filmproduktion (Berlin), Les Films du Losange (Paris), Wim Wenders Produktion (München), Westdeutscher Rundfunk (Köln). **Produktionsleitung:** Michael Wiedemann, Pierre Cottrell (in Paris und in New York). **Buch:** Wim Wenders, nach dem Roman »Riple's Game« von Patricia Highsmith. **Gesamtleitung:** Renée Otto-Gundelach. **Französische Her-**

stellungsleitung: Margaret Menegoz. **Standfotos:** Martin Schäfer. **Kamera:** Robby Müller. **Kamera-Assistenz:** Martin Schäfer, Jacques Steyn, Ed Lachmann (in New York). **Schnitt:** Peter Przygodda, Barbara von Weitershausen. **Regieassistenz:** Fritz Müller-Scherz, Emmanuel Clot (in Paris), Serge Brodskis (in Paris). **Musik:** Jürgen Knieper. **Ausstattung:** Heidi und Toni Lüdi. **Originalton:** Martin Müller, Peter Kaiser. **Beleuchtung und Bühne:** Hans Dreher, Andreas Willim. **Kostüme:** Isolde Nist. **Maske:** Hannelore Uhrmacher. **Script:** Gretl Zeitlinger. **Darsteller:** Bruno Ganz (Jonathan Zimmermann), Dennis Hopper (Tom Ripley), Lisa Kreuzer (Marianne Zimmermann), Gérard Blain, (Raoul Minot), Nicholas Ray (Derwatt), Samuel Fuller (der Amerikaner), Peter Lilienthal (Marcangelo), Daniel Schmid (Igraham), Sandy Whitelaw (Arzt in Paris), Jean Eustache (Freundlicher Mann), Lou Castel (Rodolphe), Andreas Dedecke (Daniel), David Blue (Allan Winter), Stefan Lennert (Auktionator), Rudolf Schündler (Gantner), Gerty Molzen (Alte Dame), Heinz Joachim Klein (Dr. Gabriel), Rosemarie Heinikel (Mona), Heinrich Marmann (Herr im Zug), Satya de la Manitou (Angie), Axel Schiessler (Lippo), Adolf Hansen (Schaffner), Klaus Schican (alle Stunts). **Format:** 35 mm, Eastman Color Negative Film 5247 (ECN II), **Länge:** 123 min.

1980   NICK'S FILM – LIGHTNING OVER WATER

Produktion: Road Movies Filmproduktion (Berlin), Wim Wenders Produktion (Berlin), Viking Film (Stockholm). **Produktionsleitung:** Chris Sievernich. **Gesamtleitung:** Renée Gundelach. **Regie:** Wim Wenders und Nicholas Ray. **Produktionsassistenz:** Tom Kaufmann, Becky Johnston. **Associate Producers:** Pierre Cottrell, Laurie Frank, Jonathan Becker. **Kamera:** Martin Schäfer und Ed Lachmann. **Kamerassistenz:** Mitch Dubin, Tom Ray. **Video:** Tom Farrell. **Beleuchtung und Bühne:** Stephan Czapsky, Craig Nelson. **Originalton:** Martin Müller und Maryte Kavaliauskas. **Regieassistenz:** Pat Kirk. **Schnitt:** Peter Przygodda (erste Fassung), Wim Wenders (endgültige Fassung). **Schnittassistenz:** Barbara von Weitershausen. **Musik:** Ronee Blakley. **Darsteller (in alphabetischer Reihenfolge):** Gerry Bamman, Ronee Blakley, Pierre Cottrell, Stephan Czapsky, Mitch Dubin, Tom Farrell, Maryte Kavaliauskas, Pat Krick, Edward Lachmann, Martin Müller, Craig Nelson, Timothy Ray, Susan Ray, Nicholas Ray, Martin Schäfer, Chris Sievernich, Wim Wenders. **Format:** 35 mm, Eastman Color Negative Film 5247. **Länge:** 92 min.

1978-82   HAMMETT

Produktion: Zoetrope Studios (San Francisco), Fred Roos, Ronald Colby, Don Guest. **Produktionsleitung:** Ronald Colby, Robert Huddleston. **Ausführender Produzent:** Francis Ford Coppola. **Produktionsassistenz:** Michael Hacker, Steve Danton. **Buch:** Ross Thomas, Dennis O'Flaherty. **Adaption:** Joseph Biroc. **Kameraassistenz:** Bill Johnson, Frederic J. Smith, Robert Torres, Todd Henry. **Schnitt:** Barry Malkin, Marc Laub, Robert Q. Lovett, Rendy Roberts. **Ton:** James Webb, Richard Goddman, Wylie Stateman. **Regieassistenz:** Arne

Schmidt, Ronald Colby, David Valdes, Daniel Attias. **Musik:** John Barry. **Ausstattung:** Dean Tavoularis, Eugene Lee. **Technik:** Carl Manoogian, Pete Papanickolas, Bob Woodside, Larry Gilhouley. **Darsteller:** Frederic Forrest (Hammett), Peter Boyle (Jim Ryan), Marilu Henner (Kit Conger/Sue Alabama), Roy Kinnear (Eddi Hagedorn), Elisha Cook (Eli, der Taxifahrer), Lydia Lei (Crystal Ling), R. G. Armstrong (O'Mara), Richard Bradford (Tom Bradford), Michael Chow (Fong Wei Tau), Sylvia Sidney (Donaldina Cameron), Samuel Fuller (Billiardspieler), David Patrick Kelly, Jack Nance, Elmer L. Kline, Royal Dano, Lloyd Kino, Fox Harris, Rose Wong, Liz Robertson, Jean François Ferreol, Alison Hong, Hank Worden. **Format:** 35 mm, Technicolor. **Länge:** 94 min.

1982 DER STAND DER DINGE

Produktion: Gray City Inc. (New York), V.O. Films (Lissabon), Road Movies GmbH (Berlin), Wim Wenders Produktion (Berlin), Pro-ject Filmproduction (München), ZDF (Mainz). **Produzent:** Chris Sievernich. **Produktionsleitung:** Antonio Gançalo (Lissabon), Steve McMillan (Los Angeles). **Buch:** Wim Wenders, Robert Kramer. **Kamera:** Henri Alekan, Martin Schäfer, Fred Murphy. **Schnitt:** Barbara von Weitershausen, Peter Przygodda, Jon Neuburger, Danny Fisher. **Ton:** Maryte Kavaliauskas, Martin Müller, Michael Carton (Mischung). **Regieassistenz:** Carlos Santana (Portugal), Greg Gears (Los Angeles). **Musik:** Jürgen Knieper. **Songs:** Joe Ely, The Del Byzanteens, David Blue, X, Allen Goorwitz. **Ausstattung:** Ze Branco. **Technik:** Joaquim Amaral, Manual Carlos Silva, Paul Soares, Pedro Efe, Domingos Guicho (in Portugal), Jack English, Dave Bodin, Tom Termeer, Naia Haast, Scott Butterfield (in Los Angeles). **Darsteller:** Patrick Bauchau (Friedrich Munro), Isabelle Weingarten (Anna), Rebecca Pauly (Joan), Jeffrey Kime (Mark), Geoffrey Carey (Robert), Camilla Mora (Julia), Alexandra Auder (Jane), Paul Getty III (Dennis, Drehbuchautor), Viva Auder (Kate, Scriptgirl), Samuel Fuller (Joe, Kameramann), Artur Semedo (Produktionsleiter), Francisco Baiao (Tonmann), Robert Kramer (Kameramann), Allen Goorwitz (Gordon), Roger Corman (Anwalt), Martine Getty (Sekretärin), Monty Bane (Herbert), Janet Rasak (Karen), Judy Moradian (Bedienung). **Format:** 35 mm, schwarz/weiß. **Länge:** 124 min.

1982 LETTER FROM NEW YORK

Produktion: Chris Sievernich/Grav City Inc. **Buch/Kommentar:** Wim Wenders. **Kamera:** Lisa Rinsler. **Ton:** Maryte Kavaliauskas. **Schnitt:** Jon Neuburger. **Darsteller:** Wim Wenders, Isabelle Weingarten, Tony Richardson und Louis Malle (in einer TV-Talkshow), Francis Ford Coppola und Mitglieder der HAMMETT-Produktion. **Format:** 16 mm. **Länge:** 16 min.

1982 CHAMBRE 666

Produktion: Gray City Inc./Chris Sievernich. **Buch/Kommentar:** Wim Wenders. **Kamera:** Agnes Godard. **Ton:** Jean Paul Mugel. **Schnitt:** Chantal de Vismes. **Darsteller:** Jean-Luc Godard, Mike de Leon, Romain Goupil, Paulo Rocha, Paul Morrisey, Noel Simsolo, Werner Herzog, Michelangelo Antonioni, Maroun Baghbadi, Steven Spielberg, Wim Wenders, Yilmaz Güney (nur Ton). **Format:** 16 mm, Farbe. **Länge:** 21 bzw. 45 min.

1982 ÜBER DIE DÖRFER

(Theaterinszenierung während der Salzburger Festspiele 1982)
Inszenierung: Wim Wenders, Hannes Klett, nach »Über die Dörfer« dramatisches Gedicht von Peter Handke. **Bühnenbild:** Jean-Claude Chambas, Philippe Boudin. **Kostüme:** Domenika Kaesdorf. **Musik:** Jürgen Knieper. **Regieassistenz:** Hans-Jürgen Stockerl. **Inspizient:** Franz Hlesovsky, Ark Nitsche. **Technischer Direktor:** Gero P. Zimmermann. **Technische Leitung und Beleuchtungseinrichtung:** Klaus Diers. **Maske:** Dorothea Arnold/Wilhelm Riede. **Darsteller:** Libgart Schwarz (Nova), Martin Schwab (Gregor), Karin Baal (Verwalterin der Bauhütte), Rüdiger Vogler (Hans, Gregors Bruder), Jörg Hube (Anton), Edd Stavjanik (Ignaz), Tom Krinzinger (Albin), Elisabeth Schwarz (Sophie, Gregors Schwester), Else Quecke (Alte Frau), Günther Steinacher (Das Kind von Hans).

1984 PARIS, TEXAS

Produktion: Road Movies Filmproduktion (Berlin), Argos Films (Paris), Westdeutscher Rundfunk (Köln), Channel 4 (London), Pro-ject Film (München). **Produzent:** Don Guest. **Produktionsleitung:** Karen Koch. **Produktionsassistenten:** Bonna Newman, Allison Anders, Scott Kirby, Dean Lent, Patrick Kreuzer. **Buch:** Sam Shepard. **Bearbeitung:** L. M. Kit Carson. **Kamera:** Robby Müller. **Kameraassistenz:** Agnes Godard, Pim Tjujerman. **Technik:** Greg Gardiner, Scott Guthrie, Kevin Galbraith, Robert Feldman, Arthur Blum. **Ausstattung:** Kate Altman, Lorrie Brown. **Ton:** Jean-Paul Mugel. **Schnitt:** Peter Przygodda. **Regieassistenz:** Claire Denis, Michael Hefland. **Script:** Helen Caldwell. **Musik:** Ry Cooder. **Musiker:** Ry Cooder, David Lindley, Jim Dikkinson. **Darsteller:** Harry Dean Stanton (Travis), Dean Stockwell (Walt), Aurore Clement (Anne), Hunter Carson (Hunter), Nastassja Kinski (Jane), Sam Berry (Tankwart), Bernhard Wicki (Doktor Ulmer), Claresie Mobley (Angestellte der Leihwagenfirma), Justin Hogg (Hunter als 3jähriger), Socorro Valdez (Carmelita), Edward Fayton (Hunters Freund), Tom Farrell (Der Verrückte auf der Brücke), John Lurie (Rausschmeißer), Sharon Menzel (Alleinunterhalterin), The Mydolls (Rock'n'Roll-Band), Sally Norvell (»Nurse Bibs«). **Format:** 35 mm. **Länge:** 145 min., Farbe.

1985   TOKYO-GA

Produktion: Wim Wenders Produktion (Berlin), Gray City Inc. (New York), Chris Sievernich Filmproduktion (Berlin) für Westdeutscher Rundfunk (Köln). **Produzent:** Chris Sievernicht. **Produktionsassistenten:** Lilyan Sievernich, Ulla Zwicker. **Kamera:** Ed Lachmann. **Schnitt:** Wim Wenders, Solveig Dommartin mit Jon Neuburger. **Mischung:** Hartmut Eichengrün. **Musik:** »Dick Tracy«: Loorie Petitgand, Meche Mamecier, Chico Rojo Ortega. **Dank an:** Kazuko Shibata, Prof. Hasumi, Dominique Auvray, Barbara von Weitershausen, Peter Przygodda. **Mitwirkende:** Chishu Ryu, Yuharu Atsuta, Werner Herzog. **Format:** 16 mm, Farbe. **Länge:** 85 min.

1987   DER HIMMEL ÜBER BERLIN

Produktion: Road Movies Filmproduktion (Berlin), Argos Films (Paris), Westdeutscher Rundfunk (Köln). **Produzenten:** Wim Wenders, Anatole Dauman. **Herstellungsleitung:** Inge Windisch. **Aufnahmeleitung:** Herbert Kerz, Barbara von Wrangell. **Buch:** Wim Wenders in Zusammenarbeit mit Peter Handke. **Kamera:** Henri Alekan. **Kameraassistenz:** Louis Cochet, Agnés Godard. **Zusätzliche Aufnahmen:** Peter Ch. Arnold BVK, Martin Kukula. **Second Unit:** Frank Blasberg, Peter Braatz. **Technik und Beleuchtung:** Bernd Hübner, Dieter Bähr, Dieter Dentzer, Thomas Gosda, Claus Gerlin, Klaus Bieling. **Ausstattung:** Heidi Lüdi SFK, Werner Mooser. **Regieassistenz:** Claire Denis, Knut Winkler, Carola Hochgräf. **Schnitt:** Peter Przygodda. **Schnittassistenz:** Anne Schnee, Leni Savietto-Pütz. **Originalton:** Jean-Paul Mugel, Axel Arft. **Tonassistenz:** Uwe Thalmann. **Script:** Gabi Mattner. **Musik:** Jürgen Knieper, Laurent Petitgand, Laurie Anderson, Crime and the City Solution, Nick Cave and the Bad Seeds, Sprung aus den Wolken, Tuxedomoon, Minimal Compact. **Darsteller:** Bruno Ganz (Damiel), Solveig Dommartin (Marion), Otto Sander (Cassiel), Curt Bois (Homer), Peter Falk (der Filmstar), Hans Martin Stier (der Sterbende), Elmar Wilms (ein trauriger Mann), Sigurd Rachman (der Selbstmörder), Beatrice Manowski (das Strichmädchen), Lajos Kovacs (Marions Trainer), Bruno Rosaz (der Clown), Laurent Petitgand (der Kapellmeister), Dominique Rojo (der Schlagzeuger), Otto Kühnle und Christoph Merg (die Jongleure), Peter Werner (der Manager), Susanne Vierkötter, Paul Busch, Karin Busch, Irene Mössinger, Teresa Harder, Daniela Nasincova, Bernard Eisenschitz, Didier Flamand, Rolf Henke, Scott Kirby, Frank Glémin, Jerry Barish, Jeanett Pollak, Christian Bartels, David Crome u.v.a. **Format:** 35 mm, schwarz weiß und Farbe. **Länge:** 132 min.

Bücher zu den Filmen

ALICE IN DEN STÄDTEN: Das komplette Drehbuch, abgedruckt in »L'Avant-scène du cinéma«, Nr. 267, Paris 1981 (Mai)

IM LAUF DER ZEIT: Fotoscript, Dialogbuch, Materialien. Fritz Müller-Scherz/Wim Wenders, Frankfurt 1976 (Zweitausendeins)

NICK'S FILM – LIGHTNING OVER WATER: Bilder aus dem Film, Dialogliste, Vorwort von Bernardo Bertolucci. Chris Sievernich/Wim Wenders, Frankfurt 1981 (Zweitausendeins)

PARIS, TEXAS: Bilder aus dem Film, Dialogliste. Sam Shepard/Wim Wenders, Nördlingen 1984 (Greno)

TOKYO-GA: Filmtext, Bildpostkarten. Wim Wenders, Berlin 1986 (Gabrev)

DER HIMMEL ÜBER BERLIN: Bilder aus dem Film, Dialogliste. Peter Handke/Wim Wenders, Frankfurt 1988 (Suhrkamp)

Bücher von Wim Wenders

»Emotion Pictures – Essays und Filmkritiken 1968 bis 1984«, hrsg. von Michael Töteberg, Frankfurt 1986, Verlag der Autoren. Eine Sammlung all jener Kritiken, die Wenders von 1968 an zunächst in der »Filmkritik«, der Süddeutschen Zeitung und TWEN veröffentlicht hat, ergänzt durch neuere Aufsätze.

»Die Logik der Bilder«, hrsg. von Michael Töteberg, Frankfurt 1988, Verlag der Autoren. Essays und Gespräche, darunter die Übersetzung eines langen Interviews, das Alain Bergala 1987 mit Wenders für die »Cahiers du Cinéma« geführt wurde.

»Written in the West«, München 1987, Schirmer/Mosel. Photographien aus dem amerikanischen Westen, die Wenders während seiner Motivsuche zu PARIS, TEXAS aufgenommen hat.

Bücher über Wim Wenders

»Wim Wenders« von Michel Boujut, Paris 1983/85 (edilig)

»Augen kann man nicht kaufen« von Peter Buchka, München 1983 (Carl Hanser Verlag); Frankfurt 1985 (Fischer Taschenbuchverlag, erweiterte Taschenbuchausgabe)

»Wenders – Die frühen Filme« von Norbert Grob, Berlin 1984, Edition Filme

»Wim Wenders, Berlin-L.A.-Berlin« von Jean-Pierre Devillers, Paris 1985, Samuel Taste édition

»Les voyages de Wim Wenders« von Catherine Petit, Philippe Dubois, Claudine Delvaux, Brüssel 1985, Édition Yellow Now

In derselben Reihe erschienen:

205 Seiten,
80 Abb.,
DM 29,80
Alles über
den Regis-
seur von
»Carmen«
und seine
Filme.

Hans M. Eichenlaub
Carlos Saura.
Ein Filmbuch

Auf der Grundlage von mehrjähri-
ger Beschäftigung mit Saura und
seinen Filmen und basierend auf –
über Jahre verteilten – Gesprächen
mit dem Regisseur entstand ein
umfangreiches Werk über Carlos
Saura, mit Beiträgen zur spanischen Filmgeschichte und die 15
Jahre während Zensur im Spanien
Francos.

339 Seiten,
86 Abb.,
DM 39,00
DM
Der fünfte
Kontinent
hat mehr zu
bieten als
Koalas,
Känguruhs
und Kiwis!

Dieter Hasemann.
Das Neue Australische
Kino

Gibt einen umfassenden Überblick
über die Geschichte des australischen Films, das »Filmwunder
Neuseeland«, die Emanzipation gegenüber der amerikanischen Film-
industrie und die Renaissance des
australischen Kinos. Ergänzt durch
ein Lexikon der Filmschaffenden
und ein umfassendes Register.

Dreisam-Verlag
Luisenstr. 7
7800 Freiburg
T. 07 61-3 60 33